Christoph Keese

Disrupt Yourself

Vom Abenteuer,
sich in der digitalen Welt
neu erfinden zu müssen

 Dieses Buch ist auch als E-Book erhältlich.

Für Jasmin, Caspar, Nathan und Camilla

Inhalt

Mein Job verschwindet, und ich kann nichts dagegen tun

Eine Einführung

Ein sonniger Nachmittag im Spätsommer 1997. Der große Saal in der *Kalkscheune,* einem alternativen Veranstaltungszentrum gleich hinter dem Friedrichstadt-Palast in Berlin-Mitte, ist bis auf den letzten Platz gefüllt. Thema des Kongresses, zu dem ich als Diskutant eingeladen bin, ist die Veränderung der Medien durch Weblogs, kurz Blogs, damals noch ein weithin unbekanntes Medium. Ich soll die Position der Journalisten vertreten. Meine Gesprächspartner sind drei Aktivisten der Blogger-Szene. Im Publikum versammelt sich die digitale Avantgarde Berlins: Leute in T-Shirts, Rollkragen, Jeans und Turnschuhen, meist mit Laptops auf dem Schoß, seinerzeit noch klobige Geräte. Einige Gäste schießen Fotos mit Spiegelreflexkameras; das iPhone wird erst zehn Jahre später erfunden werden. Die Atmosphäre wirkt familiär. Man kennt sich.

Der Moderator räuspert sich ins Mikrofon: »Herzlich willkommen allerseits. Wir beginnen mit den Eingangsstatements der Panelisten.« Das Gemurmel ebbt ab, gespannte Ruhe kehrt ein. Meine Mit-Diskutanten sind vor mir an der Reihe. Der Blogger zu meiner Rechten ergreift das Mikro und eröffnet die Debatte mit einem Frontalangriff auf Journalisten: »Information ist nur frei, wenn der Zugang zu ihr frei ist«, behauptet er. »Die Gesellschaft kann nur frei sein, wenn die Auswahl der veröffentlichten Informationen nicht mehr ausschließlich in den Händen der kleinen Kaste von Journalisten liegt. Nachrichten müssen aus dem Klammergriff dieser Hohepriester befreit werden. Es ist Zeit für mehr Demokratie.« Diese These hat es in sich; der Saal klatscht laut Beifall. Da ergreift schon der zweite Blogger das Wort und schlägt in dieselbe Kerbe: »Journalisten sind Torhüter, die niemand mehr braucht«, findet er. »Sie stehen der demokratischen

Ausbreitung von Informationen im Wege. Die digitale Gesellschaft braucht keine Wächter mehr, die darüber entscheiden, was die Öffentlichkeit zu sehen bekommt und was nicht.« Wieder ertönt reger Beifall. Ich möchte dringend widersprechen, doch zuerst ist der dritte Blogger an der Reihe:»Bürgerjournalismus ist die Zukunft. Journalisten leisten nichts, was elektronisch vernetzte Bürger nicht auch leisten können«, sagt er und zitiert erste Erfolge einer Bürgerplattform in Südkorea. Dann bläst er zum Sturm:»Die Nachrichten der Zukunft kommen von unten. Das Ende des Informationsmonopols der Journalisten ist gekommen.« Auch er erntet lauten Applaus.

Nun bin ich an der Reihe. Ich bemühe mich um eine ruhige Stimme, obwohl ich reichlich aufgebracht bin. Hier geht es um nichts weniger als meinen Beruf. Die Mehrheit der Menschen im Saal möchte ihn offenkundig abschaffen. Ich fühle mich angegriffen.»Nur professionelle Medien sind in der Lage, das schwierige Geschäft mit Nachrichten und Einordnung seriös zu betreiben«, sage ich.»Nur Journalisten besitzen die Ausbildung, das Geld und die Zeit, Wirtschaft und Staat wirksam zu kontrollieren und der Wahrheit auf den Grund zu gehen.« Bislang dachte ich, das sei eine Selbstverständlichkeit, doch als ich diese These vorbringe, herrscht im Saal betretenes Schweigen, so als hätte ich mir einen peinlichen Fauxpas geleistet. Ich setze nach:»Die arbeitsteilige Gesellschaft beruht auf den besonderen Fähigkeiten von Spezialisten. Es gibt Piloten, Gehirnchirurgen, Anwälte, Bäcker, Metzger, Pharmazeuten, Chemiker, Richter, Elektriker, Brückenbau-Ingenieure und eben Journalisten – sie alle steuern ihr Spezialwissen zum Wohle der Allgemeinheit bei.« Journalisten sind die Spezialkräfte für den Umgang mit Wahrheit und Einordnung, argumentiere ich. Sie greifen auf eine anspruchsvolle Ausbildung zurück, und ihr Gewerbe ist diffizil.»Man kann die Wahrheit niemals ganz erreichen, ihr aber doch ein gutes Stück näher kommen, wenn man genug Zeit und Geld für Recherche hat.« Die meisten Blogger arbeiten im Nebenberuf. Sie können gar nicht so viel Zeit aufwenden wie Profis.»Bloggen ist Hobby, Journalismus ist Beruf«, sage ich.»Die

Wahrheit braucht Journalisten. Die Gesellschaft legt das kostbare Gut Information am besten in die Hände von Profis. Deswegen werden Blogs die traditionellen Medien niemals verdrängen.«

Aus dem Saal ertönt Lachen. Irritiert schaue ich mich um. Hat jemand hinter meinem Rücken einen Witz gemacht? Nein, alle Diskutanten schauen ernst. Doch das Publikum kichert. Es dauert einen Moment, bis ich begreife: Die Leute lachen nicht über einen Witz. Sie lachen über mich. Sie finden komisch, was ich gerade gesagt habe. In ihren Ohren muss ich klingen wie jemand, der im Wald pfeift und die Gefahr nicht erkennt, die ihn bedroht. Blogs werden die traditionellen Medien niemals verdrängen? Das finden die Leute hier lächerlich. Für sie wirkt das so, wie wenn ein Heizer auf der Dampflok vor hundert Jahren gesagt hätte: »Mein Job ist sicher. Elektrizität ist eine Mode. Sie geht vorbei.«

Der Moderator wendet sich an das Publikum: »Offenbar gibt es Redebedarf. Wer möchte den Anfang machen?« Eine junge Frau drängelt sich durch die vierte Reihe zum Mikrofon: »Medien sind arrogant«, ruft sie mir zu. »Es ist bezeichnend, wie sehr Sie auf dem Schlauch stehen. Sie merken gar nicht, was sich um Sie herum alles verändert. Die Welt braucht Sie nicht mehr, und Sie wollen das nicht verstehen. Sie ignorieren den Trend so lange, bis Sie ausgestorben sind. Wie ein Dinosaurier verhalten Sie sich. Natürlich lösen *User* die alten *Gatekeeper* ab. Das ist gar nicht mehr aufzuhalten. Sie haben es nur noch nicht mitbekommen.«

Ich bin verblüfft über so viel Aggressivität. »Nein, die Gesellschaft braucht uns«, gebe ich zurück. »Medien stehen für Qualität. Wir sind nicht arrogant. Wir geben auch den Meinungen unserer Leserinnen und Leser Raum.« – »Ja, auf einer halben Leserbriefseite hinten in der Zeitung und in den Foren unterhalb der Artikel auf der Webseite«, antwortet die Frau. »Die User wollen aber nicht länger unter die Artikel verbannt werden. Sie wollen die Artikel selbst schreiben. Sie lassen sich nicht mehr wegmoderieren.« Mir fällt der alte Spontispruch ein: »Wir wollen kein Stück vom Kuchen. Wir wollen die ganze Bäckerei.« So ähnlich klingt das jetzt auch hier. Diese Leute halten uns für gefährlich und fordern eine neue Medienordnung. Sie bekämpfen das Establishment, zu dem in ihren Augen auch ich gehöre. Ich fühle mich in die Rolle des erzkonservativen Bewahrers gedrängt, in der ich mich unter normalen Umständen unwohl fühle. Trotzdem nehme ich die Rolle unreflektiert an.

»Wer bürgt denn für Qualität, wenn alle selbst schreiben?«, frage ich die Frau. – »Niemand«, sagt sie. »Das regelt der Markt. Millionen Stimmen erheben sich, und die LeserInnen entscheiden selbst, wem sie vertrauen.« – »Und wer redigiert die Blogger?«, hake ich nach. »Ohne Redakteur ist kein Autor gut, egal, wie begabt und aufrichtig er sein mag.« – »Niemand redigiert die Blogger«, sagt sie. »Die Blogger redigieren sich selbst. Es braucht keine Redakteure. Redigatur ist Zensur.« Das ist leichtfertiger Unsinn, finde ich und werde etwas lauter: »Nein, Redigatur ist keine Zensur. Sie ist Qualitätskontrolle. Niemand schreibt perfekt. Autoren und Redakteure arbeiten Hand in Hand. Nur so entsteht Qualität«, rufe ich. »Bevor ein Text bei uns erscheint, geht er durch sechs Stufen der Qualitätssicherung. Nichts ist gut genug, um ungeprüft gedruckt zu werden. Und bei den Bloggern übernimmt diese Aufgabe niemand?« – »Niemand«, wiederholt die Frau, »genau darin liegt die Freiheit der digitalen Welt. Autoren und Leser treten in direkten Dialog miteinander. Wenn sich ein Fehler einschleicht, wird er online sofort korrigiert. Die Summe der Leser hat mehr Augen als alle Redakteure der Welt zusammen. Blogs kommen der Wahrheit viel näher als Redaktionen.« Ich schüttele den Kopf. Für mich klingt das gemeingefährlich.

Die Diskussion dauert noch eine Stunde und wird immer hitziger. Ich mache mich beim Publikum gründlich unbeliebt und gebe ein ziemlich gutes Feindbild ab. Ich bin es nicht gewohnt, für Werte der freien Presse verlacht zu werden. Disruption tut weh, und sie verletzt, merke ich. Meine Identifikation mit meinem Beruf ist so stark, dass mich diese aggressive Missachtung ganz persönlich trifft. Es bleibt ein Gefühl der Frustration, Enttäuschung und Verärgerung.

Nach dem Ende der Debatte kommt ein Freund zur Bühne

und klopft mir auf die Schulter: »Du hast dich tapfer geschlagen«, behauptet er. – »Na ja«, lächle ich etwas gequält. »Überzeugt habe ich wohl niemanden.« Er nickt: »Tja, das mag sein.« Dann zeigt er auf das Publikum, das zur Kaffeepause drängt: »Weißt du, wen du hier vor dir hast? Das sind moderne Verleger«, sagt er. »Verleger eines neuen Typs.« Stimmt, so habe ich das noch nie gesehen. Bisher hielt ich Blogger nur für Autoren. Doch er hat recht, in Wahrheit sind sie Autoren und Verleger in einer Person. Blogger sind die Eigentümer ihrer Publikationen, und damit sind sie nach der gängigen Definition auch Verleger. Das macht die Sache noch schlimmer, denke ich, denn dann zerstören sie zwei Berufe auf einmal: Journalisten und Verleger, also meinen eigenen Berufsstand und dessen Arbeitgeber gleich mit. »Genau«, sagt mein Freund. »Früher brauchte man Millionen, um einen Verlag zu gründen. Druckerei und Vertrieb verschlangen viel Geld. Heute geht das fast kostenlos. Bloggen wird gewaltige Kräfte entfesseln und zu einem Massenphänomen anschwellen. Die Möglichkeit, sich ungefiltert und fast kostenlos Gehör zu verschaffen, birgt enormen Reiz. Das ist eine Revolution.« Ich ertappe mich dabei, wie ich denke: »Hoffentlich passiert das nicht. Hoffentlich scheitern diese Blogger.« Im Handumdrehen bin ich zu einem Fortschrittsgegner geworden. Dass wir den Angreifern zuvorkommen könnten, kommt mir nicht in den Sinn. Ich betrachte die neue Bewegung als Feind.

Erst Jahre danach fange ich selbst mit dem Bloggen an und entdecke seine guten Seiten. Doch da ist es schon zu spät. Eigentlich mag ich Technik, Aufbrüche und Herausforderungen. Ich finde es gut, wenn bestehende Strukturen hinterfragt werden. Doch als mein Beruf für wertlos erklärt wird, schalte ich auf stur. Ich halte am Erreichten fest. In meinem Kopf türmen sich die guten Argumente, warum ich recht habe und die Blogger unrecht. Offenheit für Erneuerung endet meist dort, wo das Selbstwertgefühl beginnt.

Seit diesem Nachmittag im Jahr 1997 sind mehr als zwei Jahrzehnte vergangen. Die Vorhersage meines Freundes ist mit voller Wucht eingetreten. Bloggen mit all seinen Folgeerscheinungen hat den Journalismus in eine Sinnkrise gestürzt. Am 13. November 1990 war der weltweit erste Blog ins Netz gegangen. Tim Berners-Lee, Erfinder des World Wide Web, hatte ihn zum Informationsaustausch zwischen Wissenschaftlern am europäischen Kernforschungszentrum CERN eröffnet. Der Start verlief langsam, doch Ende der 1990er-Jahre nahm das Selbstverlegen Schwung auf. Heute, nur ein halbes Berufsleben später, ist aus der Idee des Bloggens ein globales Massenphänomen geworden. Jeder Benutzer eines digitalen Geräts ist gleichzeitig Konsument und Produzent. Milliarden von Texten, Fotos, Audios und Videos landen jeden Tag im Netz. Die traditionelle Einbahnstraße vom Produzenten zum Konsumenten hat sich in einen turbulenten Marktplatz verwandelt. Heute gibt es weltweit Hunderte Millionen Blogger, Podcaster, YouTuber, Instagrammer, Pinterester und sonstige Influencer. Aus dem Hobby einer Subkultur ist für viele ein Hauptberuf geworden. Dies hat enormen Einfluss auf die traditionellen Medien. Denn viele Leserinnen und Leser fragen sich, warum sie für professionelle Medienprodukte noch bezahlen sollen, wenn sie die Informationen und Unterhaltung auch kostenlos bekommen.

Geahnt haben die wenigsten, was passieren würde. Dass Blogs (und in ihrer Folge die vielen anderen Formen von Posts) eines Tages Social-Media- und Suchmaschinenmonopole wie Facebook, Google und YouTube heranzüchten würden, die Fake News verbreiten, intime Daten von Abermillionen Menschen verkaufen, Wahlen manipulieren, Donald Trump ins Weiße Haus verhelfen, alternative Fakten, sprich: Lügen, gesellschaftsfähig machen und das postfaktische Zeitalter einleiten – das hat kaum jemand vorausgesehen. Auch war unvorstellbar, dass digitale Plattformen sieben der zehn wertvollsten Firmen der Welt stellen würden. Undenkbar, dass Plattformen die allermeisten Produzenten von Inhalten nicht bezahlen und trotzdem damit durchkommen könnten. Kein Finanzminister hätte erwartet, dass die reichsten Firmen der Welt einmal nahezu keine Steuern mehr entrichten würden. Vor allem aber hatte kein Journalist damit gerechnet, vom

Plattform: Digitales Geschäftsmodell, bei dem die angebotene Leistung nicht selbst erbracht, sondern gegen eine Provision vermittelt wird. Die Kapitalintensität ist gering, weil keine Infrastruktur zur Erbringung der eigentlichen Leistung finanziert werden muss. Entsprechend hoch ist die Kapitalproduktivität. Die Grenzkosten, also die Kosten für einen zusätzlichen Kunden, gehen gegen null, da die technische Ausrüstung für die Erbringung der Vermnittlungsleistung aufgrund des technischen Fortschritts rapide im Preis verfällt. Große Teile der Ausrüstung wie beispielsweise Cloud-Server werden nicht gekauft, sondern nach Bedarf gemietet. Damit fallen die Fixkosten im Vergleich zu traditionellen Geschäftsmodellen niedrig aus, was massives Wachstum auch mit geringer Finanzausstattung ermöglicht. Plattformen konvergieren aufgrund des *Netzwerkeffekts* zu marktbeherrschenden Stellungen oder sogar zu Monopolen. Gestärkt werden Plattformen überdies durch den Feedback-Effekt. Je intensiver sie genutzt werden, desto besser werden sie inhaltlich und desto mehr geraten Wettbewerber ins Abseits. Suchmaschinen oder selbstfahrende Autos lernen mit jeder Nutzung dazu. Auch dieser Feedback-Effekt digitaler Güter ist grundlegend neu, da analoge Produkte durch Nutzung verschleißen, anstatt sich zu verbessern. Sieben der zehn derzeit wertvollsten Unternehmen der Welt sind Plattform-Unternehmen: Apple, Amazon, Alphabet (vormals Google), Microsoft, Tencent, Alibaba und Facebook (Stand Sommer 2018). Andere typische Plattformen sind Uber, AirBnB, Spotify, YouTube, Instagram, Twitter, Booking oder HRS.

respektierten, oft gefürchteten Status des Agenda Setters zum Nischenkommentator am Spielfeldrand abzusteigen. Früher teilten Journalisten den Vorgängern von Merkel, Macron und Trump die Sendezeit und die Zeitungsspalten zu. Wenn John F. Kennedy in der Kuba-Krise zum amerikanischen Volk sprechen wollte, musste er die drei Senderketten ABC, NBC und CBS höflich um Erlaubnis bitten. Heute erreichen Regierungschefs mehr Menschen über ihre Twitter-Feeds als über Zeitungsinterviews. Barack Obama hat unglaubliche 101 Millionen Follower bei Twitter. Donald Trump nahm sich im Wahlkampf als erster Kandidat der US-Geschichte die Freiheit heraus, systematisch nicht mehr an Bord des offiziellen Flugzeugs zu reisen, sondern bequem im eigenen Jet vorauszufliegen – sein Twitter-Millionenpublikum per Smartphone immer in der Hand dabei. Er heuerte Wachleute an, um Journalisten von seinen Wahlkampfauftritten fernzuhalten und notfalls handgreiflich aus dem Saal zu drängen. Eine halbe Generation zuvor hatten Präsidentschaftskandidaten noch Mitarbeiter beschäftigt, um das Gegenteil zu erreichen, nämlich möglichst viele Journalisten in das Publikum hineinzulocken.

Bei der Diskussion in der *Kalkscheune* hätte ich mich fragen müssen: »Was ist dran an den Argumenten der Blogger?« Dann hätte ich sofort mit dem Experimentieren beginnen sollen. So wäre ich auf Augenhöhe mit den Angreifern gekommen. Auch sie wussten damals nicht, ob ihre Thesen stimmten. Sie formulierten lediglich ein Programm. Vor ihnen lag eine lange Strecke des Lernens. Auf diese Lernreise hätte auch ich mich einlassen können. Dann wäre ich in den Besitz der gleichen Informationen gekommen. Meine Mitarbeiter, Arbeitgeber und ich selbst hätten davon profitiert. Wir hätten dann früher versucht, das Beste aus der alten und der neuen Welt miteinander zu kombinieren. Wahrscheinlich hätten wir beschlossen, uns selbst frontal anzugreifen. Aus vielen der kleinen Blogs von damals sind inzwischen große Medienunternehmen geworden. Einige von ihnen hätten uns gehören können, wenn wir mitgemacht hätten. Doch ich war leider zu sehr gefangen in meinem traditionellen Denken.

Heute ist Journalismus zwar nötiger denn je. Die vielen ungeprüften, frei erfundenen, erlogenen, fahrlässig recherchierten und von Einzelinteressen geprägten Fehl- und Halbinformationen in den sozialen Medien machen Journalismus noch unverzichtbarer als früher. Dennoch lag die Bloggerin von damals weitgehend richtig. Influencer haben den Journalisten die Masse des Publikums abgejagt. Sie haben – gemessen an der Reichweite – klar gewonnen. Sascha Lobo hat dreimal mehr Follower auf Twitter als Bundeswirtschaftsminister Peter Altmaier und zehnmal mehr als Dorothee Bär, die Staatsministerin für Digitalisierung. YouTube-Stars wie Dner, Paluten und Julien Bam bringen weit mehr Publikum vor den Bildschirm als die einschlägigen Fernsehsender. Katy Perry hat 109 Millionen und Justin Bieber 106 Millionen Twitter-Fans, während *MTV* eine Randexistenz führt. Die Technologie-Blogs Heise, TechCrunch, Re/Code und The Verge geben den Ton in der Technologie-Szene an, während *Popular Mechanics,* das Technik-Leitmedium des 20. Jahrhunderts, eine Reihe von Nahtod-Erfahrungen durchlebt.

Donald Trump nennt 50 Millionen Follower sein Eigen, Bill Gates 45 Millionen. Die *New York Times* als erfolgreichstes Medium bei Twitter erreicht mit 42 Millionen Followern nur Platz 26 der Weltrangliste. Die Gegenstände der Berichterstattung versammeln heutzutage auf direktem Wege ein größeres Publikum als die Berichterstatter. Cristiano Ronaldo beschäftigt mehr Sportredakteure als die meisten Zeitungsredaktionen. 20 Journalisten schreiben in seinem Auftrag über sein Leben. Der FC Bayern München kommt bei Twitter auf 4,4 Millionen Fans, *Sportbild* nur auf 390 000 und *Kicker* mit seinem Bundesliga-Account lediglich auf 200 000. Früher war der FC Bayern existentiell auf die Sportpresse angewiesen. Heute erreicht er selbst zehn- bis zwanzigmal so viele Menschen wie die Medien, die über ihn schreiben.

Natürlich ist dieser Vergleich nicht ganz fair. *New York Times, Welt, Spiegel, Zeit, FAZ, Sportbild* oder *Kicker* sind als unabhängige Stimmen ungleich einflussreicher und glaubwürdiger als direkte Absender. Trotzdem geraten sie in Bedrängnis. Viele Musiker, Sportler, Vereine, Ligen, Parteien und Politiker bauen Multikanal-Imperien auf, die traditionelle Medien an den Rand drängen. Der Mangel an Unabhängigkeit ist eigentlich ein gravierender Nachteil. Doch die scheinbare Authentizität der Information wirkt verführerisch auf das Publikum. Viele Zuschauer verzichten gern auf geprüfte Fakten, wenn sie vermeintliche Nähe dafür bekommen. Man sollte diesen Mangel an Unabhängigkeit kritisieren, doch man muss ihn zur Kenntnis nehmen. Die Neutralität des Berichterstatters scheint vielen Leserinnen und Lesern heute nicht mehr so wichtig wie früher. Das ist bedauerlich und vielleicht sogar gefährlich, doch es gehört zur Wirklichkeit dazu.

Mit dem Verlust von Aufmerksamkeit ging eine Erosion der wirtschaftlichen Grundlagen des Journalismus einher. Plattformen wie Google, Facebook oder Snapchat schöpfen den größten Teil der geschaffenen Werte ab und entschädigen die Produzenten nicht angemessen für die Leistungen, mit denen diese zum Erfolg der Plattformen beitragen. Plattformen drängen sich zwischen Journalisten und ihre Leser, inzwischen aber auch zwischen Verlage und deren Anzeigenkunden. Vier Fünftel der Anzeigenumsätze auf Verlagswebseiten in den USA kommen schon über automatische Algorithmen, ohne dass Menschen eingreifen müssen. Hinter fast jedem Algorithmus steht eine Plattform. Die Preise erodieren. Plattformen streichen Provisionen ein und drängen die Medien von den Kunden ab. So kommt immer weniger Geld bei den Kreativen und ihren Produzenten an.

Alles in allem hat die Digitalisierung der Medienbranche übel mitgespielt. Einen wichtigen Teil der Schuld daran trägt die Branche selbst, weil sie zu spät gehandelt hat. Andere Branchen haben die Chance, aus diesem Beispiel zu lernen und den sie angreifenden Kräften zuvorzukommen.

Mein Beruf ist disruptiert worden, ich bin disruptiert worden. Ihnen muss es nicht genauso gehen wie mir, wenn Sie die Gefahr früh genug erkennen. *Disrupt Yourself* bedeutet: Erfinden Sie sich neu, bevor es jemand anders für Sie tut. Das gilt für individuelle Menschen genauso wie für Unternehmen.

Kann man morgen jemand anders sein als gestern? Die Digitalisierung setzt uns unter Zugzwang, denn ungefähr die Hälfte der heutigen Arbeitsplätze und ein Großteil der gegenwärtigen

Firmen werden verschwinden. Nicht im Laufe eines Jahrhunderts, wie damals bei der Einführung der Dampfkraft oder der Elektrizität, sondern im Laufe der nächsten 5 bis 15 Jahre. Wir müssen uns verändern, ob wir es wollen oder nicht.

Disruption steht für »disruptive Innovation«. Sie ist das Gegenteil der erhaltenden Innovation, die Erneuerung bringt, ohne die bestehenden Strukturen und Teilnehmer am Markt zu gefährden. Disruptive Innovation verdrängt Teilnehmer vom Markt, weil die von ihnen erfüllte Funktion durch den Fortschritt entfällt. Ganze Geschäftszweige werden überflüssig. Stellte beispielsweise die CD eine erhaltende Innovation dar, weil traditionelle Hersteller von Vinyl-Schallplatten weiterhin die Fäden in der Hand hielten und durch die steigenden Preise pro Tonträger sogar von der Einführung der CD profitierten, wirken Streaming-Dienste wie Spotify, Deezer oder Apple Music disruptiv. Presswerke und Plattengeschäfte werden überflüssig; der Preis pro Song sinkt auf einen Bruchteil seiner bisherigen Höhe. Kein Teilnehmer der traditionellen Tonträgerindustrie hat es geschafft, einen erfolgreichen Streaming-Dienst aufzubauen. Alle Disruptoren kamen von außerhalb der Branche.

Doch Selbstdisruption ist möglich. Indem man selbst den eigenen Beruf oder das eigene Geschäftsmodell angreift und demontiert, kann man der Veränderung durch Dritte zuvorkommen und selbst vom Disruptionsertrag profitieren, anstatt ihn anderen zu überlassen. Disruption bedeutet also grundlegende Veränderung, Neuerfindung und Neuanfang. Im engsten Wortsinn meint Disruption »Zerrüttung, Zusammenbruch«, alles auf null setzen, zurück auf Los. Selbstdisruption heißt folgerichtig, die eigene Existenz grundlegend in Frage zu stellen, sie über den Haufen zu werfen und mit einem neuen Konzept neu aufzubauen.

Mit großer Wahrscheinlichkeit werden Sie als Individuum früher oder später damit konfrontiert werden, ein neues Bild Ihrer Existenz zeichnen zu müssen, weil die Digitalisierung Ihren Beruf grundlegend verändert oder sogar abschafft. Ob Sie Bankangestellte sind, selbständiger Buchhalter oder als Führungskraft Verantwortung in einem Unternehmen tragen – dieses Buch steht Ihnen beim

Bewältigen Ihrer eigenen digitalen Neuerfindung zur Seite. Selbstdisruption fällt deshalb so schwer, weil man sich nicht neu erfinden kann, ohne Fragen nach dem eigenen Ich zu stellen: Wer bin ich? Was möchte ich tun? Wofür werde ich anerkannt? Solche Fragen haben sich viele zuletzt in der Pubertät gestellt. Seitdem sind wir froh, keine quälende Selbstbestimmung mehr betreiben zu müssen. Nun aber verschwinden mit der Digitalisierung viele Gewissheiten, die uns durch die Jahrzehnte getragen haben. Die Suche nach dem eigenen Platz in der Welt geht von vorne los. Das ist zwar eine Zumutung, doch sie kann auch neue Chancen eröffnen. Deswegen sehe ich Selbstdisruption nicht als unangenehme Pflicht, sondern als Bereicherung an. Ich bin ausgesprochen zuversichtlich, auch wenn die Fakten zunächst bedrückend klingen.

Das meiste Faktenwissen, das wir erworben haben, wird in absehbarer Zeit unbrauchbar werden. Bisher fand Digitalisierung auf unseren Schreibtischen, in unseren Händen und mit unseren tippenden Daumen statt. Sie spielte an der Peripherie – in der äußeren Welt. Jetzt erreicht sie unseren Kern. Es geht uns wie Goethes Zauberlehrling, dem die eigene Magie über den Kopf wächst: »Ach, da kommt der Meister! / Herr, die Not ist groß! / Die ich rief, die Geister / werd ich nun nicht los.«

Dieses Buch ist für Leute geschrieben, die den Takt ihres Wandels selbst vorgeben möchten. Das geht nur, wenn man rechtzeitig lernt, wie das Spiel läuft. Man kann einen geordneten Übergang organisieren, wenn man beizeiten damit anfängt. Von den digitalen Veränderungen sind Berufe und Branchen betroffen, von denen man es bisher nicht gedacht hätte. Die revolutionären Fortschritte in der Computertechnik und der Entwicklung von künstlicher Intelligenz verändern Domänen, die bislang als sicher galten, wie die Berufsbilder von Buchhaltern, Versicherungsmathematikern, Radiologen, Steuerberatern, Sportredakteuren, Lastwagenfahrern, Kassierern oder Einkäufern. Die Sterne dieser Berufe sinken. Wer heute 30 ist, erlebt die Entwicklung mit großer Wahrscheinlichkeit komplett mit. Wer 50 ist, den ereilt der galoppierende Bedeutungsverlust seines

Gewerbes noch vor der Rente. Man kann etwas Besseres für sich finden, wenn man sich rechtzeitig vom Gewohnten löst. *Disrupt Yourself* ist eine vorbeugende Maßnahme, keine Erste Hilfe, nachdem der Schaden bereits eingetreten ist. Wenn man erst einmal von der digitalen Revolution überrollt wurde, bleibt keine Zeit mehr für Wandel in Eigenregie. Es ist besser, vor der Welle zu surfen, anstatt sie über sich zusammenschlagen zu sehen.

Beim Geburtstagsfest meiner Mutter diskutierten meine Nichten, Neffen und Kinder kürzlich über ihre Berufswünsche. Sie fragten mich, zu welchem Job ich ihnen raten würde. Doch mir fiel kein einziger Beruf ein, der mit Blick auf 60 Jahre nicht von Maschinen ersetzt werden oder einem neuartigen Geschäftsmodell zum Opfer fallen kann. Wir entlassen unsere Kinder in unsichere Zeiten. Noch eine Generation zuvor konnten Eltern mit einiger Gewissheit Berufe empfehlen, die zu Lebzeiten ihrer Kinder nicht obsolet werden würden: Arzt, Pilot, Fernfahrer oder Automechaniker zum Beispiel. Heute erscheint, was dieses Thema betrifft, keine Option mehr sicher. Also müssen wir unseren Kindern beibringen, sich von Zeit zu Zeit neu zu erfinden. Doch wie geht das? Für diese Kunst gibt es keine inkompetenteren Lehrer als uns selbst. Den meisten von uns wurde das bisher nicht abverlangt.

Ehrlichkeit ist in diesem Prozess besonders wichtig. Erfolge schaffen Distanz. Wenn wir einander nur von Erfolgen berichten, denken wir, bei den anderen liefe alles gut und nur bei uns häuften sich die Probleme. Was wir brauchen, ist Nähe. Und Nähe entsteht durch Ehrlichkeit. Nur so überstehen wir die nächste Phase der Digitalisierung. Nur so können wir von den Erfahrungen anderer Menschen lernen. Mir ist das vor einiger Zeit besonders deutlich bei einem Abendempfang eines Medienunternehmens aufgefallen. Ich traf Kollegen wieder, die ich lange nicht gesehen hatte. Wir fragten einander, wie es uns geht, und alle antworteten nur mit »Ausgezeichnet«, »Läuft prima« oder »Blendend«. Dass mir in Wirklichkeit die unterschiedlichsten Sorgen durch den Kopf geisterten, dass ich mich mit einer Nachforderung des Finanzamts beschäftigen musste, die rechtzeitige Buchung des Sommerurlaubs verpasst hatte und meine Tochter mit Fieber im Bett lag, verriet ich nicht. Einer der Kollegen war gerade zum dritten Mal hintereinander entlassen worden. Seine Antwort auf die Frage nach seinem Befinden lautete: »Mir geht es super. Wenn die das nicht für mich entschieden hätten, wäre ich selbst gegangen. Endlich bin ich da raus. Jetzt bin ich frei für die Zukunft.« Ich malte mir aus, wie viel Kraft es ihn kosten musste, trotz seiner Niederlagen die Haltung zu bewahren. Wir waren Kollegen, doch wir sprachen nicht ehrlich miteinander. Mit dem Verbergen von Gefühlen kommen wir in der Bewältigung großer Umbrüche wie der Digitalisierung aber nicht weiter. Bei den Recherchen zu diesem Buch habe ich meine Interviewpartner um größtmögliche Ehrlichkeit gebeten. Mehr als 100 Einzelgespräche habe ich geführt.

Der Wandel, der vor uns liegt, verläuft schnell und unübersichtlich. Dieses Buch verschafft einen ersten systematischen Zugang zum Thema. Parallel zum Erscheinen beginnt ein wöchentlicher Podcast unter dem Namen *Disrupt Yourself*.* Er trägt aktuellen Entwicklungen Rechnung. Mit der Kombination beider Medien – Buch und Podcast – haben Sie die Möglichkeit, den rasant verlaufenden Trends dauerhaft zu folgen. Dazu lade ich Sie herzlich ein. Betrachten Sie dieses Buch also als eine Art Antrittsticket für eine längere Reise. Wir können unseren Beruf und unsere Firma ändern, ohne uns selbst aufzugeben. Wir können zu den Gewinnern der Digitalisierung gehören. Deswegen bin ich besten Mutes.

Christoph Keese
Berlin, im Sommer 2018

---

* Den wöchentlichen Podcast *Disrupt Yourself* finden Sie ab dem 24. September 2018 bei iTunes, SoundCloud und überall sonst, wo es Podcasts gibt. Einige Interviews, die in dieses Buch eingeflossen sind, können Sie zudem im Podcast meiner Firma unter dem Namen *hy Podcast* bei iTunes und SoundCloud nachhören.

Das Lexikon der aussterbenden Berufe

Über die Auswirkungen der Digitalisierung auf den Arbeitsmarkt streitet die Wissenschaft. Studien kommen zu widersprüchlichen Ergebnissen. Als gesichert gilt jedoch, dass etwa die Hälfte der Jobs infrage steht. Der Wandel betrifft auch hoch qualifizierte Berufe. Vor Arbeitslosigkeit schützt am besten die Bereitschaft, sich auf die Veränderungen einzulassen und entsprechend umzudenken.

Eine Studie sorgte 2013 weltweit für Schlagzeilen: »Die Zukunft der Arbeit: Wie anfällig sind Jobs für die Computerisierung?«, vorgelegt von Carl Benedikt Frey, einem deutsch-schwedischen Wirtschaftshistoriker. Er ist Professor an der Oxford University und Direktor des Programms zur Erforschung der Auswirkungen von Technologie auf den Arbeitsmarkt.

Ein einziger Satz im Vorspann der Studie katapultierte Frey auf die Bühnen der wichtigsten Kongresse, in Talkshows und in die Beraterzirkel von Regierungen: »Nach unseren Schätzungen sind ungefähr 47 Prozent der US-Arbeitsplätze in Gefahr.« Diese Nachricht schlug ein wie eine Bombe. Die Hälfte aller Erwerbsmöglichkeiten bedroht? Das wirtschaftliche Aus für Hunderte von Millionen Menschen statistisch gewissenhaft vorgerechnet von der Oxford University? Das musste entweder falsch sein oder eine der größten Sensationen in den Wirtschaftswissenschaften seit Karl Marx. Frey und sein Co-Autor Michael A. Osborne hatten sich aus methodischen Gründen zwar auf die USA konzentriert. Doch die Ergebnisse ließen sich mühelos auf andere Industrieländer wie Deutschland, Frankreich oder Japan übertragen. Die beiden Forscher waren die ersten Wissenschaftler, die systematisch der naheliegenden Fragestellung nachgingen, wie Digitalisierung und einzelne Berufsbilder zusammenhängen. Sie trauten sich als Erste, konkrete Zahlen abzuschätzen, genaue

Tätigkeitsfelder zu benennen und präzise Wahrscheinlichkeiten auszurechnen. Ihre Arbeit löste eine Flut weiterer Studien aus. Viele davon widersprechen den Ergebnissen, andere stützen sie; eine heftige wissenschaftliche und politische Debatte entbrannte. Nachfolgende Studien wie die von Arntz, Zierhan und Gregory (2016) schätzten den Jobverlust auf nur 9 Prozent ein, wieder andere sprachen von 20 oder 30 Prozent.

Im Anhang der Frey-Studie wurden die Ergebnisse noch brisanter. Dort findet sich eine Liste mit 702 detailliert aufgezählten Berufen.* Sie enthält jede erdenkliche Beschäftigungsart und entstammt dem allgemein anerkannten sozialwissenschaftlichen Register beruflicher Tätigkeiten. Frey und Osborne haben für jede Tätigkeit aus diesem Register sorgsam kalkuliert, wie hoch der Anteil der Fertigkeiten ist, die moderne Computer, Programme und Roboter preiswerter und hochwertiger ausführen können. Sie gingen dabei von einer zentralen Annahme aus: dass alle menschlichen Tätigkeiten zu automatisieren sein werden, die auf Mustererkennung und Reiz-Reaktions-Schemata beruhen, dass andererseits aber alle Aufgaben weitgehend unberührt bleiben, die auf Empathie und sozialer Interaktion basieren. Ausgehend von dieser Hypothese, listen Frey und Osborne die 702 verschiedenen Berufe nach der Wahrscheinlichkeit ihrer Abschaffung durch Computer auf. Auf Platz 1, also dem Rang mit der geringsten Wahrscheinlichkeit, steht der Beruf des Erholungstherapeuten, also das Tätigkeitsfeld der Entspannungsmasseure, Wellnesstrainer und Yogalehrer. Dieses Berufsbild gilt als ausgesprochen sicher. Es ist der Champion unter den sicheren Jobs. Den Grund dafür kann man sich leicht vorstellen. Menschen besuchen Masseure und Therapeuten vor allem wegen der sozialen Interaktion. Sie wollen von Menschen berührt werden und mit Menschen sprechen. Kein Massagesitz im Auto oder in der Flughafenhalle wird meine freundliche Masseurin Suzanna jemals ersetzen können.

* Zu finden unter: https://www.oxfordmartin.ox.ac.uk/downloads/academic/The_Future_of_Employment.pdf.

Kein Roboter heitert meine Stimmung so treffsicher auf wie der kernige Kneter Igor mit seinen Muskelpaketen. Ein Schlag seiner Pranke auf meine Schulter und sein geknurrtes »Alles gut?« reichen mir als Stimulus für einen ganzen Tag.

Die Wahrscheinlichkeit des Aussterbens von Erholungstherapeuten hat Frey mit 0,28 Prozent berechnet – der niedrigste Wert auf der ganzen Liste. Vermutlich ist Erholungstherapeut also der Beruf, den man seinen Kindern raten sollte, wenn man sie absolut sicher vor Arbeitslosigkeit schützen möchte. Drogentherapeuten und Sozialarbeiter folgen gleich im Anschluss, ebenso wie Psychologen und Grundschullehrer. Auch das ist leicht zu verstehen. Erfolgreiche Entzugsprogramme per Computer werden wohl eine Randerscheinung bleiben. Bandenkriege in sozialen Brennpunkten schlichtet kein Roboter so gekonnt wie ein Mensch, und Kindheitstraumata lassen sich nicht so leicht von Amazons freundlicher Alexa-Computerstimme behandeln. Auch die Vorherrschaft des Menschen im Grundschulwesen beruht auf handfesten Tatsachen. Zwar kann man Erwachsenenbildung recht gut per Computer vermitteln, weil der Wissenserwerb im Vordergrund steht. I-Dötzchen jedoch erwerben in der Grundschule weit mehr als nur Sachwissen. Sie erleben Eingliederung in eine Gruppe, Konflikte mit Klassenkameraden, Entstehen und Zerbrechen von Freundschaften und das Entwickeln eines Gefühls für den eigenen Wert, vielleicht sogar die erste Liebe und den ersten Liebeskummer. Solange wir leben, werden solche komplizierten sozialen Prozesse wahrscheinlich nur von Menschen begleitet werden können. Maschinen damit zu beauftragen, gilt als so hoffnungslos, dass die meisten Geldgeber erst gar kein Kapital und die meisten Gründer keine Zeit darauf verschwenden. Entsprechend wenig wird dazu geforscht. Deswegen steht die Grundschullehrerin auf Freys Liste um 50 Plätze sicherer da als die Vorstandsvorsitzende oder die Geschäftsführerin eines Unternehmens. Investitions- oder Personalentscheidungen zu treffen, lässt sich leichter in Algorithmen fassen, als die vertrackte soziale Interaktion in einer 3. Klasse in zivilisierte Bahnen zu lenken.

Wie sieht es nun am anderen Ende der Frey'schen Liste aus, also in der brenzligen Gefahrenzone? Auf Nummer 702, auf dem gefährlichsten Platz, stehen Telefonvermarkter. Warum? Weil die meisten Konsumentscheidungen ins Internet abwandern und Menschen von Werbung per Web oder App effizienter erreicht werden als per Telefon. Ganz unabhängig davon, wie geschickt ein Telefonvermarkter vorgeht, mit dem Medienbruch vom Telefon zum Computer steht er vor einer schier unüberwindbaren Hürde. Er bleibt immer öfter hängen, weil sein Medium – das Telefon – als Ort der Konsumentscheidung rapide an Bedeutung verliert oder schon verloren hat.

In der Nähe des Telefonvermarkters stehen auf Freys Liste Näherinnen, Buchhalter, Versicherungsvertreter, Schadensregulierer, Kreditprüfer, Bankschalterangestellte, Fahrer, Kassierer und Zahntechniker. Das überrascht zunächst. Doch auf den zweiten Blick leuchtet auch dieses Szenario ein. Um ihr Risiko zu begrenzen, müssen Versicherungen und Banken genau bewerten, auf welche Kunden sie sich einlassen. Dafür betreiben sie aufwendige Scoring-Modelle. Die Schufa zum Beispiel ist ein Anbieter solcher Modelle. Versicherungsvertreter und Kundenberater können dem Antragsteller in die Augen schauen. Sie kennen seinen Ruf, hören im Sportverein Geschichten über ihn, riechen eine Alkoholfahne und bemerken nervös verschwitzte Hände. Doch auch beim Aufspüren solcher subtilen Signale machen sich schnell die Computer breit. Sie sind dem Menschen oft schon allein deswegen überlegen, weil sie viel mehr Daten über uns sammeln, als der Versicherungsvertreter oder Kreditberater jemals auftreiben könnte. Eine Alkoholfahne? Das Smartphone weiß, ob der potenzielle Kunde jeden Abend bis nachts um drei in seiner Stammkneipe zecht, oder ob er beim Firmenjubiläum mal eben an einem Gläschen Sekt genippt hat.

Nervös verschwitzte Hände? Die Smartwatch meldet eine harmlose fiebrige Erkältung genauso wie den erhöhten Pulsschlag eines lügenden Kreditbetrügers. Der Computer kann die unterschiedlichen Fallarten treffsicherer unterscheiden als der Mensch, der Milliarden Datensätze nicht auszuwerten vermag. Viele von uns tragen den Lügendetektor bereits heute freiwillig und auf eigene Kosten am Arm mit uns herum. Schon bald werden Sensoren in T-Shirts, Blusen und Hemden eingewoben sein. Spätestens dann wird datengestützte Risikoanalyse für Versicherungen und Banken zum besseren Maßstab für Entscheidungen werden als das menschliche Urteil der Vertriebsmitarbeiter. Solche Visionen lösen zwangsläufig Sorgen um Datenschutz aus.

Andererseits werden sich Menschen auch freuen, wenn ihr wachsames Smartphone ihnen zu einem Darlehen verhilft, das sie sonst nicht bekommen hätten. Studenten zum Beispiel bekommen schwer Kredit. Fleißige Studenten werden dankbar sein, wenn ihr Smartphone ihren permanenten Aufenthalt in Seminar und Bibliothek verschlüsselt an die Bank weitermeldet und sie deswegen leichter ein Darlehen erhalten als Kommilitonen mit ausgeprägter Freude am Nachtleben. Menschliche Urteile sind wichtig. Doch sie können auch unfair sein. Computer helfen womöglich, Vorurteile durch Empirie zu ersetzen. Diese Eigenschaft wird Computer zu Stars in allen Disziplinen machen, in denen es um die Analyse menschlicher Verhaltensweisen geht. Werden Computer eines Tages die besseren Menschenversteher sein? Auf eine gewisse Art und Weise sind sie es vielleicht heute schon.

Die Frey'sche Liste besagt, dass Bildung nicht mehr vor Arbeitslosigkeit schützt. Das ist sozialer Sprengstoff. Auf der Roten Liste stehen nicht mehr nur die üblichen Verdächtigen, die es bei technologischen Revolutionen leider immer am härtesten trifft, nämlich diejenigen, die sich am wenigsten wehren und die am schlechtesten ausweichen können: die schlecht Qualifizierten, die gering Bezahlten und die wenig Motivierten. Diese zählen leider auch in der Digitalisierung zu den Betroffenen. Diesmal kommen jedoch neue Gruppen hinzu. In der Digitalisierung trifft es nun auch die gut situierte Mittel- und Oberschicht der Gesellschaft.

Zur Hochrisikogruppe gehören reputierliche Berufe, die noch vor wenigen Jahren als Horte von Wohlstand und Sicherheit galten. Zum Beispiel die *Clerks*, wörtlich: die »Schreiber«. Kein Wort kommt in Freys Gefahrenzone häufiger vor als *Clerk*. Gemeint sind alle Formen von Registraturfunktionen, ob am Schalter einer Bank, an der Rezeption eines Hotels oder in den Kanzleien von Anwälten und Steuerberatern. Einkäufer verschwinden laut Frey ebenso wie Makler, Aktuare und Börsenhändler. Ihre Tätigkeiten werden durch Algorithmen ersetzt, die per massenhafter Datenanalyse besser und billiger zu genaueren Ergebnissen kommen als Menschen. »Bildung sichert Arbeit« gilt nicht mehr. Jetzt heißt es: »Umlernen sichert Arbeit.« Wir müssen lernen, Schritt zu halten mit unseren eigenen Werkzeugen.

Carl Benedikt Frey ist ein jugendlich aussehender, schlanker Mann mittleren Alters. Sein offizielles Bild bei der Oxford University zeigt ihn in rotem Pullover unter braunem Cord-Jackett auf einer hölzernen Wendeltreppe, die rechte Hand in die Hüfte gestemmt, die linke um den Handlauf gelegt. Er trägt eine elegante Brille mit schmalen Stegen im Farbton *Honig*. Seine braunen Haare sind nach rechts gekämmt und bilden widerspenstig eine Tolle. Auf dem Bild hat er etwas von Mahler oder Beethoven. Am auffälligsten sind seine Augen. Adleraugen, könnte man sagen, aber sein Blick wirkt noch schärfer als der eines Adlers. Er fixiert die Kamera streng und ringt sich ein Lächeln ab.

Als ich Carl zum ersten Mal treffe, diskutieren wir auf der Audi-Konferenz *Beyond* in München über die Folgen der künstlichen Intelligenz. Auch dort fällt mir sein scharfer Blick gleich auf. Er enthält eine Mischung aus Skepsis und Neugierde, aus Misstrauen und Herausforderung. Seine Körpersprache drückt Selbstbeherrschung und Disziplin aus. Er spricht leise und in präzise formulierten englischen Sätzen mit leichtem schwedischen Akzent. Sein ganzer Habitus ist der eines europäischen Intellektuellen, der sein Leben in den Dienst der Empirie gestellt hat. Meinungen, die nicht mit Zahlen belegt werden können, stoßen ihn ab. Er drückt sich auf seinem Sofa dann ein Stückchen näher an die Lehne, streckt unmerklich seinen Rücken durch und schlägt die Beine noch fester übereinander. Das ist seine Art, Abscheu zum Ausdruck zu bringen. Frey ist für seine Studie heftig kritisiert, ja angefeindet und verhöhnt worden. Ebenso laut empfing er tosenden Beifall. Die politische Linke erkor ihn zu einem Kronzeugen, weil seine Ergebnisse auf das Klischee einzahlen, dass Technologie und Kapitalismus auf dem Rücken der Arbeitnehmer ausgetragen werden. Beides lässt Frey äußerlich kalt. Kritik und Beifall scheinen ihn nicht zu interessieren. Was ihn interessiert, sind volkswirtschaftliche Daten und Analysen.

Als ich meinem Verleger von Carl Benedikt Freys Arbeit berichte, schlägt er vor, aus diesen Daten ein *Lexikon der aussterbenden Berufe* zu schreiben, angelehnt an Walter Krämers *Lexikon der populären Irrtümer*. Geworden ist aus der Idee das vorliegende Buch. In der Tat ist es spannend, das Schicksal verschiedener Berufe miteinander zu vergleichen. Interessanterweise liegt das heftig erschütterte Berufsfeld der Medienschaffenden bei Frey auf vergleichsweise sicheren Plätzen. Multimediakünstler und Animatoren stehen mit nur 1,5 Prozent Abschaffungswahrscheinlichkeit unter den Gewinnern, Schriftsteller und Autoren liegen bei 3,8 Prozent und Redakteure bei milden 5,5 Prozent. Alle Facetten meiner Berufsgruppe stehen besser da als Buchhalter und Steuerprüfer, die mit 98 Prozent dem Untergang geweiht zu sein scheinen. Das legt den Schluss nahe, dass die Medien nur einen leichten Vorgeschmack auf die Veränderungen bekommen haben, die anderen Branchen demnächst bevorstehen.

Nehmen wir als Beispiel den Beruf des Versicherungsmathematikers, auch *Aktuar* genannt. Es handelt sich um einen hochqualifizierten Beruf mit anspruchsvollem Studium. Weltweit gibt es rund 100 000 Versicherungsmathematiker. Ihr Beruf wird weitgehend von künstlicher Intelligenz übernommen werden. Wer Aktuar bleiben möchte, verlegt sich auf das Trainieren von künstlicher Intelligenz, das Entwerfen von Algorithmen oder das Erschließen neuer Datenquellen. Hierfür werden aber längst nicht alle heutigen Aktuare gebraucht. Das heutige System läuft noch vergleichsweise stabil, weil es machtvolle Strukturen wie Versicherungsvertriebe, bestehende Policen und Assekuranzkonzerne gibt. Diese Strukturen gewähren für eine bestimmte Zeit Schutz. In zehn Jahren aber wird die Technik so weit fortgeschritten sein, dass die Kosten der Ineffizienz heutiger Versicherungen grell zutage treten. Konsumenten werden nicht mehr länger bereit sein, sie zu finanzieren, und daher zu immer radikaleren digitalen Alternativen wechseln. Der kluge Versicherungsmathematiker ahnt das voraus und sattelt rechtzeitig um.

Mit welchen Auswirkungen der Digitalisierung muss speziell Deutschland rechnen? Hierzu hat das Institut für Arbeitsmarkt- und Berufsforschung (IAB) der Bundesanstalt für Arbeit im Frühjahr 2018 eine neue Studie veröffentlicht. Dort heißt es: »Die Digitalisierung hat kaum Auswirkungen auf das Gesamtniveau der Beschäftigung, führt aber zu größeren Verschiebungen zwischen Branchen, Berufen und Anforderungsniveaus.« Bis zum Jahr 2020 gehen nach Auffassung des IAB 710 000 Arbeitsplätze durch Digitalisierung verloren, gleichzeitig entstehen aber 720 000 neue Jobs. Bis 2035 schätzt das Institut den Verlust auf 1,46 Millionen Arbeitsplätze ein, den Zugewinn auf 1,4 Millionen. Zwar bleibt der Saldo fast unverändert, doch für die betroffenen Menschen und Firmen bringt dieser Wandel tiefe Einschnitte mit sich. Laut IAB wird es Jobverluste vor allem bei produzierenden Berufen wie im Metall- und Anlagenbau geben. Auch Monteure, Elektroberufe, Installateure und Maschinenbediener sind betroffen.

Vermutlich schätzt die Bundesanstalt die Gesamtzahl der betroffenen Arbeitsplätze zu niedrig ein. Sie untersucht hauptsächlich erhaltende Innovationen. Auf Disruption legt sie wenig Gewicht. Deswegen weichen ihre Zahlen stark von Freys Ergebnissen ab. Als Gegenprobe kann eine sehr solide Studie der Organisation für wirtschaftliche Zusammenarbeit und Entwicklung (OECD) aus dem März 2018 dienen. Sie kommt zu dem Schluss, dass im Schnitt aller 32 OECD-Mitgliedsländer 14 Prozent aller gegenwärtigen Berufe hochgradig automatisierbar sind und deswegen wahrscheinlich weitgehend verschwinden werden. Weitere 32 Prozent der Berufe weisen ein Risiko zwischen 50 und 70 Prozent auf. Deutschland liegt im internationalen Vergleich auf Platz 6 der Gefährdungsrangliste. Noch stärker gefährdet sind nur Japan, Griechenland, die Türkei, Litauen und die Slowakei. Auf den am wenigsten gefährdeten Plätzen liegen Norwegen, Neuseeland und Finnland. Auch wenn die OECD-Studie zu etwas anderen Werten gelangt als Frey und Osborne, so liegen die Ergebnisse doch nah genug beieinander, um die Beschäftigung mit ihren Folgen dringend erscheinen zu lassen. Im Kern sagt auch die OECD-Studie, dass etwa die Hälfte der Gesellschaft vom digitalen Wandel betroffen sein wird. Das ist Anlass genug, sich dem Thema zu widmen. Hören wir also den Tenor heraus: Der Wandel steht bevor, und er zeitigt eine gewissenhafte Auseinandersetzung.

Im nächsten Abschnitt schauen wir uns an, mit welchen psychologischen Mustern wir auf Wandel reagieren. Das ist wichtig, um die gegenwärtig gute Stimmung im Land richtig zu deuten.

Aus diesem Kapitel halten wir fest:

- Deutschland gehört zur Hochrisikogruppe der OECD-Länder hinsichtlich des Risikos des Arbeitsplatzverlustes durch Digitalisierung.
- Nach anerkannten Studien wie Frey und OECD sind über 40 Prozent aller Berufe betroffen, wobei die Gruppe mit dem höchsten Risiko etwa 14 Prozent der Berufe umfasst.
- Menschen mit mittleren und hohen Qualifikationen sind von dem Wandel ebenso betroffen wie Menschen mit niedrigen Qualifikationen. Allerdings können sich Niedrigqualifizierte noch schlechter wehren.
- Tätigkeiten mit Schwerpunkt auf Mustererkennung und Reiz-Reaktions-Schemata sind in erster Linie von dieser Entwicklung betroffen, während Berufe, die Empathie und soziale Interaktion erfordern, als weitgehend sicher gelten.
- Über den Zeithorizont des Wandels liegen keine präzisen Daten vor. Auszugehen ist von einem Zeitraum zwischen 5 und 20 Jahren.

»DAS KÖNNTE SEIN, ABER DAS WIRD NICHT PASSIEREN.«

Die Psychologie der Betroffenen

Sorglosigkeit trotz guten Grunds zur Sorge

Die Wirtschaft boomt; in vielen Regionen herrscht
Vollbeschäftigung. Zuversicht prägt das gesellschaftliche
Klima. Viele Menschen blenden deswegen den digitalen
Wandel aus. Sie denken nicht darüber nach, was er für sie
und ihr Unternehmen bedeutet. Die notwendige Debatte
in den Unternehmen unterbleibt.

Sabrina Krollnik ist eine Buchhalterin, die mir beim Zusammen-
stellen meiner Unterlagen für das Finanzamt hilft. Sie ist 39 Jahre
alt, lebt in Berlin, arbeitet in einem Steuerbüro und hat einen acht-
jährigen Sohn namens Malte. Ihr Mann ist Installateur. Es sind kleinere Betriebe und Freiberufler, die auf Krollniks Dienste zurück-
greifen. Zu ihren Klienten gehören Handwerker, Taxifahrer, freie
Journalisten, Fotografen, Illustratoren und Übersetzer. Krollnik
sortiert Quittungen, kontiert Belege, gibt Daten bei der Datev ein,
verschickt Monatsberichte, füllt Umsatzsteuervoranmeldungen
aus, kontrolliert Kontoeingänge, mahnt Gläubiger an und sorgt
für das zügige Bezahlen von Rechnungen. Sie verdient 42 800
Euro im Jahr; netto bekommt sie monatlich 2462 Euro heraus.

Ich spreche mit Sabrina Krollnik, weil ich erfahren möchte, wie
sie den digitalen Wandel einschätzt. Laut Studien gehört sie zu
einer Hochrisikogruppe: Carl Benedikt Frey hat die Wahrscheinlichkeit des Jobverlusts für Buchhalter mit 98 Prozent berechnet.
Fast alles, was Sabrina Krollnik erledigt, werden Computer bald
besser und billiger bewältigen können.

»Glauben Sie, dass Computer Ihnen die Arbeit wegnehmen
könnten?«, frage ich. Sie schaut mich erstaunt an: »Wissen Sie,
was bei mir los ist?«, antwortet sie. »Die Leute stellen mir ganze
Schuhkartons voller Belege auf den Tisch. Zerknittert, gefaltet,
zerknüllt. Nichts ist ausgefüllt. Ich darf es dann sortieren. Ich
darf in den Kalendern der Kunden nachschauen, wen sie zum

Mittagessen eingeladen hatten. Da ist überhaupt nichts mit Digitalisierung. Mein Beruf wird nicht verschwinden, solange meine Kunden so chaotisch bleiben, wie sie nun einmal sind. Ordnung werde ich in sie nicht mehr hineinbekommen, das dürfen Sie mir glauben.«

»Aber es könnte doch sein, dass Ihre Kunden die Belege künftig per App einscannen«, halte ich entgegen. »Oder dass Restaurants elektronische Rechnungen verschicken, die in Kopie direkt ans Finanzamt gehen. In Brasilien gibt es das schon. Der Computer des Restaurants trägt automatisch die Namen und Steuernummern der Gäste ein. Er bezieht diese Daten aus dem Reservierungssystem. Wenn das auch bei uns eingeführt wird, braucht man dafür keine Buchhalter mehr.« – »Ja, das könnte sein, aber das wird nicht passieren«, antwortet sie resolut. »Meine Kunden hassen Belege und werden sie ganz bestimmt nicht einscannen. Sicher möchten sie auch nicht, dass ihr Lieblingsrestaurant direkt mit dem Finanzamt über sie spricht. Und selbst wenn das eines Tages kommen sollte, ist damit ja noch nichts kontiert und gebucht. Das muss dann immer noch ich machen.«

»Kontieren und Buchen kann von Algorithmen erledigt werden«, sage ich. »Das ist ziemlich einfach. Der Buchungssatz für Bewirtungen ist immer der gleiche. Das lernt ein Computer in Windeseile.« Sie zuckt mit den Schultern: »Mag sein. Aber Beratung brauchen die Menschen immer. Ich glaube, die Leute werden immer lieber zu uns kommen als zu einer Maschine. Bei uns können sie die vielen Fragen stellen, die sie auf dem Herzen haben.« – »Zum Beispiel?« – »Zum Beispiel heute Morgen«, sagt sie. »Ein Kunde ruft an und möchte wissen: Kann er den Seat-Leon-Jahreswagen, den er kaufen möchte, über seine Firma laufen lassen und in fünf Jahren abschreiben, wenn er jetzt 5000 Euro Anzahlung auf den Leasingvertrag leistet?« Sie schaut mir etwas schnippisch in die Augen: »Und, kennen Sie die Antwort? Wahrscheinlich nicht. Aber ich kenne sie. Kein Computer kommt so schnell an meine Erfahrung heran. Probieren Sie es einmal aus. Fragen Sie Amazons Alexa. Ich habe es aus Spaß kürzlich ausprobiert. Alexa hat keine Ahnung von Steuern. Da ist Alexa blank. Aber nur einmal angenommen, das Gerät gibt irgendwann eine vernünftige Antwort: Was passiert denn, wenn das Finanzamt hinterher eine andere Meinung als Alexa vertritt? Angenommen, das Finanzamt schickt meinem Mandanten trotzdem eine Nachforderung. Dann kann ihn nur noch ein guter Steuerberater retten. Wenn das passiert, steht mein Kunde von heute Morgen sofort wieder auf der Matte.«

»Und wenn eines Tages auch das Finanzamt voll digital läuft?«, frage ich weiter. »Wenn da gar keine Fehler mehr passieren und die Algorithmen dort auf genau demselben Stand sind wie Alexa? Wenn zwei Roboter untereinander die Steuern Ihres Mandanten ausrechnen und der Kunde weiß, dass sein Roboter genauso hartnäckig für ihn kämpft wie Sie, bloß für 3 Euro im Jahr statt für 1800 Euro?« Nun schaut Frau Krollnik mich fast strafend an.

»Das ist jetzt nicht Ihr Ernst, oder? Das Finanzamt voll digitalisiert? Kommen Sie doch mal mit aufs Amt, ziehen Sie eine Marke, warten Sie zwei Stunden auf dem Flur, zahlen Sie Gebühren an einem Münzautomaten, und schauen Sie sich an, auf welchen alten Möhren die da arbeiten. Hängen Sie mal 40 Minuten in der Warteschleife, nur um zu fragen, ob der Umschlag mit den Belegen angekommen ist und ob wir einen Monat Verlängerung bekommen können. Mir tut die Schulter jetzt noch weh vom eingeklemmten Hörer. Voll digitales Finanzamt? Das wird in unserem Leben nicht mehr passieren.« Sie schaut auf die Uhr: »Ich müsste dann so langsam los«, murmelt sie. Für Science-Fiction hat sie heute keine Zeit mehr.

Durch meine Fragen fühlt Sabrina Krollnik sich angegriffen. Sie empfindet mein Nachbohren als Geringschätzung ihres Berufs und hält mit Argumenten dagegen. Ihre Reaktion erinnert mich an mein eigenes Verhalten in der *Kalkscheune*.

Dieses Muster wiederholt sich, als ich einige Tage später in einem Aufzug mithöre, wie zwei Paketboten auf dem Weg in das oberste Stockwerk über Amazon reden. Ich spreche sie an. »Glauben Sie, dass Paketboten von Zustellrobotern und Drohnen abgeschafft werden?«, frage ich. – »Was meinen Sie damit?«, möchten die Boten wissen. Ich erkläre, dass derzeit Milliarden Dollar Wagniskapital in Projekte fließen, die den letzten Kilometer des Weges zum Kunden durch Automatisierung überwinden sollen. Der Beruf des Boten wird angegriffen. Alibaba, der chinesische Amazon, hat sich zum Ziel gesetzt, Haushalte in einem Radius von drei Kilometern rund um seine Filialen vollautomatisch zu versorgen. In Europa schaffen Roboter des Start-ups Starship eine vollautomatische Lieferung innerhalb von 30 Minuten für weniger als einen Euro. Heute kosten solche Lieferungen bei Kurierdiensten mehr als das Zehnfache.

»Ich glaube nicht, dass wir abgeschafft werden«, sagt der eine Bote. »Kommen Sie gerne mit nach unten, und schauen Sie sich unsere Lieferwagen an. Da passt kein Stück Papier mehr rein. Wir sind komplett ausgebucht.« Der andere nickt: »Ich wäre ja froh, wenn der Job verschwinden würde. Paketzustellung ist eine Plackerei. Ich würde bestimmt etwas anderes finden. Doch der Job wird nicht verschwinden. Menschen sind immer schneller, flexibler und intelligenter als Maschinen. Zum Beispiel würde ein Roboter hier im Haus nie die Kanzlei auf der 13. Etage finden, die gerade erst eingezogen ist und noch kein Türschild am Klingelbrett angebracht hat. Schon ich musste zehn Minuten lang suchen. Der Roboter würde verzweifelt vor die Wand laufen und müsste abgeholt werden.« Die Boten lachen. Sie denken nicht darüber nach, dass der technische Fortschritt auch hier eine Lösung bringen könnte. Sie rechnen aus der Gegenwart in die Zukunft hoch und nehmen an, dass alles so bleibt, wie es heute ist.

Nicht viel anders geht es bei Taxifahrern zu. Ich erkundige mich bei jedem Fahrer, in dessen Taxi ich steige, ob er sich vor autonomen Autos fürchtet. Fast immer lautet die Antwort nein. Die meisten haben eine klare Meinung zu Uber und beschweren sich über die unfairen Bedingungen, zu denen sie konkurrieren müssen. Jeder regt sich über die Standgebühren am Flughafen auf, über die Pflicht zur Annahme von Kreditkarten, über Leute, die einen Wagen für 500 Meter Fahrt bestellen, und jeder hat eine

Wagniskapital: englisch: Venture Capital. Eigenkapital, das absichtlich einem hohen Risiko ausgesetzt wird, um es in potenziell hochprofitable Start-ups zu investieren. Gegenteil von Fremdkapital. Technologie-Start-ups haben zum Zeitpunkt ihrer Gründung eine Scheiterwahrscheinlichkeit von etwa 90 Prozent. Je älter Start-ups werden, desto weiter sinkt das Ausfallrisiko ab. Technologie-Start-ups haben fast keinen Zugang zu Fremdkapital, da das Risiko, das mit ihrer Gründung verbunden ist, für traditionelle Bankenkredite zu hoch ist. Sie sind fast ausschließlich durch Eigenkapital finanziert. Wagniskapital fließt im Regelfall durch Kapitalerhöhungen ins Unternehmen. In jeder Runde von Kapitalerhöhungen können die Alteigentümer durch die Einlage frischen Kapitals mitziehen oder sich dem Zuschuss neuen Geldes enthalten, wodurch ihre bisherigen Anteile entwertet (»verwässert«) werden.

Meinung dazu, ob es sich heutzutage noch lohnt, einer Funkzentrale anzugehören oder nicht. Aber bis auf eine einzige Ausnahme konnte kein Fahrer mit Gedanken zu selbstfahrenden Autos aufwarten. Und das, obwohl selbstfahrende Autos den Beruf des Taxifahrers mit großer Sicherheit abschaffen werden. Volkswagen beispielsweise hat ein Konzept namens *Sedric* vorgestellt, bei dem jeder Bürger einen Schlüsselanhänger geschenkt bekommt, der auf Knopfdruck ein automatisches elektrisches Auto herbeiruft. Für ein Fünftel oder gar Zehntel der heutigen Taxikosten soll man fahrerlos ans Ziel gelangen. Kunden werden dieses bequeme und preisgünstige Angebot begeistert annehmen.

Der einzige Fahrer, der sich mit dem Problem auseinandergesetzt hatte, ist Manoochehr Shirkhani aus Berlin. »Wir Taxifahrer hätten viel früher eine eigene Bestellplattform gründen sollen«, sagt er. »Wir hätten uns von MyTaxi und Uber nicht abhängen lassen sollen.« – »Warum haben Sie eine solche Plattform nicht gegründet?«, möchte ich wissen. – »Weil eine Innung aus vielen unterschiedlichen Köpfen besteht«, antwortet er. »Manche sind progressiv, andere konservativ. Man muss warten, bis ein Konsens zustande kommt. Die Branche hat lange gebraucht, bis sie einsah, dass Plattformen uns abhängig machen und uns die Konditionen diktieren.«

Damit beschreibt Shirkhani einen wichtigen Aspekt der Psychologie von Genossenschaften. Sie bleiben passiv, weil sie sich nicht einigen können. In Abstimmungsverfahren haben Disruptoren fast keine Chance. Wären ihre Gedanken nicht revolutionär, wären sie nicht disruptiv. Wenn sie aber revolutionär sind, versammeln sie keine Mehrheiten hinter sich. Disruption und Basisdemokratie sind Konzepte, die sich schwer miteinander vertragen. Wahre Disruptoren sind Guerillakämpfer, die in kleinen Gruppen gegen den allgemeinen Konsens antreten und das tun, was sie für richtig halten. Ideen, die Mehrheiten finden, sind fast nie disruptiv.

Shirkhani sieht eine Chance in autonomen Autos. »Heute besitzt ein Taxiunternehmer drei bis vier Wagen«, sagt er. »Er hat Probleme, Fahrer zu finden. Schichten zu besetzen, ist schwer. Man findet einfach keine zuverlässigen Leute. Das ist ein Riesenproblem.« Wenn nun selbstfahrende Autos auf den Markt kommen, ist das eine gute Nachricht, findet er. »Um das Einstellen von Fahrern muss sich der Unternehmer keine Sorgen mehr machen. Er wird mehr Autos kaufen. Das Geld, das er bisher in die Fahrer investiert hat, steckt er dann in die Autos. Dann fahren plötzlich 10 oder 20 Wagen für ihn statt nur ein oder zwei wie heute.«

Seine These ist wahrscheinlich falsch. Denn wenn die Betriebskosten des Taxis durch das Einsparen des Fahrers sinken, fällt auch der Preis für die Fahrt. Einige Unternehmer geben den Kostenvorteil an ihre Kunden weiter und setzen so den gesamten Markt unter Druck. Sind die Preise gesunken, bleibt dem Taxi-Unternehmer wenig Geld übrig, um sich eine ganze Flotte zuzulegen. Außerdem braucht der Markt dann gar keine Taxi-Unternehmer mehr; er braucht Flottenbetreiber und Vermittlungsplattformen. Das sind aber ganz andere Geschäftsmodelle und Berufsbilder. Menschen neigen unter Druck dazu, Glaubenssätze aufzustellen, die sie nicht systematisch überprüfen. Das führt zu gefährlich falschen Schlussfolgerungen. Leute errichten Gedankengebäude, bevor sie das Fundament gesichert haben. Während der täglichen Arbeit fehlt ihnen die Zeit, sich gründlich mit dem Sammeln von Daten und Fakten zu beschäftigen. Gut finanzierte Angreifer hingegen besitzen ausreichend Muße und Geld, um saubere Schlüsse zu ziehen.

Carl Benedikt Frey würde die These Shirkhanis vermutlich folgendermaßen kommentieren: »Taxi zu fahren und eine Flotte von Taxis zu besitzen, setzt unterschiedliche Qualifikationen voraus. Für den Betrieb einer Wagenflotte sind Kenntnisse in Finanzierung, Unternehmensführung und Buchhaltung notwendig. Diese besitzt nicht jeder der heutigen Fahrer oder Taxi-Unternehmer.« Außerdem würde Frey ihm vorrechnen, dass es in Zukunft weniger Flottenbesitzer geben muss, als es heute Taxifirmen gibt. Denn wenn jemand Roboterautos für sich fahren lässt, ist es – da der knappe Faktor *Fahrer* entfällt – viel wirtschaftlicher, 100 statt 10 Autos auf die Strecke zu schicken. Dann können die Kosten der Verwaltungszentrale auf mehr produktive Einheiten verteilt werden; in der Folge sinken die Kosten pro Fahrt. Damit steigen die Gewinne. Durch diese Entwicklung, wenn sie sich tausendfach wiederholt, setzt unweigerlich eine Konvergenz zu Großbetrieben ein, die weniger begabte Unternehmer nicht mehr mitgehen können. Es beginnt ein Konzentrationsprozess, der zu Plattform-Monopolen führt. Solche Monopole kennen wir von vielen anderen Märkten wie Websuche (Google), Smartphone-Betriebssysteme (Android), Dokumentenverwaltung per PDF (Adobe) oder Hotelbuchung (Booking).

Man kann diesen Konzentrationsprozess heute schon beim Car Sharing beobachten. Auch Car Sharing kommt ohne professionelle Fahrer aus. Noch vor wenigen Jahren gab es beim Car Sharing eine bunte Vielfalt von Anbietern. Heute beherrschen Car2Go und DriveNow den Markt. Sobald das Kartellamt zustimmt, werden sie miteinander fusionieren. Hinter Car2Go und DriveNow stehen Mercedes und BMW. Ihnen gehören auch die entsprechenden Taxi-Apps sowie Park- und Elektro-Lade-dienste. Wer heute eine App von Car2Go, DriveNow, MyTaxi oder Moovel auf dem Smartphone hat, gehört schon jetzt zur fusionierten Mobility-Welt der Premium-Autohersteller. Heute halten Taxifahrer MyTaxi noch für ihren Verbündeten. Doch schon bald wird ein selbstfahrender BMW 3i angerollt kommen, wenn man bei MyTaxi ein Auto bestellt. Der vermeintliche Verbündete entpuppt sich dann als Gegner.

Womöglich erklären sich in den Metropolregionen sogar die Städte selbst zuständig für Taxiflotten, weil sie einen umweltfreundlichen Verkehrsmix aus Bahn, Bus und selbstfahrenden Autos anbieten wollen. An solchen Komplettkonzepten arbeiten auch Automobilkonzerne. Sie sehen darin eine Chance, dem Wandel von außen zu entgehen. Wer hat also die geringste Aussicht, von der Abschaffung des Taxifahrerberufs zu profitieren? Die Taxifahrer selbst. Das ist traurig, aber wahr und leider typisch für viele Berufe.

Weil Betroffene das Thema ausblenden und sich nur wenige von ihnen Gedanken über die Zukunft ihrer Branche machen, mangelt es ihnen an Wissen darüber, welche Spieler ihren Markt betreten, welche Gedanken sie hegen und welche Fakten ihren Entscheidungen zugrunde liegen. Deswegen können sie die künftigen Entwicklungen ihres eigenen Berufsstands schlechter einschätzen als die Angreifer von außen. Sie werden zu Außenseitern in ihrem angestammten Beruf, obwohl sie eigentlich Insider sind. Könnten die Angegriffenen den neuen Markt selbst dominieren? Ja, das könnten sie. Dafür müssten sie früh anfangen, genau zu verstehen, was gerade passiert. Genossenschaften, wie Taxifahrer sie bilden, stehen dieser Einsicht im Wege. Basisdemokratie bremst den Schwung. Doch ausgeschlossen ist gar nichts. Wer wach ist und mitdenkt, kann obenauf landen.

Mein nächster Besuch führt zu Bernhard Bamberger im baden-württembergischen Niederstetten zwischen Würzburg und Schwäbisch Hall. Bamberger leitet die örtliche Fabrik des

Ventilator-Herstellers ebm-papst. Die Firma ist Weltmarktführer für viele Arten von Lüftern. Bamberger ist seit 34 Jahren an Bord und seit zehn Jahren Leiter dieses Werks. Mit Digitalisierung beschäftigt er sich intensiv und sieht es als seine persönliche Pflicht an, seine Belegschaft sicher durch den Wandel zu steuern. Insgesamt 14 000 Menschen arbeiten in der Gruppe und erwirtschaften 1,9 Milliarden Euro Umsatz pro Jahr. Firmengründer Gerhard Sturm lebt in der Nähe und singt mit seinen 83 Jahren immer noch im Kirchenchor.

Auch Ventilatoren-Hersteller können digital getroffen werden. Das wusste ich vorher auch nicht, doch ich habe es bei ebm-papst gelernt. Der Umsturz geht so: Wenn der Versandhandel von Lebensmitteln seinen rasanten Aufstieg fortsetzt, dann kommt die gekühlte Ware direkt aus den großen Lagern von Amazon oder Rewe in die Haushalte. Lager und Kühlwagen brauchen Ventilatoren, aber zahlenmäßig sind das viel weniger als die Abertausende von Kühlaggregaten, die heutzutage in den Supermärkten laufen. Das trifft zunächst die Hersteller von Kühltheken. Wenn sie weniger Aggregate bei den Supermärkten absetzen, werden sie ihre Bestellung bei Ventilator-Herstellern wie ebm-papst drosseln. Die Ventilator-Hersteller haben dann unter *indirekter Disruption* zu leiden. Sie ist heimtückisch, weil man in eine Schicksalsgemeinschaft mit seinen Abnehmern gezwungen wird, ohne direkten Zugang zum Kunden der Kunden zu besitzen – im Fall von ebm-papst also zu den Supermärkten und Warenhäusern.

Hätte man direkten Kontakt zu den Märkten, könnte man sich vielleicht irgendwie freischwimmen. So aber ist man gekettet an die unmittelbaren Opfer. Wenn die nicht schnell genug reagieren, geht man mit ihnen unter wie ein Segler, der an sein sinkendes Boot gefesselt ist. Das wünscht man niemandem.

Wir besichtigen Bambergers hochautomatisierte Fabrik. Roboterarme in Glaskästen wickeln Draht aus riesigen Spulen um Metallsterne. Sie müssen komplizierte Bewegungen vollführen. Alles surrt in atemberaubender Geschwindigkeit. Menschen sind in dieser Halle kaum zu sehen. 340 Mitarbeiter gibt es, doch sie verlieren sich auf der Fläche. Was ich hier sehe, ist das Ergebnis jahrzehntelanger Investitionen in Automatisierung. Nur deswegen gibt es solche Fabriken in Mitteleuropa trotz der hohen Löhne überhaupt noch. Die wenigen Jobs, die gerettet wurden, verdanken ihre Existenz den Robotern. Irgendwann arbeitet die Anlage wahrscheinlich vollautomatisch ganz ohne Menschen. Der Homo sapiens ist nur so lange erwünscht, bis er sich mit den eigenen Werkzeugen überflüssig gemacht hat.

Bernhard Bamberger ist allerdings weniger pessimistisch. »Der Konkurrenzdruck ist zwar gewaltig«, sagt er. »Trotzdem wird es bei uns immer Arbeit für Menschen geben. Wenn einfache Tätigkeiten überflüssig werden, kommen Wartung und Programmierung ins Spiel. Bringen wir neue Produkte heraus, läuft die Produktion sowieso erst einmal eine Weile von Hand. Damit werden wir immer eine Menge Leute beschäftigen.« Das leuchtet mir ein. Doch die Folgen der Digitalisierung könnten die Anpassungsfähigkeit überfordern. »Fühlen sich Ihre Leute bedroht?«, frage ich ihn. Er schüttelt den Kopf: »Ganz und gar nicht«, sagt er. »Es war immer schon großer Druck vom Markt da, unsere Mitarbeiter haben ihn immer gespürt. Es herrscht großes Vertrauen, dass wir die Arbeit hier halten. Man weiß aus der Vergangenheit: ›Das hat immer funktioniert, und die Firma hat immer dafür gesorgt, dass wir Beschäftigung haben.‹«

Diese Erwartungshaltung verlangt dem Management ab, jeden Schlag der Digitalisierung durch Einfallsreichtum auszugleichen. Das ist eine ungeheure Verantwortung. Doch Bamberger geht gelassen mit ihr um: »Uns ist in der Vergangenheit immer etwas eingefallen«, sagt er. »Das wird auch in der Zukunft so sein. Ich sehe Digitalisierung als Chance, nicht als Gefahr. Unsere Leute vertrauen uns. Sie sind sicher, dass uns immer etwas Neues einfällt.«

Viele Führungskräfte erleben Ähnliches. Weil Mitarbeiter wenig über Wandel nachdenken, staut sich der Druck bei den Geschäftsleitern auf. Sie wissen nicht, wie sie reagieren sollen. Versprechen sie der Belegschaft, dass sie alles im Griff haben, auch wenn sie die Lösung selbst nicht kennen? Das setzt sie zwischen die Stühle; von den Versprechen kommen sie nicht mehr herunter. Das Team muss nicht mitdenken, es wird passiv, weil es der Führung Wunder zutraut. Ist es besser, Unsicherheit zuzugeben und die Lösung gemeinsam mit dem Team zu erarbeiten? Das könnte die Belegschaft stark verunsichern und das Vertrauen in die Führung beschädigen. Existenzangst und Demotivation wären die Folge, mit gefährlichen Auswirkungen auf die Produktivität. Welcher der beiden Wege ist richtig – Sicherheit vorschützen oder Unsicherheit eingestehen? Gibt es vielleicht noch eine dritte Möglichkeit? Von diesen Fragen handelt das Kapitel »Führung: Aus den Helden von gestern die Helden von morgen machen«. Dort stehen klare Antworten. Vielleicht möchten Sie schon dorthin vorblättern. Bernard Bambergers Herausforderung ist jedenfalls universell. Die gute Stimmung im Lande kann im digitalen Wandel zum Problem werden.

Ich frage einen befreundeten Volkswirt, wie er die allgemeine Sorglosigkeit deutet. »Die Leute beschreiben ihre gegenwärtige wirtschaftliche Lage«, sagt er. »Wir erleben gerade einen außergewöhnlich langanhaltenden Boom. Er steht jetzt im achten Jahr. Massenarbeitslosigkeit ist fast vollständig aus dem kollektiven Bewusstsein verschwunden. Kaum jemand kennt noch jemanden, der über längere Zeit arbeitslos ist. Überall hängen Stellenanzeigen aus. Man kann keine Bäckerei mehr betreten, ohne die Bitten des Betreibers um Bewerbungen zu lesen.« Diese Wahrnehmungen beeinflussen uns in unserem Urteil über Digitalisierung, glaubt der Ökonom. »Menschen neigen dazu, aus der Vergangenheit in die Zukunft zu extrapolieren. Der Optimismus wurzelt in der Gegenwart. Er hat wenig mit der Zukunft zu tun.«

Im Jahr 2005 herrschte eine andere Stimmung im Land. Damals lag die Arbeitslosenzahl bei knapp fünf Millionen. Die Menschen ergingen sich in düsteren Sorgen über ihre Zukunft und lebten in ständiger Angst vor Jobverlust. Heute ist es genau andersherum. Die Leute finden aus ihrem Optimismus nicht mehr heraus. Extremer Optimismus ist genauso trügerisch wie extremer

Pessimismus. Zur Psychologie von Menschen gehört es, kollektiven Stimmungsschwankungen anheimzufallen. Dies verstellt den Blick auf Realitäten. Sorglosigkeit darf nicht zu Fahrlässigkeit führen. Es darf der Deutschen Bank nicht gleichgültig sein, dass Wirecard – eine erst 1999 gegründete FinTech-Firma aus Aschheim bei München – mittlerweile wertvoller ist als sie selbst.

Wie balancieren wir auf der schmalen Linie zwischen Zuversicht und Leichtsinn? Am besten, indem wir uns klarmachen, warum unser Kopf dazu neigt, unangenehme Botschaften auszublenden. Wir wollen verstehen, wo die tieferen Ursachen dieses Verhaltens liegen. Davon handelt das nächste Kapitel. Wir sehen, dass wir immer dann zu Schutzhaltungen tendieren, wenn unsere Grundbedürfnisse verletzt werden.

Aus diesem Kapitel halten wir fest:

- Die Angegriffenen haben oft einen Wissensrückstand gegenüber den Angreifern. Sie werden in ihren eigenen Berufen zu Außenseitern.
- Disruption und Basisdemokratie vertragen sich schlecht. In Mehrheitsabstimmungen unterliegen Disruptoren fast immer.
- Menschen blenden Gedanken an eine Veränderung besonders dann aus, wenn es ihnen wirtschaftlich gut geht und sie den Wandel als Angriff empfinden.
- Menschen neigen dazu, Hypothesen über die digitale Zukunft aufzustellen, die sie nicht systematisch überprüfen. Aus diesen Hypothesen ziehen sie Schlussfolgerungen, die oft in die Irre führen.
- Angestellte laden die Verantwortung für den Wandel oft bei ihren Vorgesetzten ab und drängen sie zu Versprechungen, die kaum zu halten sind.
- Vorgesetzte nehmen diese Verantwortung oft an, um Sicherheit auszustrahlen. Sie können das Versprechen aber nicht immer einlösen.

Die Verteidigung unserer Grundbedürfnisse

Der Druck, sich ändern zu müssen, kann als Verletzung wichtiger Bedürfnisse gedeutet werden. Heftige Gefühle und hartnäckiges Leugnen sind die Folge. Kontrollverlust verstärkt die Abwehrhaltung. Diese Blockade ist am besten zu lösen, indem man offen über seine Sorgen spricht.

Was sagen Psychologen über die Neigung von Menschen, den digitalen Wandel auszublenden? Sie diagnostizieren eine Schutzhaltung gegen die Verletzung von Grundbedürfnissen. Wenn ich an meine Diskussion in der *Kalkscheune* zurückdenke, erinnere ich mich an das Gefühl des Verletztseins und der inneren Abwehr, das sich automatisch einstellte. Aber waren es meine Grundbedürfnisse, um die es damals ging? So hätte ich das nicht gesehen. Machen wir uns kundig.

Was Grundbedürfnisse sind, ist in der Literatur nicht eindeutig beschrieben. Remo Largo, ein anerkannter Schweizer Arzt, der vielbeachtete Werke über die Entwicklung und Erziehung von Kindern geschrieben hat, zählt in seinem neuen Buch *Das passende Leben. Was unsere Individualität ausmacht und wie wir sie leben können*, sechs Grundbedürfnisse auf:

- Existenzielle Sicherheit
- Körperliche Integrität
- Geborgenheit
- Anerkennung / sozialer Status
- Selbstentfaltung
- Leistung

Die Psychologin Stefanie Stahl, Autorin des Bestsellers *Das Kind in dir muss Heimat finden*, kommt auf nur vier Grundbedürfnisse:

- Bindung
- Autonomie und Sicherheit
- Lustbefriedigung
- Selbstwerterhöhung und Anerkennung

Andere Autoren erstellen wiederum andere Listen. Mich wundert etwas, dass die Wissenschaft der Psychologie einen so grundlegenden Begriff wie *Grundbedürfnisse* nicht eindeutig definiert. Für mich als Laien ist nicht ersichtlich, was die offizielle Lehrmeinung ist. Selbst Wikipedia gibt sich wortkarg. Einigkeit aber besteht bei der abstrakten Erklärung: Grundbedürfnisse sind tiefsitzende Urantriebe, die evolutionsgeschichtlich älter sind als der rationale Verstand. Biologisch sind sie eng mit dem limbischen System im Inneren des Gehirns verbunden und haben unmittelbaren Zugriff auf die dort sitzende Steuerung der Gefühle. Angriffe auf Grundbedürfnisse lösen heftige Emotionen aus, die ihrerseits Notwehrreaktionen in Gang setzen können.

Über diesen Mechanismus entzieht sich der Mensch einer drohenden Gefahr. Ein Beispiel: Unterwegssein in einem dunklen Wald kann das Grundbedürfnis nach existenzieller Sicherheit verletzen. Angst ist die Folge; sie mündet in Flucht. Das Wegducken vor Gefahr ist ein sinnvoller Reflex. Wir überwinden Gefahren, indem wir von Gefühlen blitzschnell in eine ungefährliche Richtung umgelenkt werden. Gefühle sind Boten, die Nachrichten von einem Angriff sofort in passende Handlungen umsetzen. Für Aufschub bleibt keine Zeit. Deswegen umgeht der Gefühlsmechanismus die im Großhirn sitzende rationale Vernunft. Sie arbeitet deutlich langsamer als das limbische System. Das Denken zu umgehen, ist also ein überlebensnotwendiger Kurzschluss. Er hat unsere volle Wertschätzung verdient.

Auch Disruption kann Grundbedürfnisse verletzen. Daher meine Wut, Verärgerung und Frustration in der *Kalkscheune*. In meinem Gehirn wurde eine Schaltung ausgelöst, die ich durch meinen Willen nicht beeinflussen konnte. Für eine erfolgreiche Bewältigung des Wandels ist es wichtig, Gefühle zuzulassen und anzusprechen. Sie geben Hinweise auf das angegriffene Grundbedürfnis. Wenn wir verstehen, wo wir uns attackiert fühlen, können wir den Angriff abwehren, oder wir können einsehen, dass unsere Furcht übertrieben ist. So lässt sich der Abwehrmechanismus dämpfen. Nicht Verdrängung hilft gegen die Furcht vor Veränderung, sondern im Gegenteil die aktive Auseinandersetzung. Sie kann uns helfen, die innere Abwehr auszuschalten.

Wichtig ist es dafür, Klarheit über Art und Zahl der Grundbedürfnisse zu erlangen. Alle Grundbedürfnisse, die die verschiedenen Experten benennen, gehören zu einer von drei Kategorien:

- **Kategorie 1:** Sicherheit und Unversehrtheit des Körpers und der materiellen Grundlagen des Lebens. Bei den Bedürfnissen dieser Kategorie geht es um den Fortbestand der physischen Existenz, also um das körperliche Überleben. Zu dieser Kategorie gehören nur Bedürfnisse, die den Menschen als einzelnes Wesen betreffen. Der Mensch kann sich diese Bedürfnisse notfalls aus eigener Kraft erfüllen, selbst wenn er jahrelang wie Friedrich Nietzsches Zarathustra als Einsiedler auf einem Berg lebt. Die Unterstützung durch andere Menschen ist für den Einzelnen bei der Erfüllung der Bedürfnisse aus dieser Kategorie zwar hilfreich, jedoch nicht zwingend. Es geht immer auch ohne Gruppe. Wir können hier von *existenziellen Grundbedürfnissen* sprechen.

- **Kategorie 2:** Bindung, Geborgenheit, Lustbefriedigung, Selbstwerterhöhung und Anerkennung. Bei diesen Bedürfnissen geht es darum, einer Gemeinschaft von Menschen anzugehören, mit ihr zu interagieren und sich von ihr abzugrenzen. Die Gemeinschaft, und bestehe sie nur aus zwei Personen, kann sexuelle Lust befriedigen, Anerkennung für Leistung zollen, bei Trauer trösten oder Freude teilen. In dieser Kategorie spielt der Mensch als soziales Wesen die Hauptrolle. Ein Einsiedler wie Zarathustra kann sich diese Bedürfnisse nicht selbst erfüllen. Zu ihrer Befriedigung ist er auf die Mitwirkung anderer Menschen angewiesen. Ohne Gruppe geht es nicht. Nennen wir diese Grundbedürfnisse die *sozialen Grundbedürfnisse.*

- **Kategorie 3:** Selbstentfaltung, Autonomie und Leistung. Bei diesen Bedürfnissen bringt der Mensch die in ihm angelegten Fähigkeiten zur Geltung. Er schöpft sein Potenzial aus, erprobt seine Grenzen und erweitert sein Können. Dies kann er sowohl in der Gruppe als auch als Individuum tun. Seine Leistung kann im einsamen Komponieren einer Klaviersonate oder in der Einzelbesteigung eines Bergs bestehen. Sie kann aber auch in einer Gruppe stattfinden, beim Fußballspielen, Singen im Chor oder Engagement in einem Theaterensemble. Eine gute Bezeichnung für diese Grundbedürfnisse wäre *erfüllende Grundbedürfnisse.*

Auf Basis dieser Kategorien können wir abschätzen, welche unserer Grundbedürfnisse angegriffen werden und welche nicht:

Existenzielle Grundbedürfnisse werden von Digitalisierung berührt, wenn wir unseren Job verlieren, kein Essen mehr kaufen können, aus unserer Wohnung ausziehen müssen und im Extremfall auf der Straße landen. Es handelt sich also um wirtschaftliche Konsequenzen. Körperlichen Schaden fügt uns die Digitalisierung im Normalfall nicht zu.

Die *sozialen Grundbedürfnisse* werden in jedem Fall von der Digitalisierung erfasst. Auf unser Zusammenspiel mit anderen Menschen wirkt die Digitalisierung massiv ein.

Auch die *erfüllenden Grundbedürfnisse* können betroffen sein, wenn die Digitalisierung Selbstentfaltung und Leistung schmälert, also zum Beispiel, indem sie unseren Beruf als Radiologe, Taxifahrer oder Steuerberater überflüssig macht.

»Wir Menschen glauben, uns unserer Grundbedürfnisse bewusst zu sein«, schreibt Remo Largo. »Ich bin müde, also gehe ich schlafen. Da die Anfänge der Grundbedürfnisse jedoch sehr weit in die Evolution zurückreichen, sind sie tief im Unterbewusstsein verankert. Viele sind uns daher oft nur teilweise oder überhaupt nicht bewusst.«

Die Verletzung von Grundbedürfnissen äußert sich in negativen Gefühlen: Angst, Wut, Einsamkeit, Frustration, Trauer, Verzweiflung, Stress oder im Extremfall sogar Hass können die Folge sein. Verlust von Autonomie führt oft zu Wut, Verlust von Bindung zu Trauer, Verlust von Anerkennung zu Stress, Verlust von Selbstwert zu Verzweiflung, und Verlust von Geborgenheit zu Angst oder Einsamkeit. Es sind auch andere Kombinationen möglich. »Nur ein dichtgewobenes Netz aus zwischenmenschlichen Verflechtungen, gegenseitigen Abhängigkeiten und Interessen vermag dem Menschen ein Gefühl von emotionaler, sozialer und existenzieller Sicherheit zu geben«, schreibt Largo. »Das Ansehen, das wir in der Familie, bei Freunden und bei den Kollegen am Arbeitsplatz genießen, sowie die soziale Stellung, die wir unter ihnen einnehmen, tragen ganz wesentlich zu unserem Wohlbefinden bei.« Das bedeutet auch, dass wir uns unserer Geborgenheit in einer Gruppe vergewissern müssen, wenn wir dem Druck standhalten wollen. Firmen sind folglich nur dann zur Neuerfindung in der Lage, wenn sie ihren Mitarbeitern klarmachen: »Ihr seid sicher. Ihr seid nicht bedroht. Ihr könnt über eure Ängste sprechen. Wir nutzen eure Verletzlichkeit nicht aus.«

Führungskräfte müssen künftig mehr Empathie für ihre Mitarbeiter aufbringen als bisher. Es reicht nicht mehr aus, reibungsloses Funktionieren von der Belegschaft zu verlangen, ohne nach ihrem Befinden zu fragen. Wer nicht über Gefühle spricht, riskiert das Erlahmen der Innovationskraft. Dazu gehört auch, seinen Wunsch nach Beschäftigung klar zum Ausdruck zu bringen: »Menschen wollen nicht nur arbeiten, um den Lebensunterhalt sicherzustellen, beruflichen Erfolg und soziale Anerkennung zu bekommen und eine soziale Stellung zu erreichen«, schreibt Remo Largo. »Sie wollen auch Leistung erbringen, weil die zu ihrem Selbstwertgefühl und ihrer Selbstwirksamkeit beiträgt. Leistungsversagen und Arbeitslosigkeit werden daher nicht nur als existenzielle Gefahr und soziale Entwertung erlebt, sondern beeinträchtigen immer auch das Selbstwertgefühl und die Selbstwirksamkeit.«

Angst bedeutet Verengung. Sie führt zum Rückzug und zur Abwehr von Veränderungen. Sie kann Fluchtimpulse wecken und eine Abwendung vom Unternehmen bewirken. Antje Mudersbach ist psychologische Psychotherapeutin in Berlin-Neukölln. Sie hat die Mechanismen der Disruption aus nächster Nähe kennengelernt, durch ihre Freundschaft mit der Unternehmerin Inga Bauer, der wir im Kapitel »Konsequent sein« begegnen werden. Beruflich beschäftigt Mudersbach sich mit Organisationspsychologie. Wandel in Eigenregie, meint sie, kann nicht gelingen, wenn man Menschen zuruft: Wir müssen uns jetzt bewegen, und wenn ihr das nicht schafft, dann passiert euch dies und das. »Viel von dem Veränderungsdruck, der von oben nach unten an Menschen herangetragen wird, ist zum Scheitern verurteilt, denn er mobilisiert zunächst einmal Angst«, erläutert sie. »Auf solche Ansprache reagieren die meisten Menschen mit der Konzentration auf ihre Angst statt mit der Lösung des Problems. Das lähmt sie.« Verleugnen und Einigeln sind typische Reaktionen auf harte Ansagen der Unternehmensführung, sagt Mudersbach. »Ebenso typisch sind die Verweigerung des weiteren Nachdenkens über das Thema, das heimliche Suchen nach einer neuen Firma und das starre Festhalten am Traditionellen.«

Ein britischer Kollege, berichtet sie, hat als Berater einer Firma in England, die von Angst wie gelähmt schien, erst einmal eine Wand errichtet, auf der notiert wurde, was an Gerüchten in der Belegschaft gerade umlief. »Alle sollten aufschreiben, was sie voneinander denken und welche Parolen sie gehört haben. So wurde die Verbalisierung von Sorgen organisiert. ›Was fürchten wir eigentlich, was uns passieren könnte?‹ ist eine wichtige Leitfrage.« Mit Fragen wie diesen wurde Luft geschaffen für das Eingeklemmte und Festgefahrene. Der Psychologe schaffte es, Bewegung in das verkrustete Unternehmen zu bringen.

Es ist wichtig, über Gefühle zu sprechen. Mir hat ein Freund meines Großvaters, geboren Anfang des 20. Jahrhunderts, einmal gesagt: »Im Beruf musst du sein wie eine geballte Faust. Du darfst niemanden in deine Seele hineinschauen lassen.« Heute ist das Gegenteil wahr. Verschlossene Gemüter helfen niemandem. Menschen, die sich öffnen und den Dialog suchen, bringen sich und ihrem Arbeitgeber am meisten. Was ist, wenn der Chef von Gefühlen nichts hören will? Dann sprechen Sie ihn darauf an, dass sein Verhalten der Firma schadet. Machen Sie die Sache nicht mit sich allein aus. Wenn er dann immer noch abblockt, wenden Sie sich an den Chef Ihres Chefs. Irgendwo werden Sie Gehör finden. Aufrichtigkeit gewinnt. Hilft das alles nichts, organisieren Sie eine Wand wie der englische Berater. Bitten Sie alle Kolleginnen und Kollegen, ihre Sorgen und Hoffnungen zu artikulieren. Spätestens dann wird die Führung das Engagement des Teams anerkennen. Niemand, der bei Sinnen ist, stellt sich einem solchen Einsatz entgegen.

Viele von uns befinden sich in ähnlicher Lage wie Walter Faber, die Titelfigur aus Max Frischs berühmtem Roman *Homo Faber*. Faber, ein Schweizer Ingenieur, fürchtet sich vor Kontrollverlust. Ausgerechnet ihm bricht die Kontrolle zusammen. Er verliebt sich unwissentlich in seine eigene Tochter. »Max Frischs Idee hinter dem Roman war diese: *Was uns zufällt, ist das Fällige*«, sagt Antje Mudersbach. »Wir werden mit dem konfrontiert, was wir am weitesten von uns fernhalten möchten. Walter Fabers Vorstellung von ›Ich beherrsche die Welt‹ und ›Ich kontrolliere mein Leben‹ fällt in sich zusammen, als er die wahre Identität seiner Geliebten erfährt.« Zu Beginn des Buchs stürzt Faber mit einer *Super Constellation* auf dem Weg von New Yorks Flughafen La Guardia zu einer Montage in Venezuela über der mexikanischen Wüste ab. Während des Absturzes empfindet er keine Angst, weil er die technischen Prozesse kennt, die in einem solchen Fall greifen. Er hält sie für beherrschbar. Seine Welt kollabiert erst, als er mit unkontrollierbaren Umständen konfrontiert wird, nämlich mit der inzestuösen Liebe zu seiner eigenen Tochter.

Ähnlich wie in Max Frischs Gleichnis ergeht es uns Menschen

im digitalen Wandel. Wir glauben, die Welt zu beherrschen. Wir kennen die Abläufe auf den Märkten, von denen wir leben, und wir fühlen uns sicher. Plötzlich wirft ein Erdbeben um, was wir als selbstverständlich angesehen haben. Diesen Schock bewältigen wir, indem wir den Schmerz an uns heranlassen, sagt Antje Mudersbach. Es bringt nichts, Schmerz zu verdrängen. Erfolg entsteht aus Schmerz. Wenn wir den Schmerz leugnen, verhindern wir den Erfolg. Im Silicon Valley wird eine Kultur des Scheiterns gepflegt, die das Scheitern überhöht, hat Mudersbach beobachtet. Der Einzelne macht die Niederlage in Wahrheit mit sich allein aus. »Bei dieser Überhöhung handelt es sich um eine narzisstische Verarbeitung des eigenen Scheiterns, die eigentlich gar keine Verarbeitung ist«, sagt Mudersbach. Das Scheitern wird umdeklariert zur Erfolgsgeschichte, mit der man ebenso prahlt wie mit seinen anderen Errungenschaften. Mein Haus, mein Auto, mein Boot, meine Kinder, mein Scheitern. Das Silicon Valley ist trotzdem erfolgreich. Aber das geht auf Kosten der Betroffenen. Die Aufarbeitung bleibt unvollständig. Das kann zu Schäden führen wie Schlafstörungen oder Vereinzelung. »Ich finde es im wahrsten Sinne des Wortes *un-verschämt*, also ohne Schamgefühle, wie im Silicon Valley über Scheitern gesprochen wird«, kritisiert Mudersbach. Man will nur das Positive sehen. »Doch wo bleiben die Versagensängste? Wo sind die Schamgefühle?«

In der gegenwärtigen »Kultur des Scheiterns« wird über tiefgreifende Gefühle zu wenig gesprochen. Dadurch entsteht eine narzisstische Dynamik. »Man könnte von einem *Kleinheits-Selbst* sprechen. Dieses Kleinheits-Selbst muss permanent verarbeitet und geschützt werden«, glaubt Mudersbach. Eine Weise, damit zu leben, ist die Etablierung eines *Größen-Selbst*. Dieses Größen-Selbst ist erfüllt von Gedanken wie ›Ich mache die Welt, wie sie mir gefällt‹, ›Alles ist kontrollierbar‹, ›Leute sind manipulierbar‹ oder ›Ich kann sie alle lenken‹. Die anderen Menschen um uns herum werden nur gebraucht, um in der eigenen Psyche etwas auszugleichen.« Man redet sich ein: »Ich mache aus Niederlagen immer Gold. Ich kann selbst dem größten Scheitern noch etwas abgewinnen.« Das ist ein Irrtum. »Das Kleinheits-Selbst muss durch ständige Überhöhungen verteidigt werden«, sagt Mudersbach. »Die Scheiterkultur nährt diese Überhöhungen und behindert die Verarbeitung.« Wir vermeiden die Bewältigung des Scheiterns gerade dadurch, dass wir das Scheitern überhöhen.

Diese Überlegungen haben wichtige Folgen für die Kommunikationskultur. Idealerweise beginnen wir Gespräche mit Kollegen oder Freunden mit einem Bericht darüber, was uns gerade bewegt. Wir gestehen uns unsere Ohnmacht ein und bringen unseren Kontrollverlust zur Sprache. Dann entdecken wir den Mut der Verzweifelten und beschließen, uns zur Wehr zu setzen. Wir trennen uns von der alten Definition unserer selbst und finden heraus, dass wir auch unter den schwierigen Bedingungen überleben können. So entwickeln wir uns zu freien Menschen, die flexibel und stark genug sind, den anstehenden Wandel zu meistern.

Nun verstehen wir besser, wie Menschen auf Wandel reagieren. Im nächsten Abschnitt werfen wir einen Blick auf die Psychologie von Angreifern, also denjenigen, die den Wandel aktiv in Gang setzen. Einige besondere Eigenschaften ermöglichen es ihnen, das Bestehende schnell und furchtlos anzugreifen.

Aus diesem Kapitel halten wir fest:

- Die Verweigerung von Wandel entsteht durch die Verletzung bestimmter Grundbedürfnisse.
- Verletzte Grundbedürfnisse lösen Gefühle aus, die Überleben sichern, aber den Verstand blockieren.
- Gefühle lassen sich nicht unterdrücken, im Gespräch aber aufarbeiten und abmildern.
- Führungskräfte sollten Verständnis für die Gefühle ihres Teams entwickeln, wenn sie Bereitschaft für den Wandel befördern möchten.

»JUST DO IT!«

Die Psychologie der Erneuerer

Geborgen im Selbstvertrauen

Disruptoren sind ganz normale Menschen, die über ein gesteigertes Maß an Vertrauen in sich selbst und andere verfügen. Gewachsen ist dieses Vertrauen oft durch Trauma und Tröstung in frühen Jahren. Das vermittelt ein Gefühl von Sicherheit und rüstet für das Eingehen großer Risiken.

Wir haben gesehen, dass Menschen dazu neigen, Veränderungen ihrer Umwelt als Angriff auf ihre Grundbedürfnisse zu deuten. Wandel löst negative Gefühle wie Angst, Beklemmung oder Sorge aus. Zuflucht suchen viele Menschen in Schutz- und Abwehrhaltungen. Sie entziehen sich dadurch unwillkürlich dem Umbruch. Angreifer hingegen sind Veränderungen gegenüber toleranter. Sie sehen ihre Grundbedürfnisse nicht in Gefahr – selbst dann nicht, wenn sie große persönliche Risiken eingehen wie das Gründen eines Start-ups. Im Vordergrund ihres inneren Schauspiels stehen die *erfüllenden Grundbedürfnisse* wie Selbstentfaltung, Autonomie und Leistung. Typische Angreifer verfügen über ein außergewöhnlich starkes Selbstvertrauen. Weil sie Schutz- und Abwehrhaltungen kaum kennen, gehen sie leichter zum Angriff über. Das hilft ihnen, große Spiele zu wagen.

Die Einteilung in Verteidiger und Angreifer ist nicht statisch. Man kann zum Angreifer werden, auch wenn man heute noch keiner ist. Niemand wird zum Disruptor geboren. Manche Leute erwerben in Kindheit und Jugend Fähigkeiten, die ihnen helfen, als Erwachsene besonders wagemutig zu sein. Doch selbst dann, wenn man solche Fähigkeiten nicht früh erworben hat, kann man sie später aufbauen. Wie das geht, besprechen wir im nächsten Abschnitt (»Selbst zum Erneuerer werden«). In diesem Kapitel schauen wir uns zunächst an, wie die Risikobereitschaft und Angriffslust typischer Disruptoren entstehen.

Es verlangt etwas Überwindung, Angreifer verstehen zu wollen. Vielen gelten sie als Zumutung. Mir ging es in der *Kalkscheune* genauso. Aggressive Angreifer haben etwas Aufdringliches. Man geht ihnen lieber aus dem Weg. Versetzen wir uns dennoch in ihre Perspektive, stellen wir fest, dass sie objektiv große Risiken eingehen. Die Gründung eines Unternehmens beispielsweise ist gefährlich, besonders dann, wenn sie auf brandneuer, unerprobter Technologie beruht. Oft liegen keine gesicherten Erfahrungswerte vor. Niemand weiß, ob es gut gehen wird. Warum liegen die Nerven der Angreifer trotz des Risikos nicht blank? Alle Disruptoren, die ich kenne, wissen um die Gefahr. Sie ignorieren sie nicht. Auch sind sie keine Hasardeure, die die Gefahr um ihrer selbst willen suchen. Sie kalkulieren Risiken, lassen sich aber nicht durch die Angst vor ihnen lähmen.

Wie hoch war bei der Gründung von Tesla und SpaceX die Wahrscheinlichkeit des Erfolgs oder Misserfolgs, also des Gelingens eines Elektroauto- beziehungsweise Raketen-Unternehmens? Niemand konnte diese Wahrscheinlichkeit seriös berechnen – schon deswegen nicht, weil noch nie ein Erfinder derart große Wagnisse eingegangen war. Trotzdem nahm Gründer Elon Musk das Abenteuer auf sich. Seine Chancen waren mikroskopisch klein. Er kannte die Gefahr und riskierte sein gesamtes Vermögen.

Wer so etwas anfängt, kann sein Einkommen und Erspartes einbüßen, sein Haus oder seine Wohnung verlieren, die Ausbildung seiner Kinder verspielen, Kollegen und Freunde verprellen und im sozialen Ranggefüge absteigen. Neun von zehn Start-ups scheitern oder spielen gerade einmal den Einsatz wieder ein; nur eines von zehn wird zum durchschlagenden Erfolg. Weshalb setzen Angreifer so viel Zeit und Geld so leichtfertig aufs Spiel? Warum weichen sie den Risiken nicht aus? Was versetzt sie emotional in die Lage, der Gefahr schutzlos entgegenzulaufen?

Die Antwort liegt oft in Kindheit und Jugend verborgen. Seit Jahren frage ich Gründer, was sie bewegt. Ich habe mit Hunderten von ihnen gesprochen; im Silicon Valley, in New York, Tel Aviv, London, Paris, München, Hamburg und Berlin. Immer wieder führt die Spur zurück in die Zeit vor der Volljährigkeit. Die Gemeinsamkeiten in den Lebensläufen sind auffällig. Kaum ein

Angreifer führt seine Robustheit nicht zurück auf die Adoleszenz. Für die große Bedeutung von Kindheit und Jugend gibt es triftige Gründe. In jungen Jahren wandelt das Gehirn Erfahrungen dynamisch in neuronale Verbindungen um. Es entstehen Milliarden neuer Kontaktpunkte von Nervenzellen, als Ergebnis von Berührungen mit der Außenwelt. Später in der Pubertät wird ein Großteil dieser Verknüpfungen wieder bereinigt. Nur jene Schaltungen bleiben zurück, die außergewöhnlich erfolgreich waren.

Im Erwachsenenalter treten kaum noch Charaktereigenschaften hinzu, die in Kindheit und Jugend nicht schon angelegt waren. Von den *prägenden Jahren* im Leben eines Menschen sprechen wir deswegen aus gutem Grund. Auch Selbstvertrauen wächst in dieser frühen Phase heran. Es schafft Offenheit für Risiko.

Folgende Geschichte zählt zu den eindrucksvollsten, die ich gehört habe, und sie widerfuhr jemandem, der sich später zu einem einflussreichen Erneuerer in einem deutschen Großunternehmen entwickelte. Sein Beispiel zeigt auch, dass man Unternehmen von innen verändern kann, ohne sie zu verlassen. Allen, die Wandel von innen anschieben wollen, kann das Mut machen. Der Bericht spielt Ende der 1980er-Jahre und geht so:

Aus der Innenstadt von Lomé donnern die Salven von Maschinenpistolen herüber. Schüsse hallen durch die Straßen. Für einen Moment tritt Stille ein, dann ertönen die nächsten Salven. Togos Präsident Gnassingbé Eyadéma lässt Aufstände blutig niederschlagen, Polizei und Militär schießen auf Demonstranten. Etwas entfernt von der Innenstadt am Fenster eines Wohnhauses in einer streng bewachten *Gated Community* steht ein siebenjähriger Junge. Er schaut hinüber in Richtung Zentrum, hört das Knallen und Donnern und fühlt, wie kalte Angst ihn erfasst. Seine Eltern sind dort drüben in der Stadt. Vater und Mutter stehen unter den Demonstranten. Sie sind in die Kampfzone gegangen. Sie haben ihn, seine Brüder und das Haus zurückgelassen. Das Feuer der Soldaten gilt auch den Eltern. Der Junge wagt nicht, sich zu bewegen. Er starrt aus dem Fenster. Nichts kann er tun, nur warten. Nichts als warten.

Der Kälte folgt ein Gefühl völliger Leere. Der Junge kann sich nicht einmal fragen, was passiert ist und was nun aus ihm und seinen Geschwistern werden soll. Seine Gedanken stehen still. Dann rumpelt es plötzlich an der Tür. Der Junge stürzt zum Eingang. Er fällt seiner Mutter in die Arme. Sie ist allein gekommen. »Dein Vater ist angeschossen worden«, keucht sie. »Wir haben ihn ins Krankenhaus gebracht. Mich wollten sie auch dortbehalten, weil es draußen zu gefährlich ist. Aber ich habe mich durchgeschlagen, um zu euch zu kommen.« Der Vater bleibt lange im Krankenhaus und wird wieder gesund. Dem ersten blutigen Aufstand folgt ein zweiter. Dann fällt die Entscheidung. Die Mutter und ihre drei Jungs verlassen Togo. Sie fliehen nach Wilhelmshaven, der Heimatstadt der Mutter. Der Vater bleibt in Togo, seiner eigenen Heimat. Fünf Jahre lang wächst der Junge ohne seinen Vater auf. Fünf Jahre lang weiß er oft nicht, ob es seinem Vater gut geht und ob er lebt.

In Wilhelmshaven sind der Junge und seine Brüder die einzigen Kinder mit dunkler Haut. Sie werden gehänselt. Ihre Mutter muss sich Kritik anhören. Warum sie denn auch nach Togo gezogen sei, tuschelt man. Jetzt steht sie allein da mit ihren drei kleinen Kindern, ohne Mann – selbst schuld, flüstern manche hinter vorgehaltener Hand. Der Junge steht in seiner Schulklasse anfangs im Abseits. Doch die Isolation währt nicht lange. Er findet einen Freund. Er lernt, wie man Spott überhört, und bald findet er weitere Freunde. Vom Rand der Schulklasse wächst er in die Mitte hinein. Er entdeckt seine Leidenschaft für Basketball und sieht bald, wie viel Respekt er sich mit seiner Leistung verdienen kann. Als sein Vater fünf Jahre später wohlbehalten zur Familie heimkehrt, hat der Junge ein starkes Selbstbewusstsein entwickelt. So schnell erschüttert ihn nichts mehr.

Der Junge von damals ist heute ein erwachsener Mann. Sein Name ist Florian Bankoley. Er ist zum Disruptor in einem Großkonzern geworden: Als Vice President leitet er die gesamte Informationstechnik der Automobilsparte, die bei Bosch *Mobility Solution* heißt. Es ist die größte Sparte des Konzerns. 60 Prozent des

Umsatzes werden erwirtschaftet, insgesamt 45 Milliarden Euro. Knapp 300 000 Menschen finden hier Arbeit. Florian Bankoley ist gerade einmal 38 Jahre alt. Mit seiner dunklen Haut ist er im Management deutscher Unternehmen leider auch heute noch eine Ausnahmeerscheinung. Er trägt einen Bart und kurz geschnittenes Haar. Bankoley spricht ruhig, präzise, sorgfältig, zugleich aber auch lebhaft, bestimmt und gefühlvoll. Ich lerne ihn bei einem Essen mit Start-ups in Berlin kennen und treffe ihn danach mehrfach zu Gesprächen.

»Es gab Situationen, in denen ich nicht wusste, ob meine Eltern lebend zurückkommen«, sagt Bankoley, als er mir die Geschichte vom Feuergefecht in Lomé erzählt. »Das hat ein für alle Mal die Relationen in meinem Leben verschoben. Ich frage mich immer: Was ist für mich wirklich existenziell? Und darauf gibt es nur eine Antwort: der Verlust meiner Familie. Alles, was weniger dramatisch ist, erscheint mir lösbar, und ich empfinde es nicht als Bedrohung.« Er beschreibt die Situation am Fenster des Hauses, in der er als Siebenjähriger die Salven mitanhören musste: »Ich versuchte die Angst wegzuschieben, aber es gelang mir nicht. Eine solche Situation erlebt zu haben und heil daraus hervorgekommen zu sein, gibt mir die Gewissheit, auch alltägliche Situationen bestehen zu können.« Das Trauma kombiniert mit dem glücklichen Ausgang hat ihn immun gemacht gegen Neophobie, die Angst vor dem Neuen. »Wir haben einen sehr starken Zusammenhalt in meiner Familie. Das gibt mir die Gewissheit, dass ich immer aufgefangen werde und nie ganz nach unten fallen kann. Das ist befreiend, weil es mir die Möglichkeit gibt, das zu tun, wovon ich überzeugt bin«, sagt er.

Ich frage Bankoley, ob er sich nicht fürchtet, eines Tages seinen Job zu verlieren, wenn er beruflich ein Risiko eingeht wie das, von dem wir gleich erfahren werden. »Nein«, sagt er, »ich verspüre keine Angst. Wenn ich doch einmal ins Nachdenken komme, frage ich mich: Was ist das Schlimmste, was mir beruflich passieren kann? Das ist dann gar nicht so tragisch, wie man es sich im ersten Moment ausmalt.« – »Was ist denn das Schlimmste, was dir beruflich zustoßen kann?«, möchte ich wissen. – »Als ich noch keine eigene Familie gegründet hatte, dachte ich: Das Schlimmste, was passieren kann, ist, dass ich sechs Monate bei einem Freund auf der Couch schlafen muss, bis ich einen neuen Job gefunden habe.« – »Und was ist das übelste Szenario jetzt, da du Ehemann und Vater bist?«, frage ich. Die Bankoleys haben zwei Kinder. Er antwortet: »Meine Frau arbeitet, und sie bestärkt mich immer darin, das zu tun, was ich für richtig halte. Sie sagt, ist doch egal, wenn du keinen Job mehr hast. Wir kommen schon zurecht.«

Ich halte ihm absichtlich einige Sorgen vor, die ich aus den Gesprächen mit anderen Angestellten kenne. »Malst du dir denn nicht manchmal aus, wie teuer es wird, die Kinder auszubilden, sie anzuziehen, ihren Sport zu bezahlen und ihr Studium zu finanzieren? Da kommen ja eine Menge Kosten auf die Eltern zu.« Doch auch diese Anmerkung bringt Bankoley nicht aus der Ruhe. »Ja, es stimmt, das sind eine Menge Kosten«, gibt er zu. »Mein Ansatz ist vielleicht etwas naiv, aber ich bin davon überzeugt, dass man immer eine Lösung findet. Es mag schwere Abschnitte im Leben geben – natürlich. Und ich weiß auch, dass es leichter gesagt ist als getan, Oberwasser zu behalten. Aber ich bin felsenfest davon überzeugt, dass es immer eine gute Lösung gibt, wenn man an sich selbst glaubt.« Ich unternehme einen letzten Versuch, ihm Angst einzuflößen: »Man hört doch so viele Geschichten von Menschen, die trotz hoher Qualifikation seit fünf Jahren keinen Job finden. Das könnte doch auch dir passieren«, sage ich. Doch für Existenzangst ist dieser Mann einfach nicht anfällig: »Nein, solche Ängste treiben mich zum Glück nicht um«, sagt er, und wir wechseln das Thema. Florian Bankoley hat in seiner Kindheit Schocks erlebt, aus denen er unbeschadet hervorgegangen ist. Diese Erfahrung hat ihn für den Rest seines Lebens gegen Existenzsorgen immunisiert. Damit ist er zu einem idealtypischen Treiber des Wandels geworden.

Seinen ersten Schritt als Anstifter zum Wandel im Konzern unternahm Bankoley 2011 mit der Leitung der Mobility Media GmbH in Berlin, einer Bosch-Tochter, die moderne digitale

Geschäftsmodelle gründen und befördern soll. »Der Auftrag von Bosch lautete, kleine Pflänzchen im digitalen Ökosystem zu säen«, erzählt Bankoley. Ein Angebot namens *DriveLog* gehörte zu seinen Projekten. Ziel war es, die Kommunikationslücke zwischen Autofahrern und Werkstätten zu schließen. »Der Konsument ist digital, die Werkstätten sind aber noch sehr analog«, sagt er. Deswegen ist es beispielsweise so schwer, im Netz Werkstatttermine zu buchen oder online zu sehen, wann das Auto fertig zum Abholen ist.« Ein anderes Projekt kümmerte sich als Plattform um Haus und Heizung. Immer ging es um die Verbindung von Firmen zu Firmen, die ihrerseits dann mit Konsumenten im Kontakt stehen. Im Jargon der Szene heißt das *Business-to-Business-to-Consumer*, kurz *B2B2C*. Bankoley beobachtete mit zunehmender Skepsis, wie wenig er im Großkonzern ausrichten konnte. »Ich habe viel gesehen, was funktionierte, aber genauso viel, was nicht funktionierte«, sagt er. »Vor allem habe ich den Zusammenstoß zwischen der explorativen Kultur der Start-ups und unserem Konzern erlebt, der wie jeder Konzern sehr stark auf Planung und Vorhersagbarkeit getrimmt ist.« Bankoley pendelte zwischen zwei Welten, was ihm immer öfter als ungesunder Zustand auffiel. »Ich bewegte mich an dem Bruchpunkt zwischen Start-ups in Berlin und Konzernvorständen in Stuttgart.« Er bekam live mit, dass mächtige Konzerne bei wichtigen Zukunftsthemen von beweglichen Neugründungen abgehängt werden können.

Nach fünf Jahren, Ende 2016, war Bankoley klar, dass er vor einer Grundsatzentscheidung stand. Drei Möglichkeiten hatte er: entweder als Geschäftsführer einer kleinen Konzerntochter in Berlin weiter gegen Windmühlen im Konzern ankämpfen. Oder aufgeben und selbst in ein Start-up wechseln. Oder an die Alarmglocke schlagen und der Konzernspitze mitteilen, dass es mit Boschs Digitalisierung nichts werden kann, wenn der behäbige Apparat weitermacht wie bisher und versucht, den hyperagilen Angreifern mit starren Regeln und Prozessen beizukommen. Bankoley entschied sich für die riskanteste aller drei Varianten: Alarm zu schlagen, den obersten Chef zu informieren, damit alle Zwischenchefs zu verärgern und so ein echtes Karriererisiko einzugehen. Er wurde zum »Whistleblower« in Sachen Digitalisierung und schrieb an Dietmar Denner, den Vorsitzenden der Bosch-Geschäftsführung. Der junge Manager überging drei Stufen von Vorgesetzten und missachtete damit den Dienstweg mit voller Absicht.

»Diese Mail ist auf meine Hemmungslosigkeit zurückzuführen, Dinge anzusprechen, bei denen ich Verbesserungspotenzial sehe«, erzählt Bankoley. Zwei Kernthesen fasste er in seinem Schreiben zusammen. Erstens: In den normalen Konzernabläufen kann und wird Bosch es nicht schaffen, neue Geschäftsmodelle zu erkunden. »Zwei Welten prallen aufeinander, die nicht miteinander vereinbar sind. Als Industrieunternehmen sind wir darauf ausgerichtet, uns keine Fehler zu leisten. Neue Geschäftsmodelle können in diesem Umfeld nicht erprobt werden, also Geschäftsmodelle, von denen man nicht weiß, wie sie funktionieren, ob sie funktionieren und was ihr Mehrwert ist. Deswegen scheitern wir mit diesen Modellen.«

Zweitens: »Wenn wir nicht auch in Zukunft scheitern wollen, müssen wir einen sicheren Hafen aufbauen, in dem experimentiert werden kann. Wir brauchen einen digitalen *Business Builder*, der gezielter Anlaufpunkt für die Geschäftsbereiche ist und die notwendigen Kompetenzen besitzt, um neue Modelle Wirklichkeit werden zu lassen.« Damit schlägt Bankoley seinem obersten Chef eine neue Einheit vor, die mit Kollegen besetzt werden soll, die das digitale Geschäft aus dem Effeff beherrschen. Sie sollen in sechs Wochen einen Prototypen bauen, ihn in Rekordzeit auf den Markt bringen und innerhalb von sechs Monaten sagen, ob das Geschäft funktioniert oder nicht. Wenn es klappt, dann unternimmt die neue Einheit alles, um das Geschäft auf maximale Größe zu skalieren.

Die Mail an Dietmar Denner besagte letzten Endes nichts anderes als: Die bestehenden Strukturen und Manager sind an den Herausforderungen der Digitalisierung gescheitert. Wenn wir so weitermachen, werden wir untergehen. Alle Verantwortlichen sind ihrem Job bisher nicht gerecht geworden.

In Boschs Kultur sind solche Mails nicht verboten. Wer Kritik gut begründet, darf sie vorbringen. Dennoch wagen die wenigsten Mitarbeiter einen solchen Schritt. Sie wenden sich lieber nur an ihren direkten Vorgesetzten. Damit minimieren sie das Risiko der Verärgerung ihres Chefs, riskieren aber auch, dass die Initiative auf dem Dienstweg versandet. Eine Woche lang nach dem Absenden seiner Mail hörte Bankoley gar nichts. Dann bekam er die Einladung zu einem Telefonat mit dem Chief Information Officer des Gesamtkonzerns, der für die gesamte IT verantwortlich ist. Mit dabei sein sollten der Chef der Bosch Software Innovations und der Chef der gesamten Forschung und Entwicklung. »Vor dem Telefonat war ich etwas angespannt, weil ich ja gesagt hatte, ihr drei macht euren Job nicht richtig, und ich habe einen Vorschlag, wie man es besser machen könnte«, gesteht Bankoley. »Das Telefonat lief dann aber so gut, wie ich es nie erwartet hätte. Die drei hörten sich 20 Minuten lang meine Thesen an, um zu prüfen, ob ich Ahnung von dem habe, was ich gerade erzähle. Am Ende des Gesprächs waren sie alle bereit, meinen Plan zu unterstützen. ›Anstatt dich zu beschweren‹, sagten sie, ›kannst du aktiv mitgestalten und die Sache besser machen.‹«

Die drei Manager boten Bankoley seinen heutigen Job an. Von da an musste er selbst umsetzen, was er in seiner Mail an Dietmar Denner kritisiert hatte. Nun ist er der Disruptor vom Dienst. »Der Großteil der Arbeit ist leichter, als ich es vermutet hatte«, sagt er. »Das liegt vor allem an der Offenheit der Kollegen. Sie wissen, dass sie sich verändern müssen, und sind bereit, darüber zu sprechen.«

Bankoley fühlt sich wohl in seiner neuen Rolle und hat das Gefühl, etwas Greifbares zu erschaffen. »Wer verändert wen zuerst? Die Strukturen mich oder ich die Strukturen – das frage ich mich natürlich manchmal. Aber ich bin mir sicher, dass ich gemeinsam mit meinen Teams viel bewirke.« Er bringt den traditionellen Teilen des Unternehmens bei, mehr Risiko zu wagen, und den Start-ups, mit denen er arbeitet, das kreative Chaos ihrer Anfangstage Stück für Stück mithilfe geregelter Prozesse in den Griff zu bekommen. Er ist ein Mittler und Wandler zwischen den Welten, getragen von der Gelassenheit, die er aus seiner Kindheit mitgebracht hat. Sein Glaube an das Gute bringt das Gute hervor. Es ist hier eine selbsterfüllende Prophezeiung am Werk, und aus diesem Erfolgserlebnis bezieht Bankoley immer mehr Optimismus, der dann noch mehr gelingen lässt – ein Engelskreis.

Angreifer haben die gleichen Grundbedürfnisse wie alle anderen Menschen. Doch sie halten selbst schwere Schläge nicht für Attacken auf ihren Kern. Sie interpretieren Angriffe emotional anders als andere. Weil ihre Grundbedürfnisse gar nicht erst verletzt werden, hegen sie auch keine negativen Gefühle. Weil sich ihnen keine negativen Gefühle aufdrängen, nehmen sie keine Schutz- und Abwehrhaltung ein. Dies wiederum erlaubt es ihnen, ihren Wunsch nach Entfaltung, Autonomie und Leistung auszuleben, ohne von der Angst vor Verlust von Sicherheit und Geborgenheit daran gehindert zu werden.

Die meisten Disruptoren halten es für ausgemachte Sache, dass immer eine warme Sonne auf sie scheint, ganz gleich, wie viel Geld sie verdienen, welches Amt sie bekleiden, ob sie in einem Palast oder einer Hütte leben und ob ihr Start-up an der Börse oder vor dem Konkursrichter erscheint. Sie empfinden Vertrauen in sich und andere. Die Kombination von Trauma und Tröstung in prägenden Jahren immunisiert gegen die Angst vor Verlust von Bindung, Sicherheit und Geborgenheit in Gegenwart und Zukunft. Angreifer sind in ihrem inneren Kern so stark gefestigt, dass sie sich einen Absturz unter ein bestimmtes Niveau nicht mehr vorstellen können. Das macht sie zu abenteuerlustigen Innovatoren.

Im nächsten Kapitel lernen wir eine weitere Eigenschaft der Erneuerer kennen: den unbedingten Willen, etwas Neues in die Welt zu setzen und damit gravierende Missstände zu beseitigen. Viele Innovatoren sind Weltverbesserer.

Aus diesem Kapitel halten wir fest:

- Viele Angreifer verfügen über ein gesteigertes Vertrauen in sich und andere. Sie empfinden berufliche Risiken nicht als Verletzungen ihrer Grundbedürfnisse.
- Ihr Selbstvertrauen ist häufig entstanden durch die Kombination aus Trauma und Tröstung in prägenden Jahren vor und während der Pubertät.
- Vertrauen steht bedingungslos bereit und muss nicht erst abgerufen werden. Es steigert die Risikobereitschaft und weckt das Bedürfnis nach Entfaltung und Leistung.
- Niemand wird als Disruptor geboren. Früh erworbenes Selbstvertrauen erleichtert den Wandel. Doch man kann auch auf anderen Wegen zu Treibern des Umbruchs werden.

Das Neue in die Welt bringen

Viele Erneuerer arbeiten an Zielen, die weit über sie selbst und ihr eigenes Umfeld hinausreichen. Sie streben die Verbesserung der Welt an. Daraus beziehen sie Antrieb und Kraft. Im Namen des Fortschritts nehmen sie in Kauf, Millionen von Arbeitsplätzen zu vernichten.

Bruce Pon spricht leise. Er wählt jedes Wort mit Bedacht. Kein einziges Mal sagt er »äh«: Jeder Satz enthält einen klugen Gedanken. Manager einer Großbank umringen ihn. Sie wollen Technologie und digitale Geschäftsmodelle besser verstehen. Dafür sind sie nach Berlin gereist. Es ist ein später Abend im Axel-Springer-Unternehmerclub, einem Loft an der Markgrafenstraße mit Blick auf das Hochhaus von Rocket Internet. Bruce Pons Fachgebiet sind Blockchain, selbstlernende Maschinen, künstliche Intelligenz und verteilte Datenbanken – also Systeme, die quer über das Internet verstreut und vielen Nutzern offen stehen.

Im vergangenen Kapitel haben wir gesehen, dass Selbstvertrauen einen wichtigen psychologischen Faktor darstellt, wenn es darum geht, als Erneuerer tätig zu werden. Ein weiterer typischer Charakterzug ist die Absicht, die Welt zu verbessern. Bruce Pon ist ein gutes Beispiel für diese wirkmächtige Mischung. Deswegen wollen wir ihn etwas näher kennenlernen. Wir schauen zunächst, woran er arbeitet – sein Spezialgebiet Blockchain ist faszinierend. Danach erkunden wir, welche Motive ihn antreiben. Dabei sehen wir einen typischen Effekt: Bruce Pon bemüht sich, einen Nachteil abzuschaffen, unter dem er selbst gelitten hat. Viele Erneuerer kämpfen für die Verbesserung der Welt. Das macht sie so schnell und angriffslustig.

Pon ist Experte für Blockchain. Er baut Maschinen, die Sachwerte sicher durch das Internet schicken, ohne dass eine Zentralinstanz den Handel organisieren muss. Zentralinstanzen sind beispielsweise Banken, Börsen oder Ämter. Blockchain-Anhänger wie Pon zielen darauf ab, diese Zentralinstanzen abzuschaffen. Damit verfolgen sie eine radikale Version der altbekannten Strategie, einen Vermittler aus dem Spiel zu werfen. Immer, wenn ein Vermittler verschwindet, profitieren davon alle anderen Marktteilnehmer, weil sie seinen Gewinn untereinander aufteilen können. Im Englischen spricht man von *cutting out the middleman*.

Die Blockchain ermöglicht genau das. Manche Analysten nennen die Blockchain deswegen den »Plattform-Killer«. Ihr könnte es gelingen, die übermächtigen Plattformen im Netz zu attackieren, glauben sie. Dies ist jedoch keineswegs sicher. Es wird heftig gestritten, ob Blockchain die Plattformen schwächt oder im Gegenteil sogar stärkt. Festzustehen scheint aber, dass die Blockchain zahlreiche Institutionen verändern wird, wenn sie Erfolg hat. Banken, Versicherungen und Autohändler gehören dazu; ebenso jede andere Branche, die Sachwerte vermittelt. Kaum ein Kongress, kaum ein Start-up, kaum eine traditionelle Firma, bei denen es heutzutage nicht auch um Blockchain geht. Alle möchten verstehen, was diese Technologie kann.

Was genau ist die Blockchain? Bruce Pon erklärt: »Geld, Wein, Fernseher, Autos, Grundstücke, Hotelbetten, Flugtickets, Kreuzfahrtkabinen, Erdöl, Häuser, Wohnungen – es gibt kaum etwas, was nicht über die Blockchain gehandelt werden kann.« Die Blockchain speichert Rechte an Eigentum ab, ähnlich wie das Straßenverkehrsamt die Besitzverhältnisse an Autos registriert, das Handelsregister die Inhaber von Firmen oder das Katasteramt die Eigentümer eines Grundstücks. »Allerdings führt die Blockchain die verschiedenen Eigentümer nicht mithilfe eines Buchs, sondern mit einer Datenbank. Und in dieser Datenbank gibt es nicht nur einen einzelnen Buchhalter, sondern Tausende oder Millionen«, sagt Pon. Sein Publikum nickt.

Jeder Teilnehmer einer Blockchain-Datenbank darf Informationen in das Verzeichnis eintragen. Trotzdem ist die Blockchain absolut fälschungssicher. Ein Trick sorgt dafür, dass nur die Wahrheit in der Datenbank landet. – »Wie geht das?«, wollen Bruce Pons Zuhörer wissen. – »Indem alle Buchhalter einer Blockchain, und seien es Abertausende auf der weiten Welt verstreut, über jeden einzelnen Eintrag in die Datenbank abstimmen müssen«, antwortet er. Nur wer die Mehrheit auf seine Seite zieht, kann die Änderung eines Besitzverhältnisses wirksam eintragen. Weil es wegen des damit verbundenen Rechenaufwands unwirtschaftlich wäre, eine Mehrheit für einen Betrug zu organisieren, setzt sich die Wahrheit immer durch.

Fälschungssicherheit ist Blockchains wichtigster Clou. Immer wachen alle Buchhalter einer Blockchain elektronisch darüber, dass nur die Wahrheit und nichts als die Wahrheit festgehalten wird. Deswegen erlebt die Technologie gerade einen Hype. Kryptowährungen wie Bitcoin sind von diesem Hype in schwindelerregende Höhen getrieben worden. Ohne Blockchain gäbe es Bitcoin nicht, denn die Kryptowährungen, also die digitalen Zahlungsmittel, laufen als Anwendungen auf der Blockchain – ganz ähnlich, wie es das Textverarbeitungsprogramm Word nicht ohne Betriebssysteme wie Windows oder das Apples Operation System geben könnte. Noch weiß niemand, ob Blockchain und Kryptowährungen wirklich Bestand haben werden. Wegen dieser Unsicherheit pendeln die Kurse wild nach oben und unten. Es kann gut sein, dass Bitcoins eines Tages komplett wertlos sind; ebenso gut können sie aber so wertvoll und stabil werden wie Gold. In jeder Sekunde entscheidet der Markt an den Kryptobörsen erneut zwischen diesen beiden Extremen. Deswegen ist die Volatilität der Preise so hoch.

»Übrigens gibt es nicht nur eine Blockchain, sondern beliebig viele Blockchains«, fügt Bruce Pon hinzu. »Jeder Mensch und jede Maschine kann jederzeit eine neue Blockchain starten; etwa so, wie jeder jederzeit eine neue Word- oder Excel-Datei anlegen kann.« Das Wort *Blockchain* bezeichnet entweder die zugrunde liegende Technologie oder eine konkrete Datenbank. Weil Technologie-Experten beide Begriffsverwendungen alternierend gebrauchen, kann die Diskussion mit ihnen manchmal etwas verwirrend sein.

Bruce Pon schafft es an diesem Abend, seinem Publikum die Blockchain griffig zu erklären. Früher hätten die Bankmanager ins Silicon Valley, nach Boston oder Toronto reisen müssen, um den neusten Stand der Technologie zu erfragen. Heute genügt eine Reise nach Berlin, um führende Experten wie Bruce Pon zu treffen. Berlin ist in den vergangenen Jahren zu einem weltweit führenden Zentrum für Blockchain und künstliche Intelligenz aufgestiegen. Bruce Pon, ein gebürtiger Kanadier, ist ein Pionier auf beiden Gebieten. Er hätte ebenso gut in Kanada bleiben können, denn Toronto gilt ebenfalls als bedeutender Sammelpunkt für Stars der Szene. Doch Pon entschied sich für Berlin. Ihm gefallen das liberale politische Klima und der einfache Zugang zu Programmierern aus aller Welt. Großzügige Zuzugsregeln für Top-Techniker sind inzwischen ein wichtiger Standortvorteil Deutschlands gegenüber den USA und Kanada geworden.

Die Firma, die Bruce Pon gegründet hat und leitet, heißt *Bigchain DB*. Sie ist spezialisiert auf die Kombination von Blockchain-Anwendungen mit Datenbanken und maschineller Intelligenz. Kürzlich startete Pon zusätzlich ein neues Projekt. Es heißt *Ocean Protocol*. Ziel ist es, ein technisches Protokoll aufzulegen, mit dessen Hilfe die Eigentümer großer Datensätze ihre Daten-Schätze einfach und kostengünstig für die Allgemeinheit öffnen können, sodass die ganze Welt Zugriff darauf hat und künstliche Intelligenz mit ihrer Hilfe trainiert werden kann. Selbstlernende Maschinen haben einen großen Nachteil gegenüber Menschen und Tieren: Sie kommen ohne jedes Vorwissen auf die Welt. Babys wissen gleich nach der Geburt intuitiv, dass sie atmen müssen und wie das Atmen geht. Algorithmen hingegen sind zunächst einmal völlig ahnungslos, wenn sie von ihren Programmierern in die Welt entlassen werden. Selbst die einfachsten Erfahrungen müssen ihnen beigebracht werden. Deswegen brauchen sie Zugang zu Daten wie das Baby die Milch.

Soll eine Maschine beispielsweise lernen, Verkehrsschilder zu lesen, benötigt sie Millionen Fotos von Verkehrsschildern, von denen möglichst viele richtig beschriftet sind. Ohne Beschriftung erkennt der Computer zwar das sechseckige Stoppschild, kennt aber seine Bedeutung nicht. Katzen, Hunde oder Pferde ordnet der Computer nur richtig zu, wenn er ausreichend viele Fotos von ihnen gesehen hat. Maschinen werden nie lernen, richtig Auto zu fahren, wenn sie eine echte Katze, die auf die Straße läuft, nicht vom Whiskas-Katzenfoto unterscheiden können, das auf dem Bus weiter vorne im Verkehrsstau klebt. Lernen heißt für Maschinen, Milliarden Fotos und andere Formen von Datensätzen aufzusaugen. Dafür muss es diese Daten erst einmal geben. Bruce Pons Ocean Protocol sorgt dafür, dass Lerndaten verschiedener Experten so einfach miteinander geteilt werden können wie Unmengen von Telefonnummern mithilfe eines Telefonbuchs.

Warum denken sich Menschen wie Bruce Pon revolutionäre Technologien wie Blockchain, künstliche Intelligenz und Ocean Protocol aus? Was motiviert sie, das Neue in die Welt zu setzen und bestehende Märkte anzugreifen? Nachdem wir erfahren haben, woran Bruce Pon arbeitet, möchten wir die Motive verstehen, die ihn antreiben. Handelt er aus Eigennutz? Geht es ihm um ein höheres Ziel? Ist er sich der gesellschaftlichen Folgen seiner Bemühungen bewusst?

Wenn Bruce Pon und seine Kollegen mit ihren Erfindungen Erfolg haben, werden sie gleich mehrere Branchen umwerfen und Millionen Arbeitsplätze überflüssig machen. Besonders Bankmitarbeiter, wie sie an diesem Abend zu Gast sind, werden von der Blockchain berührt werden, falls sie sich durchsetzen sollte. Blockchains schaffen zentrale Strukturen ab. Sie übertragen Werte, ohne dass es eines neutralen Mittlers bedarf.

Für viele Anwendungsfälle braucht man dann beispielsweise keine Banken mehr. Bruce Pon ist sich dieses Effekts voll bewusst. »Sie könnten als Geldverschicker und Geldsammler überflüssig werden«, sagt er. Auch für die Bereitstellung von Krediten oder für den Handel mit Wertpapieren werden sie dann nicht mehr gebraucht. Kredite, Aktien, Anleihen oder Fonds lassen sich ganz genauso ohne Zentralinstanz über die Blockchain austauschen. Börsen werden obsolet, weil Plattformen den Handel mit

Eigentumsrechten per Blockchain so einfach organisieren können wie MyTaxi heute Taxifahrten zwischen Fahrern und Kunden vermakelt. Diese Handelsplattformen muss jemand programmieren und organisieren. Dafür braucht man Experten. Doch Plattformen zu bauen, verlangt andere Qualifikationen, als für eine Bank zu arbeiten. Deswegen werden Blockchain-Plattformen nicht notwendigerweise von Banken angelegt. Wahrscheinlicher ist, dass sie außerhalb der Banken entstehen werden und dass nur wenige Bankiers bei ihnen Arbeit finden – diejenigen, die sich früh genug in das Thema eingearbeitet haben.

Auch Dutzende anderer Berufe könnten durch die Blockchain ausgehebelt werden, falls sie ihre Versprechungen hält. An den Häfen braucht es keine Außenhandelskaufleute mehr, die Frachtpapiere verwalten. Stattdessen speichert eine Blockchain ab, wem die 20 000 Flachbild-Fernseher in einer Schiffsladung aus Seoul gehören. Handelsregister, Grundbuchämter, Standesämter und Passämter werden geschrumpft oder ersetzt, weil die Blockchain die Arbeit der Menschen effizient und kostengünstig in Echtzeit übernimmt. Bäckereien und andere Einzelhandelsgeschäfte müssen die Umsatzsteuer nicht mehr mühsam bei den Finanzämtern anmelden und rechtzeitig überweisen, sondern die Blockchain zweigt den passenden Betrag gleich an der Kasse ab. Sie trägt den Fiskus für eine bestimmte Summe gleich mit ein.

Reisebüros, Flugtickets und Bordkarten gibt es dann nicht mehr, weil ein einfacher Eintrag in die Blockchain auf meinen Namen genügt. Davon sind alle Berufsbilder berührt, die heute noch von Flugtickets und Bordkarten leben, obwohl diese längst elektronisch verwaltet werden – von den Herstellern der Toner und des Papiers zum Ausdrucken bis zum Kontrollieren der QR-Codes an den Schaltern im Flughafen. Beim Autokauf geht niemand mehr zum Straßenverkehrsamt. Eine kleine Änderung in der Blockchain genügt, um den Wagen auf mich zu überschreiben. Das erledigt der Händler in einer einzigen Sekunde oder der Verkäufer von privat am Straßenrand. Ein Autokauf heißt dann technisch gesehen nur noch: In der Blockchain meiner frei wählbaren Krypto-Währung findet eine Umschreibung des Geldes auf den Verkäufer statt. Der Verkäufer schaltet mir seinerseits das Auto in der Kfz-Blockchain frei. Wir sehen beide grüne Haken auf unseren Smartphones, was bedeutet: Geld und Auto sind angekommen. Wir schütteln uns die Hände und gehen auseinander. Gegenüber dem komplizierten System, das wir heute praktizieren, sparen Käufer und Verkäufer Tage und Wochen Zeit, und überdies jede Menge Nerven.

Warum also treiben Leute wie Bruce Pon Technologien voran, die tiefgreifenden Einfluss auf die Arbeit und das Leben von Millionen Menschen haben werden? Seine Antwort erinnert mich an die Aussagen anderer Innovatoren aus dem Silicon Valley, aus New York, aus Tel Aviv und anderswoher: Bruce Pon verfolgt altruistische Motive. Materieller Vorteil ist ihm nicht so wichtig. Ihm geht es um die Verbesserung der Gesellschaft. Sein Anliegen drückt er so aus: »Die Blockchain erlaubt es, Werte nicht nur dezentral zu übertragen und zu speichern, sondern sie auch dezentral zu erzeugen. Damit wird es möglich, von allen Orten der Welt an spannenden Projekten mitzuarbeiten. Die Blockchain hebt Diskriminierungen auf.«

»Was meinst du mit Diskriminierung?«, frage ich. – »Wer heute das Glück hat, in Großstädten wie San Francisco, New York, London oder Berlin zu leben, der hat die Chance, ganz vorn an der Spitze einer technischen Bewegung dabei zu sein«, antwortet er. Das gibt diesen Leuten die Möglichkeit, zu Wohlstand und Sicherheit zu kommen. Doch wer in der Provinz lebt oder in weniger entwickelten Ländern, der kann mit den Entwicklungen der Moderne nicht mithalten. »Die Blockchain hebt diese Diskriminierung auf«, glaubt Bruce Pon. »Sie gibt jedem Menschen die Chance, von überall aus an jedem beliebigen Projekt mitzuarbeiten und damit sein Auskommen zu verdienen. Die Blockchain ermöglicht ganz neue Formen der Partizipation. Sie schafft Demokratie und Teilhabe, wo heute noch traditionelle Machtstrukturen und Ausschluss walten.«

Bruce Pon trägt seinen Gedanken ruhig und sachlich vor. Seine innere Erregung ist ihm kaum anzumerken. Dabei hat er gerade seine eigene Lebensgeschichte geschildert. Weil ich ihn inzwischen ein wenig kenne, weiß ich, wie wichtig ihm das Thema ist. Es brennt förmlich in ihm. Mit seinen Blockchain-Projekten bekämpft er die Ungerechtigkeit, die ihm selbst widerfahren ist. Die Verletzung sitzt tief und ist schmerzhaft. Man muss seine Lebensgeschichte hören, um ihn zu verstehen. Blockchain ist seine Waffe, um unschuldig Benachteiligte zu verteidigen. Es geht nicht um intellektuelle Argumente, sondern um tiefsitzende Gefühle. Pon wuchs im ländlichen Kanada auf. Sein Heimatort liegt in der Prärie des nördlichen Saskatchewan und ist von Drogen, Gewalt, Arbeitsmangel und Hoffnungslosigkeit geprägt. 600 Kilometer trennten ihn vom nächsten internationalen Flughafen. Einflüsse von außen gab es kaum. Pon litt unsäglich unter diesem Ort.

Niemand förderte ihn, niemand gab ihm eine Perspektive, niemand half ihm, sich zu entwickeln, intellektuelle Anregungen gab es nicht, Bildung nur begrenzt. »Dieser Ort hat tiefe Spuren in meinem Gedächtnis und meiner Persönlichkeit hinterlassen«, sagt Pon. »Ich war schüchtern, in mich gekehrt und fühlte mich ständig unterlegen. Ich konnte weder mit Frauen sprechen noch mit Menschen, die in einer Hierarchie über mir standen. Ich fühlte mich wertlos. Es wäre unmöglich für mich gewesen, eine Rede vor fremden Menschen zu halten.« Pon beschloss, sich aus der Depression zu befreien, den Ort zu verlassen und sich von negativen Gedanken nicht mehr gefangen nehmen zu lassen. Systematisch trainierte er, die Erlebnisse seiner Jugend in Saskatchewan neu zu interpretieren und zu positivem Denken zu finden. Blockchain-Technologie bedeutet für Bruce Pon, anderen Menschen in der Provinz zu helfen, dem Schicksal zu entkommen, das er selbst erlitten hat. Er meint sein Anliegen nicht abstrakt. Er spricht von einem konkreten und sehr persönlichen Trauma, das er anderen Menschen ersparen möchte.

Viele Erneuerer werden von Motiven angetrieben, die über ihre persönlichen Interessen hinausgehen. Sie streben im wahrsten Sinne des Wortes eine Verbesserung der Welt an. Wohlstand als Begleiterscheinung des Erfolgs nehmen sie zwar gern mit, er ist aber nicht ihr Hauptziel. Es geht darum, etwas absolut Neues in die Welt zu bringen und damit ein Übel zu beseitigen. Pay-Pal-Gründer und Investor Peter Thiel hat diese Geisteshaltung in seinem Buch *Zero to One. Wie Innovation unsere Gesellschaft rettet* treffend beschrieben. Mit dem Ausdruck *Zero to One* ist gemeint, etwas zu schaffen, das vorher nicht da war. Das Gegenteil von Zero to One ist *One to Many*, also das Ausmultiplizieren des Bekannten in möglichst viele Kopien. Technologie-Revolutionäre sehen zwischen beiden Prinzipien einen krassen Gegensatz. Das Silicon Valley versteht sich als Gegenbewegung zur Industrialisierung. Es will nicht *mehr* vom Gleichen schaffen, wie die Industrie das vorlebt. Darin sehen Gründer alle erdenklichen Übel der Massengesellschaft – von der Verdummung des Publikums über Konzentration politischer Macht bis zum Raubbau an der Natur. Wenn das 20. Jahrhundert der Industrie gehörte, dann soll nach dem Willen der Gründer das 21. Jahrhundert dem Zero to One gehören. Apologeten wie Peter Thiel sehen darin eine Chance zur Rettung der Welt. Der Untertitel seines Buchs (*Wie Innovation unsere Gesellschaft rettet*, im englischen Original: *How to Build the Future*) deutet missionarischen Eifer an.

Diese Motivationslage erklärt die Geschwindigkeit und Radikalität, mit der Angreifer zu Werke gehen. Sie wollen Ungerechtigkeit abstellen und dabei keine Zeit verlieren. Wenn Bruce Pon recht behält, kann die Blockchain wirklich dazu beitragen, Menschen in der Provinz virtuell an die Metropolen heranzuholen. Kein Sozialprogramm zur Entwicklung des ländlichen Raums hat das je geschafft. Flucht vom Land in die Stadt ist überall auf der Welt die Folge. Die Blockchain könnte es schaffen, Landflucht einzudämmen. »Sie kann Menschen helfen, sich zu entfalten, auch wenn sie nicht nach New York oder Berlin ziehen können«, glaubt Bruce Pon.

Nicht jeder Erneuerer hat ein ähnliches Schicksal erlebt wie Bruce Pon. Doch fast jeder hat eine eigene Geschichte, die ihn dazu treibt, die Welt mithilfe von Technologie verbessern zu wollen. Das setzt enorme Kräfte in ihm frei.

Blockchain: Datenbank-Technologie, mit deren Hilfe beliebige Werte verlustfrei und fälschungssicher elektronisch übermittelt werden können, ohne dass es einer zentralen Instanz zur Herstellung von Vertrauen bedarf. Die Blockchain funktioniert ähnlich dezentral wie das Internet Protocol. Was das Internet Protocol für die Übermittlung von Informationen geleistet hat, leistet die Blockchain für den Transfer von Werten. Blockchains sind fälschungssicher. Vor jedem Eintrag eines Werttransfers in eine Blockchain stimmen alle Mitglieder dieser Blockchain darüber ab, ob die Transaktion korrekt ist. Betrüger können versuchen, das Ergebnis zu verfälschen, setzen sich aber damit nicht durch, weil es technisch und wirtschaftlich fast unmöglich ist, die Mehrheit in der Abstimmung zu erlangen. Blockchains schließen Betrug nicht aus, sondern kalkulieren ihn im Gegenteil mit ein. Sie sind so konstruiert, dass sie Betrüger demotivieren. Es kostet mehr Geld, den Betrug zu finanzieren, als man damit verdienen kann. Dieser Ansatz schafft Sicherheit. Die Zahl möglicher Blockchains ist unendlich. Damit ist auch die Zahl der Kryptowährungen unendlich, also der digitalen Zahlungssysteme, die auf Blockchains laufen könnten. Theoretisch könnte jedermann eine eigene Währung herausgeben

Kürzlich trat Amazon-Gründer Jeff Bezos in Berlin auf. Er nahm den Axel Springer Award entgegen. Dabei gewährte er einen interessanten Einblick in seine eigenen Motive. Mir war vorher nicht klar, wie wichtig ihm sein Raumfahrtprogramm *Blue Origin* ist. Ich dachte, es sei eine normale kommerzielle Investition. Doch damit lag ich falsch. Ähnlich wie Bruce Pon treibt ihn ein viel stärkeres Motiv an. »Blue Origin ist wichtiger für mich als Amazon«, sagte Bezos. »Der Mensch kann auf der Erde nicht überleben. Er verbraucht mehr Ressourcen, als die Erde besitzt. Deswegen haben wir zwei Möglichkeiten: Entweder wir schränken uns ein, oder wir verlassen die Erde und besiedeln das Weltall. Ich bin für die zweite Option.« Aus Bezos' Sicht bietet ihm der Erfolg mit Amazon die Chance, dieses Menschheitsziel zu erfüllen. »Ich verkaufe jedes Jahr Amazon-Aktien im Wert von einer Milliarde Dollar und gedenke, das noch viele Jahre lang fortzusetzen«, sagt er. »Meinen Lottogewinn bei Amazon setze ich dann ein für das Ziel, die Menschheit zu einer interplanetarischen Spezies zu machen. Unsere Zukunft kann nicht allein auf der Erde liegen. Wir müssen andere Planeten besiedeln. Ich werde alles geben, was ich habe, um bei der Umsetzung dieses Plans zu helfen.« Größer könnte ein Anliegen kaum sein. Es ist typisch für das Denken von Erneuerern. Weil sie weit über sich selbst hinausdenken, gehen sie gewaltige Risiken ein.

Was heißt das nun für Menschen, die vom Wandel betroffen sind? Wie können sie selbst zum Angreifer werden? Davon handelt der nächste Abschnitt.

Aus diesem Kapitel halten wir fest:

- Erneuerer handeln vielfach zur Verbesserung der Welt.
- Sie werden oft zusätzlich von sehr persönlichen Motiven angetrieben und möchten Leid mildern, das ihnen widerfahren ist.
- Wohlhabend zu werden, ist meist nicht der Hauptantrieb der Erneuerer.
- Ihre Motivlage macht die Erneuerer schnell, kraftvoll und fantasievoll. Sie holen das Letzte aus sich und anderen heraus, um ihre Ziele zügig zu erreichen.

Anleitung für die folgenden Kapitel

Wir haben gesehen, wie betroffene Menschen sich fühlen. Sie nehmen die Gefahr oft nicht ernst, weil sie eine Schutzhaltung gegen die Verletzung von Grundbedürfnissen einnehmen, und weil sie sich von den herrschenden günstigen wirtschaftlichen Umständen in Sicherheit wiegen lassen. Gesehen haben wir auch, was in den Köpfen und Herzen von Angreifern geschieht. Ausgestattet mit robustem Selbstvertrauen, handeln sie oft für ein höheres Ziel. Vielfach arbeiten sie ein Trauma aus Kindheit und Jugend auf, was ihnen zusätzlich Kraft gibt.

Es stoßen also zwei Gruppen aufeinander: die einen, die sich unter den bisherigen Umständen wohlfühlen und nichts an ihnen ändern möchten. Und die anderen, die einen Mangel erkennen und ihn beseitigen wollen. Der Konflikt, der zwischen ihnen entsteht, ist programmiert. Wie sollen sich die Angegriffenen in dieser Auseinandersetzung verhalten? Hiervon handeln die nächsten Abschnitte. Sie sind wie folgt gegliedert und richten sich an verschiedene Zielgruppen:

»Ich kann auch anders!« Selbst zum Erneuerer werden: Dieser Teil spricht Sie als einzelnen Menschen an, vorwiegend als Angestellten. Wenn Sie an dieser Perspektive weniger interessiert sind und als Führungskraft gleich wissen möchten, was Sie qua Amt in Ihrer Firma tun können, dann überspringen Sie diesen Abschnitt und gehen gleich weiter zum nächsten.

»Da geht mehr!« Chancen für den Wandel erkennen: Hier geht es um Sie als einzelnen Menschen *und* um Firmen. Ob Sie ein individuelles Interesse hegen oder ein unternehmerisches, dies dürfte Sie in jedem Fall interessieren.

Wichtig ist: Wenn Sie diesen Abschnitt als Arbeitnehmer ohne Führungsaufgabe lesen, dann möchten Sie sich vielleicht auf eine Fallunterscheidung vorbereiten. Denn in dem Unternehmen, das

Ihnen heute Arbeit gibt, können theoretisch zwei Fälle eintreten, die unterschiedliche Reaktionen von Ihnen erfordern:

- *Ihre Firma überlebt den digitalen Wandel.* Dann wollen Sie sich *innerhalb* des Unternehmens verändern und den Wandel mitgestalten. In diesem Fall tun Sie gut daran, die Kräfte zu verstehen, die auf Ihre Firma einwirken, und eigenständig Chancen für Veränderung zu entdecken. Sie möchten vielleicht zu einer treibenden Kraft werden, beim Umbau helfen und sich unverzichtbar machen. Auf diese Weise sichern Sie Ihre Stellung und haben dauerhaft ein gutes Auskommen. Falls Sie also an den Bestand Ihrer Firma glauben, lesen Sie den Abschnitt über das Erkennen von Chancen in der Absicht, sich Methoden und Fertigkeiten anzueignen, die Ihr Haus in der Digitalisierung voranbringen können. Es geht Ihnen nicht ums Gehen, sondern ums Bleiben.

- *Ihre Firma überlebt den Wandel nicht.* Falls Sie Zweifel daran hegen, dass Ihre Firma über die Runden kommen wird, dann lesen Sie diesen Abschnitt als Anleitung zum Ausstieg. Es geht dann darum, die Zukunft *außerhalb* der bisherigen Firma zu suchen.

Beide Strategien können sinnvoll sein. Welche Sie wählen, hängt davon ab, wie Sie die Lage vor Ort einschätzen – und welches Temperament Sie besitzen.

»Bauen, Partnern, Investieren.« Selbstdisruption von Unternehmen:

Dieser Abschnitt richtet sich an Führungskräfte und Management. Er handelt von Methoden, Organisationsformen und Führungsprinzipien. Interessant ist dieser Abschnitt auch für Angestellte ohne Führungsverantwortung. Er hilft bei der Beurteilung, ob ihre Firma auf dem richtigen Weg ist.

»ICH KANN AUCH ANDERS!«

Selbst zum Erneuerer werden

Den eigenen Berufswunsch hinterfragen

Wo wir heute arbeiten, ist nicht das Ergebnis rationaler Entscheidungen, sondern kultureller und familiärer Prägungen. Die fixe Idee von der »angeborenen Berufung« können wir durch gezieltes Wachrufen prägender Erinnerungen überwinden.

Es kann passieren, dass der Wandel uns zwingt, einen anderen Beruf zu ergreifen. Beispiele dafür haben wir gesehen. Wer mit großem Selbstvertrauen aus der Jugend hervorgeht, findet diese Vorstellung nicht abschreckend. Menschen wie Florian Bankoley, Bruce Pon, Elon Musk oder Jeff Bezos sehen den Wechsel als Chance. Andere Menschen aber verbinden mit der Aussicht auf einen Umstieg Unsicherheit und Furcht. In diesem Abschnitt untersuchen wir Techniken, die zu einer positiven Sicht verhelfen können. Je optimistischer die eigene Einstellung, desto erfolgreicher verläuft der Wechsel.

Mir ist das Verlassen des Journalismus schwergefallen. Ja, ich musste diesen Schritt gehen. »Du kannst den Journalismus nicht mit journalistischen Mitteln retten«, dachte ich mir. »Du kannst aber dazu beitragen, dass mehr Geld ins System kommt. Das geht nur im Management des Verlags.« Doch hat mir dieser logische Gedanke das Herz erleichtert? Nein. Ich sah den Wechsel als Verlust an, obwohl er mir sinnvoll erschien. Phantomschmerz stellte sich ein. Mir fehlte etwas. Lösen konnte ich mich von diesem Gefühl erst, als ich systematisch darüber nachdachte, warum es so stark ist. Ich suchte nach den Gründen für meine berufliche Prägung. Erst als ich diese entschlüsselt hatte, ging es mir besser. Der Prozess dauerte mehrere Jahre. Wir sollten also keine schnellen Ergebnisse erwarten. Mir wurde bewusst, dass ich meinen Beruf nicht frei gewählt hatte, wie ich bis dato immer dachte. Sondern dass meine Wahl die Folge kultureller und familiärer Einflüsse gewesen war, die mich innerlich festlegten, ohne dass ich mir ihrer bewusst war. Überwinden konnte ich meine Prägung erst, als ich sie artikulierte. Erst dadurch gewann ich die Freiheit, einen neuen Beruf zu ergreifen. Ein Schritt in diesem Prozess war, dass ich zu Papier brachte, was mich schon in früher Kindheit beeinflusst und in Richtung Journalismus geschoben hatte:

Im Briefkasten meines Elternhauses steckte jeden Morgen die *Frankfurter Allgemeine Zeitung*. »Wir bestellten die *FAZ*, als wir noch Studenten waren und kaum Geld besaßen«, sagte meine Mutter. »Wir wohnten in einem Studentenzimmer mit Toilette im Verschlag und dem Spülbecken neben dem Sofa. Die *FAZ* haben wir uns trotzdem geleistet.« Als Kind holte ich die Zeitung oft aus dem Briefkasten, fast jeden Tag sah ich meine Eltern bei der Lektüre. Meine Großeltern lasen die *Welt*. Sie lag immer akkurat gefaltet rechts auf dem Schreibtisch meines Großvaters. Das Papier stach weiß von der ledernen Unterlage hervor. Mein Großvater ließ sich auf seinem Arbeitsstuhl nieder, knipste die Schreibtischlampe an und bediente sich des langen Brieföffners mit dem Ebenholzgriff, um Artikel aus der Zeitung auszuschneiden, die er zu diesem Zweck akribisch um den Artikel herum faltete und die Falz dann mit dem Öffner aufschlitzte. Mein Großvater behandelte die *Welt* wie ein Wertpapier. Immer, wenn er die Zeitung las, verfiel er in Andacht und Stille. Meine Eltern und Großeltern diskutierten in ernstem Ton über die Wahl ihrer Tageszeitungen. Zeitungen zu lesen waren Rituale und Symbole der Erwachsenenwelt. Sie eines Tages selbst zu lesen, stand für das Erwachsenwerden.

Als ich zehn war, schenkte mir meine Mutter ihre mechanische Olympia-Schreibmaschine, auf der sie ihre Abschlussarbeit an der Pädagogischen Hochschule geschrieben hatte. Vom Verdienst meines ersten Ferienjobs mit 14 kaufte ich mir eine IBM-Kugelkopfmaschine. Ich boykottierte die Familienarbeit im Garten und tippte Geschichten in meinem Zimmer. Meine Großmutter Charlotte saß oft an der heruntergeklappten Arbeitsplatte ihres Biedermeier-Sekretärs. Sie spannte blassgelbes Pergamentpapier ein und legte den fertig beschriebenen Bogen neben sich auf einen Stapel. Die »O«s hackte sie mit festem Anschlag aus. Weißer Staub aus O-Kernen übersäte das Hammerwerk. Sie schrieb die Geschichte ihrer Bombennächte in Wuppertal auf.

Diese Assoziationen stammen aus unterschiedlichen Jahren und sind ungeordnet wiedergegeben. Sie repräsentieren einen Gedankenfluss. Das Gehirn denkt nicht chronologisch. Es folgt Mustern. Deswegen ist es gleichgültig, in welcher Reihenfolge wir Eindrücke schildern. Geholfen hat mir, möglichst viele konkrete Szenen in Erinnerung zu rufen. Je konkreter die Bilder, desto größer muss ihr Einfluss auf mich gewesen sein. Indem ich diesen Einfluss beim Namen nannte, überwand ich das Gefühl des Kontrollverlusts, von dem die Psychologin Antje Mudersbach gesprochen hat. Wenn man sich den Entwicklungen nicht hilflos ausgeliefert fühlt, geht jeder Wandel leichter von der Hand.

Aufgefallen ist mir, wie stark mich die Eindrücke aus den ersten Tagen der Berufstätigkeit geprägt haben. Wenn ich das Wort *Journalismus* höre, habe ich immer gleich diese Bilder vor Augen. Das spricht für ihre Macht. Weil ich positive Gefühle mit diesen Situationen verbinde, empfand ich beim Ausstieg aus dem Journalismus einen Verlust. Obwohl es unlogisch klingt, dachte ein Teil von mir, ich würde diese Szenen verlieren, besser ausgedrückt: Ich würde das Gefühl von Zuversicht, Stolz und Leichtigkeit verlieren, das ich in diesen Momenten empfunden hatte. Mir hat es geholfen, die Szenen aufzuschreiben. Es sind unsortierte Bilder aus der ersten Woche der Berufsausbildung zum Journalisten an der Henri-Nannen-Journalistenschule der Verlage Gruner+Jahr und *Die Zeit* in Hamburg. Die Schilderung liest sich so:

Hamburg leuchtete in strahlendem Sonnenlicht. Um diese Jahreszeit schwimmt der Stadtteil Rotherbaum am westlichen Ufer der Außenalster in Blüten. Prachtvolle Bäume zieren Straßen und Parks. Magnolien, Eichen, Platanen, Ahorn und die japanische Kirsche treiben in allen Farben aus. Patriziervillen ruhen wie Solitäre zurückgezogen in weitläufigen Gärten. Verkehr ist kaum zu hören. Der Gesang von Vögeln übertönt die Autos. Inmitten dieser Landschaft verläuft, von Linden gesäumt, die schmale Fontenay-Allee. Sie sticht durch die Gärten kleiner Backsteinvillen. An ihr liegt unsere Schule. Wir sind 18 Schüler und halten eng zusammen. Einige von ihnen bewundere ich vom ersten Tag an für ihren Schreibstil. Unser Schulleiter Wolf Schneider ist brillant und streng. Am anderen Ende der Allee liegt der Hauptsitz von Gruner+Jahr. Das Gebäude ankert wie ein Kreuzfahrtschiff am Ufer. Seine neun zurückspringenden Etagen bilden geräumige Aussichtsplattformen zur Alster hin. Das Emaille-Schild vom Eingang zeigt die Logos von *Stern*, *Brigitte* und *Geo*. Sie künden von Anspruch, Einfluss, Geschmack, Weltläufigkeit und Mut.

Mithilfe solcher Schilderungen gelang es mir, meinen Berufswunsch zu hinterfragen. Ich machte mir klar, warum ich so daran hing, und stellte fest, dass es nicht unbedingt der Job an sich war, der mir den Abschied so schwer machte. Es waren meine positiven Assoziationen. Von ihnen wollte ich mich nicht länger gefangen halten lassen. Ich löste die strenge Gleichung »Ich = Journalist« auf. Herausgekommen ist eine neue Gleichung namens »Ich = Meine Fähigkeiten«. Dadurch bin ich innerlich flexibler geworden. Mir geht es heute nicht mehr darum, einen bestimmten Beruf auszuüben, sondern darum, meine Stärken zur Geltung zu bringen, fast unabhängig davon, in welcher Tätigkeit. Auf diesem Wege konnte ich mich neu erfinden, ohne der Zeit als Journalist bekümmert nachzutrauern. Das Wachrufen von Bildern tröstet und befreit, weil es die Vergangenheit anerkennt und sie vor Entwertung schützt. Als Laie in der Psychologie bin ich immer wieder verblüfft, wie beweglich der Mensch werden kann, wenn er auf seine Bedürfnisse hört.

Wenn Sie einen ähnlichen Prozess bei sich selbst auslösen möchten, helfen Ihnen vielleicht die folgenden fünf Fragen.

Erstens: »Welche Erinnerungen aus Ihrem Elternhaus verbinden Sie mit Ihrem heutigen Beruf?«

Wenn Sie mögen, notieren Sie auf einem Stück Papier möglichst detailreich Erinnerungen aus Ihrem Elternhaus, die auf Ihre gegenwärtige Tätigkeit anspielen. Schreiben Sie Ihre Assoziationen ungeordnet auf. Es kommt nicht auf chronologische Sortierung an, sondern darauf, Einflüsse zu verbalisieren, die Ihnen in Erinnerung geblieben sind und die vermutlich prägend gewirkt haben. Wären diese Einflüsse nicht prägend gewesen, wären sie Ihnen heute nicht mehr im Gedächtnis.

Zweitens: »Was genau ist in der ersten Woche Ihrer Berufstätigkeit geschehen?«

Auch diese Erlebnisse können im Guten wie im Schlechten erheblichen Einfluss auf die emotionale Bindung an unseren Beruf entfalten. Legen Sie Wert darauf, Bilder statt nüchterner Fakten zu notieren. Bilder entfalten eine besonders starke emotionale Wirkung. Je gezielter Sie sich Bilder in Erinnerung rufen, desto präziser erfassen Sie das innere Gemälde, das in den prägenden ersten Tagen Ihres Berufslebens entstanden ist.

Drittens: »Wann genau haben Sie die Wahl Ihres heutigen Berufs getroffen?«

Benennen Sie den Moment der Entscheidung so konkret wie möglich. Wenn Sie tatsächlich einen konkreten Moment bestimmen können, dann stellen Sie sich eine Folgefrage: »Warum habe ich mich in diesem Moment für diesen Beruf entschieden? Welche Gedanken sind mir damals durch den Kopf gegangen?« Wenn Sie keinen bestimmten Moment benennen können, dann fragen Sie sich: »Glaube ich daran, dass ich für meinen Beruf geboren worden bin?« Notieren Sie die Antworten.

Diese Fragen zielen darauf ab, die These zu erschüttern, dass Ihr Beruf einer angeborenen Berufung entspricht. Je mehr prägende Erlebnisse und Bilder Sie sich aus Ihrem Elternhaus und Ihren ersten Tagen im Job in Erinnerung rufen, desto mehr gerät die These ins Wanken, dass Sie Ihre Berufswahl in einem Akt rationaler Entscheidung und in einem bestimmten Moment getroffen haben, oder dass es sich bei Ihrem Beruf um eine schicksalhafte Bestimmung handelt. An die Stelle der bisherigen These tritt idealerweise die Einsicht, dass viele Erlebnisse Ihre Berufswahl beeinflusst haben, und dass kein einzelner Moment die Ursache Ihrer Entscheidung war.

Legen Sie nun alle Fragen und Antworten zur Seite und nehmen Sie sich für die nächsten Tage vor, in ruhigen Momenten, etwa beim Autofahren, Joggen oder Spazierengehen, immer wieder zurückzudenken an die Erinnerungen in Ihrem Elternhaus und an die erste Woche Ihres Berufs oder Ihrer Berufsausbildung. Versuchen Sie, sich weiterer Details zu entsinnen. Rufen Sie so viele Szenen wie möglich aus Ihrer vergrabenen Erinnerung zurück in Ihr aktives Bewusstsein.

Wenn Sie diese Übung einige Zeit lang betrieben haben, legen Sie sich die vorletzte Frage vor.

Viertens: »Warum übe ich den Beruf aus, den ich heute ausübe?«

Sofern Sie die Erinnerungsübungen gewissenhaft betrieben haben, stellen Sie bei dieser vierten Frage wahrscheinlich fest, dass Sie sie nicht mehr nur mit rationalen Argumenten beantworten. Die rationalen Gründe treten in den Hintergrund. Dafür treten die Erinnerungen an prägende Momente Ihrer Lebensgeschichte in den Vordergrund. Rein rationale Gründe klingen etwa so: »Ich bin Baustatiker geworden, weil ich immer gut im Rechnen war« oder »Architektur habe ich studiert, weil mein Lehrer mir dazu geraten hat« oder »Ich habe mich für die Banklehre entschieden, weil das eine solide Sache ist«. Vermeintlich rationale Gründe führen in die Irre, weil sie komplexe Prozesse verkürzt darstellen. Sie gerinnen zu fixen Ideen, von denen wir uns kaum noch trennen können.

Auch die Vorstellung von der *Berufung* führt zu Unbeweglichkeit und Kettung an den heutigen Beruf. Wird er uns weggenommen, fühlen wir uns verletzt. Fest steht: Niemand wurde jemals zu irgendeinem konkreten Beruf geboren. Es gibt keine schicksalhaften Bestimmungen. Bei der Wahl des Berufs ist die Rolle des Zufalls nicht unerheblich. Im Wechselspiel äußerer Einflüsse mit inneren Fähigkeiten entsteht ein vielschichtiges Gewebe aus Bestätigung und Zurückweisung, das Muster im neuronalen Netzwerk unseres Gehirns hinterlässt. Erlebnisse erstarren zu biologischen Schaltkreisen, die uns dorthin steuern, wo wir die größte Bestätigung vermuten dürfen. Nicht wir haben unseren Beruf erwählt, sondern unsere Lebensgeschichte hat Muster in uns hinterlassen. Diesen Mustern folgen wir. Wir bilden uns ein, es sei Vernunft am Werke, obwohl die Vernunft wenig damit zu tun hat. Nicht wir schreiben unsere Geschichte, sondern unsere Geschichte schreibt uns. Diese Aussage klingt deterministisch – so als wären wir auf einen bestimmten Weg festgelegt. Doch sie besagt eigentlich das Gegenteil. Wir können unserer Berufswahl entkommen, wenn wir ihre Gründe besser verstehen.

Entscheidend sind dabei unsere Fähigkeiten. Wir erleben in vielen kleinen und großen Episoden, wie unsere Eigenschaften auf unsere Umwelt wirken. Wir orientieren uns gerne dorthin, wo die Reaktion auf unsere Fähigkeiten positiv ausfällt. In der Rückschau deuten wir unser Leben so, als sei der Beruf einer Bestimmung oder Entscheidung gefolgt. Wir neigen zur *retrograden Linearisierung*, also tun so, als habe in der Rückschau alles seinen Sinn gehabt. Doch das ist nicht der Fall. In Wahrheit laufen wir in Schleifen, Kurven, Kreisen und Sackgassen durchs Leben. Jeder Moment ist unsicher. Damit können wir oft nicht umgehen. Nie wissen wir, wie es weitergeht. Je älter wir werden, desto weniger ertragen wir den Gedanken der Planlosigkeit. Sinnvoll erscheint uns unser Leben erst, wenn wir es in einen sinnstiftenden Zusammenhang stellen. Deswegen verkehren wir Ursache und Wirkung und bilden uns ein, unser ganzes Leben sei einem vorher festgelegten Ziel gefolgt, etwa nach dem Muster

»Ich = Versicherungsmathematiker«. Gleichungen dieses Typs sind immer falsch. Zukunft ist immer unsicher. Unser Leben verläuft nie linear. Unser Gefühl, das Leben habe in eine immer gleiche Richtung geführt, ist eine Illusion. Diese Illusion kann Stabilität und inneren Frieden stiften, solange sich an den äußeren Umständen nichts ändert. Doch sie wird zu einer Belastung, wenn wir Wandlungen ausgesetzt sind, die ein Verharren im bisherigen Beruf unmöglich machen.

An diesem Punkt kommen wir zur fünften und letzten Frage.

Fünftens: »Welches sind Ihre wichtigsten Fähigkeiten? Was können Sie besonders gut?«

Listen Sie alle Ihre Grundfertigkeiten auf einem Blatt Papier auf. Werden Sie dabei nicht allzu konkret. Schreiben Sie nicht »Ich kann gut mit Hammer und Säge umgehen«, sondern notieren Sie: »Ich besitze räumliches Vorstellungsvermögen und gute feinmotorische Koordination.« Notieren Sie nicht »Ich war immer schon gut im Rechnen« oder »Ich arbeite gern mit Menschen«, sondern schreiben Sie »Ich besitze ein gutes Vorstellungsvermögen für abstrakte Größen« oder »Meine Fähigkeit für soziale Interaktion ist überdurchschnittlich gut entwickelt«. Begrenzen Sie die Liste auf etwa ein halbes Dutzend Fähigkeiten.

Legen Sie das Papier mit der Liste Ihrer Fähigkeiten nun aus der Hand und betrachten Sie es in Ruhe mit einigem Abstand. Was Sie dort sehen, sind die Eigenschaften, die Ihr Leben geprägt haben. Diese Eigenschaften haben Sie in Richtung des heutigen Berufs gedrängt. Auf diesen Beruf sind Sie jedoch nicht festgelegt. Zu Ihrer Kombination von Eigenschaften gibt es Dutzende anderer passender Berufe. Man kann den Beruf wechseln, ohne seinen Fähigkeiten untreu zu werden. Wandel schafft Chancen, die eigenen Fähigkeiten auf eine andere Weise zur Geltung zu bringen. Wenn wir verstehen, dass Fähigkeiten uns ausmachen und nicht Berufe, dann werden wir erstaunlich flexibel.

Also zum Beispiel: Wenn Sie wissen, dass Sie gut mit abstrakten Größen umgehen können, dann müssen Sie nicht Mathematiker bei einer Versicherung sein. Sie könnten dann ebenso gut bei Flixbus die Preise oder Routen optimieren. Falls der Beruf des Versicherungsmathematikers verschwindet, haben Sie gute Berufschancen als Optimierer von Preisen und Routen bei Reise-Plattformen. Natürlich kann es sein, dass Ihnen Algorithmen diesen neuen Beruf dann wieder streitig machen. Das muss Sie aber nicht besorgen. Irgendjemand muss diese Algorithmen schreiben. Das können Sie sein. Falls Algorithmen beginnen, sich selbst zu schreiben, sind Sie vielleicht derjenige, der ihnen das beibringt.

Sie können ein ganzes Berufsleben damit zubringen, keinen festen Beruf zu ergreifen, sondern der technischen Entwicklung einfach immer einen Schritt voraus zu sein. Sie können Ihr Leben agil gestalten, wenn Sie es auf Ihren Fähigkeiten statt auf der fixen Idee vom »angeborenen Beruf« errichten. Unser heutiger Beruf ist keine Kette, die uns an einen Felsen schmiedet. Ein anderes Bild trifft es besser: Unser Beruf ist ein weites Feld, auf dem wir in viele unterschiedliche Richtungen gehen können.

Mein Bruder Arnulf hat sich intensiv mit der Psychologie der digitalen Veränderung beschäftigt. Seit Anfang der 1990er-Jahre arbeitet er bei Internetfirmen, zuerst bei Bertelsmann und AOL, dann bei StarFinance, PayPal und der Wagniskapital-Firma eVenture. Jetzt ist er Chief Digital Officer bei der Deutschen Kreditbank (DKB). Kürzlich ist Arnulf 50 Jahre alt geworden.

»Bei solchen runden Geburtstagen trifft man Leute, die sehr viel davon erzählen, was sie machen, und sehr wenig davon, wie sie sich infrage stellen«, sagt er. »Junge Menschen stellen sich viel öfter infrage. Jeder von uns weiß noch, wie es sich angefühlt hat, sich als Teenager zu fragen: Bin ich der, der ich sein soll? All die Unsicherheit der Jugend entsteht dadurch, dass man noch nicht weiß, wer man ist, aber genau deswegen kann man sich auch nicht darauf ausruhen. Man ist unglaublich beweglich. Junge Leute drehen sich auf dem Absatz um und laufen aus der Sackgasse heraus.« An diesen Geist von damals sollten wir uns erinnern, findet Arnulf. »Es ist sehr sinnvoll, sich in regelmäßigen Abständen immer wieder zu fragen: ›Bin ich da, wo ich glaube, dass ich bin, und bin ich richtig aufgestellt für den Ort, an dem ich mich befinde?‹ Wir brauchen Halt und sollten nicht alles gleichzeitig infrage stellen. Aber wir sollten aus unserer heutigen Position auch keine Selbstgefälligkeit ableiten.«

Wie entdecken wir neue Berufe, die unseren Fähigkeiten entsprechen? Mit dieser Frage beschäftigen wir uns im Abschnitt »Chancen für den Wandel erkennen«. Im nächsten Kapitel geht es darum, ein neues Narrativ für das eigene Leben zu schreiben. Das ist der logische nächste Schritt, nachdem wir unseren bisherigen Berufswunsch hinterfragt haben.

Aus diesem Kapitel halten wir fest:
- Unsere Berufswahl ist nicht das Ergebnis rationaler Entscheidungen, sondern erfolgt aufgrund früher Prägungen durch Erlebnisse.
- Was uns ausmacht, sind unsere Fähigkeiten. Es ist nicht unser Beruf.
- Man kann den Beruf wechseln. Unsere Fähigkeiten erlauben uns immer die Wahl zwischen mehreren Berufen. Die Wahl kann auch spät im Leben getroffen werden.

Die Geschichte unseres Lebens neu erzählen

Wir folgen einem unsichtbaren Pfad, den wir durch sogenannte Narrative selbst vorgeben. Wandel bewältigen wir besser, wenn wir uns unsere Zukunft neu erzählen. Das ist einfach möglich. Lebensgeschichten sind Erfindungen, die wir mit wenig Aufwand selbst ändern können.

Jeder Mensch schreibt ein Narrativ für sein Leben. Er schreibt es selbst dann, wenn er es nicht weiß. Ein Narrativ ist »eine sinnstiftende Erzählung, die Einfluss darauf nimmt, wie wir die Umwelt wahrnehmen und uns in ihr bewegen« (Wikipedia). Narrative sind keine beliebigen Geschichten, sondern »etablierte Erzählungen, die mit einer Legitimität verbunden sind«. Normalerweise verwendet man den Begriff *Narrativ* in den Sozialwissenschaften. Er geht zurück auf das 1979 erschienene Werk »La condition postmoderne« des französischen Philosophen Jean-François Lyotard (1924–1998). Man kann das Konzept des Narrativs gut von der Gesellschaft auf andere Gebiete übertragen. Menschen und Firmen, die sich neu erfinden möchten, finden hier wertvolle Anregungen. Sie können ihre bisherige Geschichte auswechseln und eine neue schreiben. So können sie innere und äußere Widerstände leichter überwinden. Sie stiften sich selbst einen neuen Sinn. Ohne überzeugenden neuen Sinn ist es schwer, genügend Antriebskraft für Veränderung zu finden.

In seinem Buch zerlegte Lyotard zwei zentrale Narrative des Westens, nämlich Immanuel Kants Geschichte von der Selbstbefreiung des Menschen durch Aufklärung und Gottfried Wilhelm Friedrich Hegels Erzählung vom allmählichen Zu-sich-Kommen des Geistes als Ziel der Geschichte. Andere berühmte Geschichten sind der Mythos vom »Wettlauf zum Mond«, den John F. Kennedy begründet hat, die amerikanische Geschichte »vom Tellerwäscher zum Millionär«, die französische Erzählung von »Freiheit, Gleichheit, Brüderlichkeit« und die deutsche Nachkriegsfabel »vom

Wohlstand für alle durch soziale Marktwirtschaft«. Jede dieser sinnstiftenden Geschichten setzte ungeheure Energien frei. Ohne Kennedys frei erfundenes, aber brillant formuliertes Narrativ vom »Wettlauf zum Mond« hätten die USA niemals genug Geld, Mitarbeiter und Kraft aufgebracht, um das Apollo-Programm zu realisieren. Ludwig Erhards Erzählung vom »Wohlstand für alle« programmierte Deutschland auf Wachstumskurs, Teilhabe und soziale Durchlässigkeit. Gute Geschichten sind leicht zu merken. Sie gehen sofort ins Gedächtnis und wirken schon beim ersten Hören wie selbstverständlich – so logisch klingen sie.

Erfolgreiche Narrative brauchen fünf Bestandteile: ein ungelöstes Problem; den Mut, es zu erkennen; den Willen, es zu lösen; die Kraft, ein Ziel zu beschreiben, und die Verpflichtung, es zu erreichen. Allen genannten Geschichten sind diese fünf Faktoren gemein. Ein anderes gutes Beispiel ist das kommunistische Manifest von 1847: »Proletarier aller Länder, vereinigt euch!« Das Problem war die Ausbeutung der Arbeiter durch die Fabrikbesitzer, der Mut bestand im Aufbegehren gegen die Machthabenden, den Willen brachte die kommunistische Bewegung zum Ausdruck, die Zielbeschreibung stammte von energiegeladenen Vordenkern wie Marx und Engels, und die Verpflichtung, das Ziel zu erreichen, wurde vom dialektischen Prinzip Hegels hergeleitet: Die Natur selbst strebt auf den Kommunismus zu; die Menschen müssen ihr nur noch Folge leisten. Gute Narrative werden so allgegenwärtig, dass man ihre Anwesenheit vergisst. In einem Narrativ lebt man wie in einer eigenen Welt. Man glaubt, außerhalb dieser Welt würde nichts anderes mehr existieren.

Sinnstiftende Erzählungen sind besonders erfolgreich, wenn sie bekannte Mythen enthalten. Mythen sind althergebrachte Geschichten, die Menschen sich seit Urzeiten erzählen. Sie leuchten sofort ein. Der »Retter in der Not« zum Beispiel ist ein Mythos oder »der Held trotzt der Gefahr«. Ein Narrativ wie »Ich bin Notarzt, weil ich Menschen helfen möchte« ist lediglich eine Umwandlung des Mythos »Retter in der Not«. Und »Ich gehöre zum Sondereinsatzkommando der Polizei, weil ich die

Öffentlichkeit vor Gefahren schützen möchte« ist eine andere Form des Mythos »Held trotzt der Gefahr«. Es ist bemerkenswert, wie schnell man Lebensgeschichten ändern kann. Sie müssen nur starke Mythen sein, dann finden wir sie sofort passend für uns.

Um Narrative für unseren Wandel zu nutzen, gehen wir in drei Schritten vor. Dafür stellen wir uns drei Fragen.

Erstens: »Was ist das Narrativ meines Lebens?«

Diese Frage ist nicht so leicht zu beantworten, wie es scheint. Wie gesagt: Narrative wirken selbstverständlich; man erkennt sie nicht auf den ersten Blick. Versuchen Sie, Ihre Geschichte niederzuschreiben. Wahrscheinlich brauchen Sie mehrere Versuche. Je trivialer Ihnen die Formulierungen vorkommen, desto näher liegen sind Sie an der Wahrheit. Ein typisches Narrativ lautet etwa so: »Ich bin Onkologin aus Leidenschaft. Sinn meines Lebens ist es, Menschen zu helfen und Krebs frühzeitig zu erkennen. Ich stehe Patienten in Lebenskrisen bei und heile sie, so gut es geht.« Sinnstiftende Geschichten sind sehr kurz. Sie bestehen aus wenigen Sätzen. Versuchen Sie, eine solche Beschreibung für sich selbst zu finden.

Zweitens: »Ist mein Narrativ sicher vor Disruption?«

Wenden Sie im Zweifel folgende Unterfragen an: »Betont es das Ausüben von Empathie?« Falls ja, dann ist Ihre Geschichte sicher. »Beruht mein Narrativ auf dem Erkennen von Mustern und der Reaktion darauf?« Dann steht Ihre alte Geschichte unter Druck, und Sie sollten vorsichtshalber eine neue entwickeln.

Drittens: »Wie sieht mein neues Narrativ aus?«

Bringen Sie eine erste Fassung zu Papier, legen Sie sie für einige Tage zur Seite, lesen Sie sie mit frischen Augen und unternehmen Sie einen neuen Anlauf. Die neue Geschichte darf nicht zu nah an der alten liegen. Weiter entfernte Geschichten funktionieren besser. Sie setzen größere Kräfte frei. Suchen Sie ein Narrativ, das Sie begeistert. Finden Sie eine Formulierung, die Kribbeln verursacht und von der Sie innerlich hoffen, dass sie wahr wird. Vergleichen Sie das neue mit dem alten Narrativ. Ausreichend gut ist die neue Geschichte dann, wenn Sie sich bei der Lektüre der alten langweilen.

Ich selbst habe mein Narrativ mehrfach gewechselt. Das gab mir Kraft für Veränderungen. Nach der Journalistenschule lautete mein Text als Redakteur: »Ich bin Journalist, um Machenschaften aufzudecken und die Öffentlichkeit zu informieren.« Mein Wechsel ins Redaktionsmanagement stand unter dem Eindruck »Ich bin ein Dirigent und Ermöglicher. Ich schreibe weniger selbst, weil ich die Talente anderer Autoren orchestriere.« Der spätere Umstieg auf die Verlagsseite brauchte ebenfalls ein neues Narrativ, das Sie schon kennen: »Ich kann den Journalismus nicht mit journalistischen Mitteln retten. Ich muss dazu beitragen, dass mehr Geld ins System kommt. Das geht nur im Management des Verlags.« Als dann der Verlag disruptiert wurde, änderte ich meine Erzählung zu: »Die Welt um uns herum ist kreativer als wir selbst. Wir finden die Besten und machen sie zu Verbündeten, auch wenn sie uns angreifen.« Und die Gründung meiner eigenen Firma wurde möglich unter dem Erzählmuster: »Ich besitze Eigentum an dem, was ich schaffe. Ich baue eine Organisation nach meinen eigenen Vorstellungen auf.« Alle Geschichten entstanden im Laufe weniger Monate. Sie begannen mit vagem Unbehagen an der alten Situation. Konkrete Wirkung entfalteten sie, sobald ich sie aufschrieb.

Die geschilderten Narrative sind gewissermaßen *Teil-Narrative*. Sie motivierten mich für bestimmte Abschnitte meines Lebens. Daneben gibt es aber auch *General-Narrative*. Sie besitzen Gültigkeit für ein ganzes Leben.

Das heilsamste aller General-Narrative lautet nach meinem Dafürhalten: *Ich kann überleben.*

Warum ausgerechnet dieser eine Satz und kein anderer? Weil uns dieser eine Satz vor allen Widernissen des Wandels schützt. Er besagt, dass wir nicht auf einen bestimmten Weg festgelegt sind. Wir müssen keinem lang gehegten Plan treu bleiben. Wir benötigen keinen Sinn mehr. Das Leben selbst wird zum Sinn, und Überleben reicht völlig aus, um glücklich zu sein. *Ich kann überleben* heißt: Ich muss vor nichts zurückschrecken. Ich falle immer auf die Füße. Diese Erzählung wird zur selbsterfüllenden Prophezeiung. Wenn wir sie aussprechen, wird sie wahr.

Ein gutes Beispiel für die Macht dieses Satzes ist Angelika Kneidl, Gründerin und Geschäftsführerin des Start-ups accu:rate in München. Ihre Geschichte zeigt, wie gut das Narrativ *Ich kann überleben* hilft, schwierige Situationen zu bewältigen. Angelika Kneidl trägt schulterlange dunkle Haare, ist groß und spricht bayerischen Dialekt. »Meine Leidenschaft war es immer, das wirkliche Leben in Algorithmen nachzubilden und es dem Computer so beizubringen, weil er die meisten Dinge ja besser kann als wir Menschen, wenn er richtig programmiert wird«, sagt sie. Diese Erzählung hatte sie schon zu Schulzeiten formuliert. Folgerichtig wählt sie ein Studium der Informatik an der Technischen Universität München. Dort schließt sie mit einem Diplom ab. Nach dem Abschluss findet sie keinen Job, obwohl der Arbeitsmarkt für Informatiker als unersättlich gilt. Der Arbeitgeber ihres letzten Stops als Werkstudentin will sie nicht übernehmen. Er sagt, sie kann nicht gut genug programmieren. Für Angelika Kneidl ist das ein harter Schlag. Ihre Geschichte gerät in einen Konflikt mit der Wirklichkeit. Sie begreift: Andere Menschen sehen sie anders als sie sich selbst. »Denen ging es darum, dass ich perfekten Code nach Lehrbuch schreibe«, sagt Kneidl. »Ich aber hatte mich spezialisiert auf die Entwicklung von Algorithmen. Das war nicht gefragt. Ich hatte kein Gefühl für Programmsprachen. Stattdessen hatte ich versucht, die theoretischen Konzepte umzusetzen.«
Die harsche Absage versetzt Kneidl in Angst und stürzt sie in eine Krise – eine typische Reaktion auf die Erschütterung eines Narrativs durch die Außenwelt. Vorstellung und Wirklichkeit klaffen auseinander. Heftige Emotionen sind die Folge. Kneidl erzählt: »Ich hatte Angst, dass ich das Falsche studiert hatte und völlig auf dem falschen Dampfer war. Wenn ich schon als

Werkstudentin nicht übernommen werde, weil ich offensichtlich zu schlecht bin und das alles gar nicht kann, dann habe ich wohl die falsche Berufswahl getroffen. Ich fand das ganz schrecklich und bin in eine Riesenkrise gefallen. Ich fühlte mich ankerlos, schwankte hin und her und wusste nicht, was ich tun soll.« Sie hält sich mit einem Job bei Siemens über Wasser, hadert aber weiter mit dem Programmieren. »Ich bekam bei Siemens zwar Anerkennung, merkte aber einmal mehr, dass ich gar nicht machen möchte, was ich machen muss.«

Sie ist nun 25 Jahre alt und weiß nicht weiter. Ihr Lebensplan liegt in Trümmern. Um sich abzulenken, bricht sie mit einer Freundin zu einem sechswöchigen Urlaub nach Mexiko auf. Unterwegs lernt sie einen 18-Jährigen auf Abiturreise kennen. Er trägt eine große Narbe am Hals. Sie fragt ihn, woher die Narbe stammt, und er antwortet: »Ich hatte Schilddrüsenkrebs.« Angelika Kneidl fühlt mit: »Er war doch erst 18 Jahre alt und hatte schon Krebs.« Sie tastet ihren eigenen Hals ab und findet einen Knoten, der ihr schon länger aufgefallen ist, den sie aber noch nie hat untersuchen lassen. »Jetzt gehst du auch einmal zum Arzt, nicht dass du auch so einen Schmarren hast«, nimmt sie sich vor. Sie wartet die Rückkehr nach Deutschland ab und konsultiert daheim den Arzt. Dort bekommt sie die erschütternde Diagnose: Schilddrüsenkrebs.

Es handelt sich um einen bösartigen Tumor. In der Münchner Maria-Theresia-Klinik wird er sofort entfernt. Zum Glück hat er noch nicht gestreut. Kneidl braucht auch keine Chemotherapie, radioaktives Jod genügt. Angelika Kneidl ist knapp gerettet worden. Doch sie fühlt sich amputiert: »Ich habe ein Stück von mir verloren. Und ich dachte, ich bin jetzt lebenslang tablettenabhängig. Es kann doch nicht sein, dass das Leben einen solchen Mist mit mir macht. Ich haderte mit dem Leben. Ich bin jung, gesund und fit – und irgendwie doch nicht. Das war hart. Ich kämpfte nicht gegen den Krebs. Ich kämpfte mehr gegen das Leben. Oder gegen mich selbst oder wer auch immer für den Krebs verantwortlich war.«

Die nächste Enttäuschung folgt auf dem Fuße. Kneidls Eltern besuchen sie im Krankenhaus. Sie berichten vom Anruf eines

Professors der Eidgenössischen Technischen Hochschule (ETH) in Zürich. Er lädt sie zu einem Vorstellungsgespräch ein. Kneidl schöpft Hoffnung. Es geht um eine Promotionsstelle. Einige Monate zuvor hatte sie sich dafür beworben. »Nun wird alles gut. Ich werde wieder gesund und bekomme eine gute Stelle«, glaubt sie. Ihre Eltern begleiteten sie nach Zürich – gerade einmal zwei Wochen nach der Entfernung der Schilddrüse, eine Woche vor Beginn der Radio-Jod-Therapie. »Ich habe einen ganzen Tag mit dem Professor verbracht«, erzählt sie. »Es war ein richtig guter Tag. Ich dachte: Ich kann doch etwas. Ich trotze meinem Körper, ich komme da gut durch.« Der Tag in Zürich gibt ihr Mut. »Der Termin war toll.« Kneidl fühlt sich wieder im Einklang mit ihrer Geschichte. Doch wenig später sagt der Professor ab. Er gibt ihr die Stelle doch nicht. Ihr Profil passt nicht gut genug.

Wieder ein Schock. Jetzt verabschiedet Angelika Kneidl sich von ihrem Narrativ. Sie hört auf, von sich selbst als Programmiererin zu denken. Eine neue Erzählung tritt an den Platz der alten: *»Ich kann überleben.«* Das ist seitdem ihr Motto. Sie hat den Krebs körperlich überlebt. Nun sieht sie darin die Erzählung ihres Lebens. Das führte zur Versöhnung mit sich selbst. »Ich fühlte mich plötzlich nicht mehr wie die Verschmähte, sondern wie die Auferstandene«, sagt sie. »Ich hatte gesehen, dass ich dem Krebs trotzen konnte, obwohl ich keine ganze Angelika mehr war. Das gab mir Selbstbewusstsein.«

Von da an fühlte sie sich immun gegen Angst. »Es entwickelte sich eine Trotzhaltung. Wenn ich alles gegen mich habe, dann schaffe ich es erst recht«, sagt sie. Kneidl hört auf, sich als Software-Ingenieurin zu bewerben. Sie verabschiedet sich innerlich von dem Beruf, den sie gelernt hat. »Es scheint wirklich nicht so gut zu sein mit mir und dem Programmieren«, sagt sie. »Das ist aber gar nicht so schlimm, denn es macht mir nicht wirklich viel Spaß.« Sie bekommt eine Promotionsstelle für »Fußgänger-Simulation« an der Technischen Universität München. Während der Promotion passiert am 24. Juli 2014 die Love-Parade-Katastrophe in Duisburg. 21 Menschen sterben, 541 werden verletzt, mindestens sechs begehen später Selbstmord. Angelika Kneidl weiß sofort: »Das ist mein Thema.« Mit einem Partner gründet sie accu:rate, ihre heutige Firma.

Das Unternehmen schreibt Software, die Fluchtwege von Menschen aus brennenden Gebäuden oder bei Massenpaniken simuliert. Das Programm hilft Veranstaltern und Architekten, Häuser so zu bauen, dass Menschen in Not schnell aus ihnen herausfinden. Accu:rate ergänzt starre Regeln durch präzise Simulationen. Das rettet Menschenleben und kann die Brandschutz-Branche grundlegend verändern. Durch Enttäuschungen entdeckte Angelika ein neues General-Narrativ: *Ich kann überleben*. Sie verabschiedete sich von ihrem Teil-Narrativ »Ich bin Programmiererin« und fand eine neue Beschreibung, die besser zu ihr passt. Ihr Teil-Narrativ lautet jetzt: »Ich rette Menschen mit Algorithmen das Leben.«

Wir sehen: Die Richtung unseres Lebens ist eine Einbildung. Wir können sie neu formulieren. Das macht uns flexibler, als wir glauben. Mit Angst haben viele Menschen trotzdem zu kämpfen. Im nächsten Kapitel schauen wir, wie wir damit umgehen.

Aus diesem Kapitel halten wir fest:
- Sinnstiftende Geschichten, sogenannte *Narrative,* bestimmen die Entwicklungen von Menschen, Firmen und Gesellschaften.
- Geschichten können neu geschrieben werden.
- Viele Narrative sind selbsterfüllende Prophezeiungen.
- Teil-Narrative definieren Abschnitte des Lebens, General-Narrative ein ganzes Leben.
- Das beste General-Narrativ in Zeiten disruptiven Wandels lautet: *Ich kann überleben.*

Sich von Angst nicht lähmen lassen

Furcht schützt vor unüberlegten Handlungen. Sie ist unverzichtbar. Angststarre aber verbaut Optionen. Wer sich wandeln möchte, erkennt Sorgen an, artikuliert sie, entwirft Szenarien, berechnet den schlimmsten Fall und plant seine Gegenwehr. Dadurch kommt die Handlungsfähigkeit zurück.

Wenn wir ins Auge fassen, einen neuen Beruf zu ergreifen, um dem Umbruch zuvorzukommen, kann das Sorgen auslösen. Es gibt reichlich Anlass zu Unbehagen. Wir treffen Menschen, die wir schwer einschätzen können, arbeiten an einem ungewohnten Ort, kennen die Gepflogenheiten nicht, wissen nichts über die Kultur, haben keine Vorstellung von den Arbeitsweisen, besitzen keine Antennen für die geheimen Signale, müssen uns in ein neues Ranggefüge einordnen und sind unsicher, was die wirtschaftlichen Folgen betrifft. Begehen wir einen großen Fehler? Oder wendet sich alles zum Guten? Auf diese Ballung von Ungewissheiten reagieren selbst nervenstarke Leute mit Bedenken.

Wie geht man damit um? Am besten nicht, indem man die Sorgen leugnet. Geleugnete Furcht verschwindet nicht, sondern sucht sich andere Wege. Am besten ist es, Furcht auszuhalten. Sie hat auch etwas Gutes, denn sie schützt uns vor unbedachten Handlungen. Doch wir wollen uns nicht von Kleinmut lähmen lassen. Angststarre spielt nur den Angreifern in die Hände. Das wollen wir vermeiden. Wie können wir ins Ungewisse aufbrechen, obwohl wir uns fürchten? Darum geht es in diesem Kapitel. Wir sehen, dass es besser ist, Sorgen zu managen, als sie besiegen zu wollen. Wie kann das gelingen?

Hören wir uns an, was Nikita Fahrenholz dazu zu sagen hat. Fahrenholz war einmal traditioneller Unternehmensberater. Heute ist er einer der erfolgreichsten deutschen Gründer. Er hat den Lieferservice *Lieferheld*, später umbenannt in *Delivery Hero*, auf die Beine gestellt. Damit erfand er von Grund auf neu, wie Deutsche ihr Essen aus Restaurants bestellen. Er revolutionierte Auswahl und Lieferung. Exotische Speisen gelangen selbst mitten in der Nacht binnen 30 Minuten auf den Tisch; Restaurants können neue Kunden gewinnen, ohne teure Werbung in den Medien zu schalten oder hohe Mieten in stark frequentierten Straßen zu bezahlen. Delivery Hero ist heute an der Börse mehr als 9 Milliarden Euro wert. Nikita Fahrenholz, ein drahtiger junger Mann, ist Einwanderer der zweiten Generation. Aus eigener Kraft hat er ein Milliardenunternehmen geschaffen. Seine Mutter kam aus Russland nach Berlin. Er wuchs in bescheidenen Verhältnissen in einem Plattenbauviertel am Stadtrand auf. Nach gutem Schul- und Universitätsabschluss schaffte er es als Berater zu McKinsey.

Um sein eigener Herr zu werden und dem Trott des Berateralltags zu entkommen, gründete Fahrenholz mit Kompagnons seinen Lieferdienst. Es war keine Gründung aus einem flüchtigen Impuls heraus. Systematische Analysen des Marktes waren vorausgegangen. Trotzdem blieb ein großes Risiko. Lieferdienste gab es schon zuhauf. Delivery Hero hätte ebenso gut in Konkurs gehen können. Doch mit Tatkraft und Beharrlichkeit schafften die Gründer einen Erfolg. Kaum hatte Fahrenholz mit dem Börsengang ein Vermögen gemacht, stürzte er sich in das nächste große Risiko. Seine neue Gründung heißt *Book a Tiger* und vermittelt Reinigungskräfte an private Haushalte. Damit revolutioniert er den Markt für haushaltsnahe Dienstleistungen. Er bringt unversicherte und prekär bezahlte private Putzhilfen in geordnete, saubere und faire Verhältnisse. Und er hilft seinen Kunden, endlich auf legalem Wege gute Leute zu finden. Beide Marktseiten profitieren. Book a Tiger ist eine typische Plattform.

Auch dieses Mal ist es eine riskante Wette. Tausende von Mitarbeiterinnen und Mitarbeitern müssen angestellt werden, um den Kunden die Gewissheit zu bieten, dass ihre Lieblingskraft pünktlich vor der Tür steht und zuverlässig ordentliche Arbeit leistet. Das Risiko für Kapital und Karriere der Gründer nimmt beachtliche Ausmaße an.

»Hast du Angst bei deinen Gründungen?«, frage ich Fahrenholz. »Es kann so vieles schiefgehen.« – »Ja klar, jeder hat Angst. Natürlich habe ich auch Angst«, gibt Fahrenholz unumwunden zu. »Es geht nicht ohne Angst.« – »Wie gehst du mit Angst um?«, frage ich. – »Sehr kontrolliert und rational«, antwortet er. »Ich versuche, die Emotion herunterzubrechen auf die realen Folgen, die tatsächlich eintreten können. Ich schreibe mir ein Worst-Case-Szenario auf, also den schlimmsten Fall, der eintreten kann. Ich bringe ihn richtig zu Papier. Dann frage ich mich: Sind diese Folgen wirklich so schlimm, wie sie aussehen? Wie gehe ich damit um, wenn sie eintreten? Eine Firma kann insolvent gehen. Wenn die nächste Finanzierungsrunde nicht klappt, ist kein Geld mehr da. Dann bekomme auch ich als Geschäftsführer kein Gehalt mehr. ›Gehe zurück auf Los und ziehe keine 2000 Euro ein‹, heißt es dann.« Als Gründer beschäftigen ihn noch viele andere Fragen: »Wenn wir mit der Firma in ein neues Land expandieren – klappt das? Wenn wir ein neues Produkt starten – geht das gut? Man gibt viel Geld für eine neue Position aus – bewährt sich der Kandidat wirklich?«, sagt er. »Ständig bewegen mich solche Themen. Da kommt immer irgendeine Sorge auf. Ich gehe strukturiert mit solchen Gefühlen um. So bekomme ich sie in den Griff und bleibe handlungsfähig. Ich schreibe meine Ängste auf und rede darüber mit Kollegen und Freunden. Das hilft mir sehr. Nach einer Weile kommt mir die Angst nicht mehr so groß vor. Dann kann ich sie abhaken und trotzdem handeln. Man darf der Angst nicht die Kontrolle überlassen. Ich möchte nicht von ihr beherrscht werden.«

Wir sehen: Auch Angreifer sind nicht frei von Angst. Ihr starkes Selbstvertrauen macht sie nicht zu emotionslosen Robotern. Verbalisierung von Angst ist Kern ihrer Bewältigungsstrategie. Wir können davon auch lernen, wenn wir in unserem bisherigen Unternehmen bleiben möchten. Man muss nicht ins kalte Wasser springen. Was Fahrenholz sagt, gilt für uns alle – ganz gleich, ob wir weitermachen oder die Firma verlassen: »In dem Moment, in dem ich eine Angst ausspreche, spüre ich, dass schon sehr viel

Drohpotenzial verschwindet«, sagt Fahrenholz. Warum? »Erstens, weil man Feedback bekommt und hört: ›Das ist doch gar nicht so schlimm.‹ Und zweitens, weil ich beim Aussprechen oft selbst merke, dass die Gefahr gar nicht so groß ist.« Wen zieht er ins Vertrauen? »Bei mir ist es zum Beispiel mein Mitgründer. Ihm sage ich alles, was mich beschäftigt. Das beruht auf Gegenseitigkeit. Ich öffne mich ihm, und er öffnet sich mir.«

Angst gehört zu den Gefühlen, die weniger werden, wenn man sie zur Sprache bringt, anders als Liebe oder Stolz. Alle negativen Gefühle schwinden durch Verbalisierung, alle positiven Gefühle wachsen. Diese Strategie kann auch Angestellten in Unternehmen helfen. Sie ist tauglich für alle Berufslagen. Es tauchen Fragen auf wie: Soll ich meinen sicheren Posten kündigen und ins Lager der Angreifer wechseln? Oder bleibe ich im Unternehmen? Bitte ich meinen Chef um Versetzung in eine digitale Einheit? Bin ich dafür zu jung oder zu alt? Kann ich mir den Wechsel finanziell leisten? Was passiert, wenn es schiefgeht? Ist mein alter Job noch frei, wenn ich nach einem Flop zurückkehren möchte? Soll ich meine Karriere in meiner Abteilung aufs Spiel setzen, nachdem ich so viel Zeit in sie investiert habe? Komme ich meinem internen Konkurrenten noch bei, wenn ich einmal ausgeschert bin? Glauben meine Kollegen, dass ich kneife, wenn ich sie ausgerechnet jetzt in diesem Projekt verlasse?

Von allen Risiken ist das wirtschaftliche das größte. Ökonomische Verluste greifen tief in unsere existenziellen Grundbedürfnisse ein. Wenn wir uns verkalkulieren, ist der Lebensunterhalt in Gefahr. Das löst heftige Reaktionen aus. Typische Ausdrücke wirtschaftlicher Furcht sind Sätze wie: »Ich muss drei Kinder ernähren. Ich kann mir gar nicht leisten zu kündigen« oder »Mein Mann und ich bezahlen die Hypothek noch 20 Jahre lang ab. Wir wollen das Haus nicht verlieren« oder »Wir haben nichts gespart. Wir haben immer alles gleich ausgegeben. Ohne unser festes Einkommen kommen wir nicht aus.« Solche Gedanken sollen uns vor dem Eingehen unnötiger Risiken schützen. Evolutionär gesehen ist das sinnvoll. Wir sind die Nachfahren von Lebewesen, die

Hunger überlebt haben, weil sie ihn fürchteten. Angst vor Armut ist ein natürlicher Reflex, für den wir uns nicht schämen müssen.

Lernen können wir aber, trotzdem handlungsfähig zu bleiben. Vier Fragen helfen dabei:

Erstens: »Was ist das Schlimmste, was mir passieren kann?«

Hier könnte als Antwort beispielsweise stehen: »Ich bin Bilanzbuchhalter in einem Konzern und schließe mich einem Start-up an, das Geldanlage in Aktien mithilfe von Datenanalyse effizienter machen möchte. Um Anteile zu besitzen, schieße ich 30 000 Euro von meinem Ersparten ein. Das Start-up scheitert. Ich verliere meine Einlagen und meinen Job. Mein alter Arbeitgeber nimmt mich nicht zurück, weil die Stelle inzwischen besetzt ist. Die laufenden Kosten pro Monat für Lebensmittel, Hypothek, Auto, Kleidung und Ausbildung der beiden Kinder betragen 2900 Euro. Ich bringe diese Summe nicht mehr auf, muss privaten Konkurs anmelden und werde abhängig von Hartz IV.«

Mit dieser Antwort ist die Angst zu Papier gebracht. Sie schwindet meistens schon dadurch, dass man sie zum Ausdruck bringt. Doch ist es damit nicht getan. Im zweiten Schritt gehen wir noch weiter.

Zweitens: »Was tue ich, wenn dieser Fall eintritt?«

Die Antwort könnte lauten: »Weil mein alter Arbeitgeber mich nicht zurücknimmt, muss ich mich anderswo bewerben. Meine Qualifikation und Reputation sind durch meine Zeit beim Start-up nicht gesunken, sondern gestiegen. Ich habe neue Einsichten und Fertigkeiten gewonnen. Ich besitze Qualifikationen, die auf dem Markt kaum jemand anders besitzt. Denn ich bin einerseits ein anerkannter Bilanzbuchhalter mit langjähriger Erfahrung in einem traditionellen Unternehmen, und andererseits habe ich mich bei einem Start-up intensiv mit modernster Technik und neuartigen Geschäftsmodellen beschäftigt. Dass mein alter Arbeitgeber mich nicht zurücknimmt, ist sein

Problem, nicht meins. Ich bewerbe mich jetzt bei anderen Start-ups; am besten bei solchen, die besser laufen als mein eigenes. Die suchen wahrscheinlich gerade Leute. Wenn das nicht klappt, heuere ich notfalls bei einem Wettbewerber meines alten Arbeitgebers an.« Wir haben mehr Möglichkeiten als zuvor. Sobald wir das erkennen, sinkt die Sorge.

Drittens: »Was brauche ich wirklich, und wie finanziere ich es?«

Eine mögliche Antwort könnte lauten: »Dann leben wir einfach einmal für eine gewisse Zeit vom Ersparten und vom Einkommen meines Partners. Für ein paar Jahre kommen wir auch ohne Fernreisen im Urlaub aus. Wir können auch mal wieder an die Ostsee fahren. Oder wir bleiben zu Hause. Im Sommer ist es in der Stadt schön. Ich brauche für die Arbeit keine teuren Anzüge mehr. Jeans sind billiger und bequemer. Das Auto verkaufen wir und fahren mit Car Sharing. Ein Zimmer im Haus vermieten wir alle zwei Wochen für ein paar Tage bei AirBnB. Das Haus behalten wir auf jeden Fall. Irgendwie bekommen wir das schon hin. Weniger Geld auszugeben, verursacht weniger Stress. Wir legen jetzt mal eine minimalistische Lebensphase ein. Wahrscheinlich werden wir das richtig genießen.« Wir verlieren also vielleicht gar nichts durch den beruflichen Flop, sondern gewinnen sogar etwas hinzu.

Viertens: »Was spricht dafür, bei meinem bisherigen Arbeitgeber zu bleiben?«

Eine mögliche Antwort könnte sein: »Das ist eine gute Option. Ich möchte meinen bisherigen Job nicht fortführen, denn er hat zu wenig mit Digitalisierung zu tun. Aber ich kann innerhalb des Unternehmens wechseln. Ich schlage mich auf die Seite der Erneuerer. Die gibt es ja. Wenn das Projekt dort nichts wird, habe ich immer noch meinen alten Arbeitsvertrag. Ich verliere meine Stelle nicht. Für das Auskommen ist gesorgt. Vielleicht kann ich nicht in meine alte Abteilung zurückkehren. Aber das macht nichts. Es wird sich eine interessante andere

Aufgabe finden. Wenn das Digital-Projekt hingegen gut läuft, bekomme ich vielleicht eine Beförderung und mehr Geld.« Im direkten Vergleich zur Kündigung scheinen die Risiken des internen Wechsels plötzlich klein. Man kann den Schritt leichten Herzens wagen. Es gibt gar keinen Grund, ihn nicht zu tun.

Sind diese vier Fragen beantwortet, suchen wir das Gespräch mit Lebenspartnern, Freunden und Verwandten. Wir bitten sie um ihre Meinung. Mit jedem Gespräch gewinnen wir neue Einsichten. Aus der großen, unbestimmten Sorge werden kleine, beherrschbare Themen. Vielleicht haben wir Glück, und einer der Freunde sagt: »Du kündigst jetzt und gehst zu dem Start-up. Darauf bestehe ich. Falls es floppt, legen wir alle zusammen und helfen euch.« Oder jemand verspricht: »Ich stelle dich ein, wenn Not am Mann ist.« Oder: »In unserer Firma werden sowieso gerade Leute gesucht. Melde dich, wenn es nicht geklappt hat. Dann stelle ich dich meinem Chef vor.« Oder: »Was? Du willst kündigen? Das wusste ich gar nicht. Mein Freund hat mich gerade gestern gefragt, ob ich nicht einen Marketingexperten für seine Hightech-Firma kenne. Willst du nicht mal mit ihm reden?« Oft steigt unser Marktwert, wenn wir uns bewegen. Wir entdecken neue Chancen. Zuversicht entsteht. Furcht muss nicht besiegt oder überwunden werden. Man muss sich nicht mit einem Kraftakt über sie hinwegsetzen. Man muss sie nur anerkennen. Alles andere folgt von selbst.

Mut machen kann uns auch die Geschichte Josef Brunners. Sie zeigt: Furcht kann erfolgreich in Energie umgewandelt werden, wenn man sie anerkennt. Brunner ist einer der erfolgreichsten High-Tech-Gründer Deutschlands. Er hat seine Erfolge unter widrigen Umständen erzielt. Oft verspürte er Furcht, fand aber Auswege. Seine Firma Relayr in Berlin zählt zu den Pionieren der *Internet of Things*-Technologie. Seit ihrer Gründung im Frühjahr 2013 hat Relayr über 100 Millionen Euro Wagniskapital eingesammelt – für deutsche Verhältnisse eine Seltenheit. Relayr ist

Brunners viertes erfolgreiches Start-up. Der gewiefte Gründer stammt aus Solln, dem südlichsten Stadtteil Münchens. Seine Eltern betrieben dort eine Bäckerei.

Josef ist das einzige Kind. Die Brunners sind damals eine angesehene Sippe mit tiefer Verwurzelung in diesem gut- und großbürgerlichen Villenvorort. Josef wächst in eine stabile Familie mit stabilen wirtschaftlichen Verhältnissen hinein. Dann aber laufen die Geschäfte der Bäckerei von Jahr zu Jahr schlechter. Die Familie wird Opfer eines Strukturwandels: Supermärkte verkaufen frisches Brot, und viele von ihnen führen Backshops ein, in denen mehrfach täglich frisch gebacken wird. Traditionelle Bäckereien setzen sich zur Wehr, können dem Druck der neuen Konkurrenz jedoch nicht standhalten. Zu groß ist die Versuchung ihrer Stammkunden, im Supermarkt einfach Brot mit in den Korb zu legen.

Als Josef 14 Jahre alt ist, müssen die Brunners Konkurs anmelden. Das löst bei dem Jungen einen Sturm von Gefühlen aus. »Eine Insolvenz kommt ja nicht von Montag auf Dienstag«, sagt Brunner mit bayrischem Idiom. »Es war ein schleichender Prozess, der sich über viele Jahre ankündigte. Ich habe viel davon mitbekommen, es hat auch mich besorgt. Ich fühlte ständig Beklemmungen. Als es dann so weit war, verloren meine Eltern nicht nur die Bäckerei, sondern auch das Haus, in dem wir lebten. Wir mussten ausziehen und sogar München verlassen. Wir zogen an den Tegernsee in eine kleine Ferienwohnung, die uns nicht gehörte. Für meine Eltern am schlimmsten aber war der Verlust der sozialen Achtung. Sie verloren fast alle Freunde. Sie wurden fast geächtet. Eine Pleite hinzulegen war damals noch ein Frevel. Da herrschte ganz sicher nicht die Fail-Fast-Kultur der heutigen Start-up-Szene.«

Von einem Tag auf den anderen erlebte Josef Brunner den Verlust vieler Sicherheiten. Er lernte Sorge, Scham, Existenzangst und Verzweiflung kennen. »Ich sah die Enttäuschung meiner Eltern, unternehmerisch gescheitert zu sein«, berichtet er, »und zwar aufgrund einer Veränderung an den Märkten. Es war

Der Begriff **Internet of Things** bezeichnet die zunehmende Vernetzung »intelligenter« Gegenstände sowohl untereinander als auch nach außen hin mit dem Internet. Alltagsgegenstände oder Maschinen werden dabei mit Prozessoren und Sensoren ausgestattet, sodass sie in der Lage sind, über das Internet Protocol miteinander zu kommunizieren. Die smarten Geräte können selbstständig handeln, sich Situationen anpassen und auf bestimmte Szenarien reagieren. Eine Eingabe seitens des Benutzers wird überflüssig, da das Gerät die Eingabe von Aufgaben ganz autonom selbst übernimmt. Ziel des Internets der Dinge ist es, die Grenzen zwischen realer und virtueller Welt langsam vollständig aufzulösen. So soll jeder reale Gegenstand als Teil des Internet of Things in der Lage sein, seine Zustandsinformationen laufend im Internet zur Verfügung zu stellen. Gearbeitet wird zum Beispiel an Kühlschränken, die automatisch nachbestellen, sobald bestimmte Lebensmittel fehlen.

zwar keine digitale Transformation, aber eine Transformation war es trotzdem. Metzger und Bäcker sind von der Veränderung der Supermärkte hart getroffen worden. Ich habe Mitleid für meine Eltern empfunden, und in mir ist damals ein neues Verantwortungsbewusstsein entstanden.« Josefs Eltern geben nicht auf und versuchen sich mit einem Restaurant, doch auch das klappt nicht. Wieder gerät die Familie in einen Strudel negativer Ereignisse und Gefühle.

Jetzt kommt Brunner an den Punkt, an dem ihm Handeln sinnvoller erscheint als Abwarten. Er beginnt, seine eigene Sorge aktiv zu managen. Da ist er gerade einmal 16 Jahre alt. Er geht zu seinen Eltern und verkündet: »Passt auf, ich hole uns da raus. Ich mache mich jetzt selbstständig. Ich gründe eine Firma und rette damit die Familie.« Die Szene muss aus Sicht der Eltern etwas Tragikomisches gehabt haben. Sie, die erfahrenen Unternehmer, sind mit zwei Firmen hintereinander gescheitert. Sie haben alle Reserven aufgezehrt und können auch die Mietwohnung am Tegernsee kaum noch bezahlen. Da erscheint ihr halbwüchsiger Sohn vor ihnen und kündigt die Rettung der Familie an. Der Plan klang in den Ohren des Ehepaars Brunner liebenswert, aber aussichtslos. »Sie waren nett«, beschreibt Brunner die Reaktion seiner Eltern. »Nett beschreibt es am besten. Sie haben mich definitiv nicht ernst genommen. Und sie waren definitiv nicht dankbar, weil ja damals niemand ahnen konnte, ob das Geschäft erfolgreich werden würde.« Doch Brunner zog die Sache durch. Er artikulierte seine Sorgen und entschied sich für das Handeln.

Brunner brach das Gymnasium ab und meldete eine Firma für Computer-Sicherheitssoftware an, also eine Art Virenschutz- und Anti-Hacking-Service. Auch die Eltern ließen sich nun von der Kraft des Handelns mitreißen und gingen weitere Risiken ein. »Meine Eltern hatten damals kein Geld mehr«, sagt Brunner. »Die 600 Mark, die sie noch besaßen, gaben sie mir, um die Ausrüstung zu kaufen. Das Geld gehörte noch nicht einmal ihnen. Sie hatten es sich geliehen. Das werde ich ihnen niemals vergessen. Ich war ja fast noch ein Kind und meinte blauäugig, die Welt stünde mir offen. ›Schlimmer kann es ja nicht mehr werden, was soll denn jetzt noch schiefgehen?‹, dachte ich.« Seine Mutter nahm derweil eine Stelle als Krankenschwester am Tegernsee an, sein Vater als angestellter Bäcker in einer kleinen Pullacher Bäckerei. So kam die Familie über die Runden.

Nun brauchte Brunner einen ersten Kunden. Das ist eigentlich ein Grund für schlaflose Nächte. An Brunners Beispiel sehen wir, wie man solche Gefühle geschickt aufgreift. Brunner surfte die Webseite eines Unternehmens aus der Nähe an und hackte sie. Mit den Ergebnissen des Hacks fuhr er zum Geschäftsführer und zeigte ihm, wie leicht seine Seite zu knacken ist. Im Nu bekam er den Auftrag, die Seite besser gegen Angriffe zu schützen. »Ein ziemlich dreister Ansatz«, sage ich. Josef Brunner lacht: »Ja stimmt, aber die Kunden waren sehr wohlwollend und wissbegierig. Es war ein schöner Start in den Beruf.«

Zwei Jahre später war Brunners Firma bereits so erfolgreich, dass er sie für einige Hunderttausend Mark an eine andere Firma veräußern konnte. »Mit dem Geld kaufte ich meinen Eltern ein Haus«, erzählt Brunner. »In einem schönen Vorort von München, wo sie heute noch leben.« – »Wie haben deine Eltern darauf reagiert?« – »Sie waren unendlich dankbar. Es war mein Dank an sie. Oder vielleicht auch eine Art Dividende, weil sie mir ja ihr letztes Geld geliehen hatten. Am meisten hat sie aber berührt, dass sie in den Augen der Gesellschaft nun wieder etwas wert waren und die Anerkennung zurückerlangten, die verloren gegangen war.«

Josef Brunner gründet gleich die nächste Firma: »Ich hatte ja keinen Schulabschluss und dadurch wenige Alternativen. In Deutschland achten alle ja sehr stark auf Abschlüsse. Mir blieb wenig anderes übrig, als Unternehmer zu bleiben.« Nach vier Jahren verkauft er auch diese zweite Firma. Vom Erlös legt er sich selbst ein Haus zu. Es folgen einige Jahre Pause, in denen er sich als privater Frühphasen-Investor betätigt. Dann gründet er 2009 die Energie-Management-Firma JouleX. Vier Jahre später geht sie für 107 Millionen Dollar an den kalifornischen Netzwerk-Riesen Cisco. Deren damaliger Vorstandschef John Chambers wird ein enger Vertrauter und Mentor. Chambers, eine der anerkanntesten Figuren der internationalen Hightech-Szene, steht schließlich Pate bei der Gründung von Relayr, Josef Brunners heutiger Firma. Brunner ist spätestens jetzt ein gemachter Mann.

Seinen Schulabschluss holt Josef Brunner nie nach. »Ich habe gebildete Leute immer bewundert«, sagt er. »Ich schaute zu ihnen auf. Menschen, die Latein reden, die Anwälte sind, die im Anzug zum Essen gehen, faszinierten mich. Ich wollte zu ihnen gehören. Deswegen habe ich oft mit dem Gedanken gespielt, das Abitur nachzuholen. Doch dann sah ich irgendwann, dass bei gebildeten Menschen auch viel Schein dabei sein kann und wenig Sein. Das ist eher nichts für mich. Und wenn ich tatsächlich studiert hätte, wären es Computerwissenschaften gewesen, und ich sah ein, dass an den Universitäten überholte Stoffe unterrichtet werden, mit denen ich im realen Computerleben nicht mehr viel anfangen kann. Ich habe das Studium auf die lange Bank geschoben, und da wird es vermutlich bleiben.«

Viermal hat Josef Brunner sich neu erfunden. Vom Gymnasiasten wechselte er zum Unternehmer und gab eine akademische Laufbahn dafür auf. Dreimal trennte er sich von Firmen, die seine Babys waren, um etwas Neues zu starten. »Woher nimmt man diese Kraft, sich ständig neu zu erfinden?«, möchte ich wissen. – »Menschen werden von verschiedenen Motivationen getrieben«, antwortet er. »Viele Unternehmer, auch mich, treibt an, dass wir Veränderungen zum Besseren wollen und den Status Quo nicht akzeptieren. Es ist ja eigentlich absurd, was man als Start-up-Unternehmer macht: Man schaut sich einen Markt an und untersucht die Platzhirsche. Dann bemerkt man, dass sie nicht optimal aufgestellt sind. Man legt los, baut einen Ikea-Tisch auf, und ein paar Jahre später ist man ein paar Hundert Mann stark und nimmt ihnen signifikant Geschäft weg. Um das zu machen, musst du getrieben sein, vielleicht auch ein bisschen verrückt, aber vor allem unzufrieden mit dem Stand der Dinge.«

Josef Brunner ist trotzdem ein ängstlicher Mensch. Das gibt er unumwunden zu: »Aber ich habe gelernt, mit meiner Angst umzugehen.« Dann erzählt er: »Immer, wenn ich Menschen treffe, die ihr erstes Unternehmen gründen, sage ich ihnen: ›Es wird wesentlich härter werden, als ihr euch das denkt. Ihr werdet viel länger pleite sein, als ihr euch das jetzt vorstellen könnt.‹ Ich sage ihnen aber auch, dass es viele Abstufungen von Pleite gibt. Viele denken, wenn kein Geld mehr da ist, hört die Welt auf. Das ist aber nicht so. Wenn du kein Geld mehr hast, kannst du immer noch hinausgehen und Sachen verkaufen. Der Vertrieb hört nicht auf. Du kannst Sachen dehnen. Was ein Unternehmer im Kern macht, ist die Realität zu verbiegen.« Was meint er mit dem Verbiegen der Realität? »Wenn du als Fünf-Mann-Unternehmer gegen Cisco startest«, sagt er, »dann ist das bei Lichte betrachtet keine schlaue Idee und nicht sehr erfolgversprechend. Wenn du dir die Realität aber hinbiegst, sodass sie für dich passt, dann kommst du auch beim Kunden gut an. Er entscheidet sich dann für dich. Der Kunde weiß das ja. Er spürt, ihm gegenüber sitzt jemand mit Energie, der das wirklich will, was er macht. Es hat ihn niemand hergeschickt. Er ist kein Gehaltsempfänger.«

»Und Energie kann Größe schlagen?«, frage ich. – »Strategie und Umsetzung schlagen Größe«, antwortet er. »Und um das richtig hinzubekommen, braucht man Energie. Der Kunde will mündige Geschäftspartner. Er will nicht angelogen werden, er will keine Blender, er will jemanden auf Augenhöhe. Diesem potenziellen Kunden sitzt du in den frühen Tagen gegenüber und sagst ganz ehrlich: ›Ich habe nichts, aber ich will etwas bauen. Bei mir hast du die totale Loyalität. Du kannst mich jederzeit anrufen.‹ Viele Kunden halten das für wertvoll. Du gibst dem Kunden das, was er wirklich will, und baust dir die Realität so zusammen, dass du es ihm geben kannst.« Nachdenklich schiebt Brunner nach: »Ich bin ein getriebener und ängstlicher Mensch.«

Ich frage Brunner, warum ihn seine Angst nicht in Passivität und Depression versinken lässt. Warum lähmt sie ihn nicht? »Weil Handlung die einzige Option ist, die Situation zu ändern«, antwortet er. »Wenn ich mich zurückziehe und nichts tue, ändert sich die Situation nicht. Die einzige Option, die Angst loszuwerden, ist die Situation zu ändern. Also muss ich handeln.« Das Verlangen nach Autonomie ist sein wichtigster Antrieb. Seine Furcht verläuft in Wellenbewegungen: »Die Angst war nicht vorhanden, als eigentlich am meisten Grund für sie bestand, nämlich am Anfang mit 16. Sie trat dann auf, als ich fürchtete, das Erreichte zu verlieren. Sie nahm wieder ab, als ich Routine entwickelte und verstand, warum Sachen passieren, die passieren.« Josef Brunner hat seinen Frieden mit der Neigung zur Furcht gemacht. Er weiß, dass dieselben sensiblen Antennen nach außen, die ihm Beklemmung einflößen, ihm auch helfen, Situationen besser zu bewältigen. Er kann Menschen gut einschätzen, weil er nachfühlen kann, was sie bewegt. Das hilft ihm als Gründer und als Chef.

Wir haben gesehen, dass Furcht uns nicht am Umsetzen unserer Ideen hindern muss. Im nächsten Kapitel geht es darum, wie wir es schaffen, konsequent zu sein und unseren Überlegungen Taten folgen zu lassen.

Aus diesem Kapitel halten wir fest:

- Es ist klüger, Angst anzuerkennen, als sie zu leugnen.
- Angst schwindet, indem man sie ausspricht.
- Die Folgen des Scheiterns sind meist milder, als wir fürchten. Wir können sie bewältigen.
- Bewegung schafft Chancen. Schon die Absicht zur Veränderung bringt neue Möglichkeiten hervor.

Konsequent sein

Das als richtig Erkannte in die Tat umzusetzen, fällt leichter mit einer Strategie der kleinen Schritte. Grübeln und warten führt zu Passivität. Besser ist es, erst zu handeln und dann später zu überlegen, ob man es wirklich ernst meint. Vom Gang der Dinge mitgerissen zu werden, beschleunigt quälende Entscheidungen.

Endlich hatte Christian Lang die passende Ladesäule gefunden. Sie lag im Prenzlauer Berg, einem Stadtteil im Osten Berlins, und war sogar fast jeden Abend frei. Lang parkte sein Elektroauto in der Bucht, stöpselte den Stecker ein und schaute zufrieden auf sein Gefährt. »Ich hatte mir schon vor Jahren vorgenommen, auf Elektro umzusteigen«, berichtet er. »Jetzt war es endlich so weit.« Der junge Ingenieur vom Bodensee, 30 Jahre alt, hatte ein BWL-Studium in Augsburg absolviert und fünf Jahre lang in der Technischen Entwicklung bei Audi gearbeitet. Dann bewarb er sich bei der *Audi Denkwerkstatt*, einem Labor für neue Geschäftsmodelle und Technologien in Berlin. Hier fand er endlich die passende Möglichkeit für den Umstieg. Es gab Ladesäulen auf den Bürgersteigen. »Also besorgte ich mir einen elektrischen Wagen.« Eines allerdings trübte seine Freude. »Die nächste Säule lag 1,2 Kilometer von meiner Wohnung entfernt. Nachdem ich das Auto abgestellt hatte, wartete ein kleiner Fußmarsch auf mich. Die Strecke klingt nicht lang, aber bei Wind und Wetter kann sie schon ziemlich lästig werden. Abends zurück zur Wohnung, morgens wieder hin zur Ladesäule. Nach einer Weile ging mir der Fußweg richtig auf die Nerven.«

Trainiert durch seine Arbeit in der *Denkwerkstatt*, wusste Lang, dass man ein Gefühl des Enerviertseins am besten ernst nimmt und überlegt, welche Chancen sich daraus ergeben könnten. (Mehr über die Methode erfahren wir im Kapitel »Verborgene Kundenwünsche erfüllen«.) »Deswegen drückte ich das unangenehme Gefühl nicht weg«, sagt Lang, »sondern begann gemeinsam mit Kollegen darüber nachzudenken, wie sich das Problem lösen ließe.« Langs Erlebnis zeigt, wie wir es schaffen, konsequent zu sein. In den drei letzten Kapiteln ging es um das Hinterfragen des eigenen Berufs, das Finden eines neuen Narrativs und das Managen von Angst. Nun fehlt uns ein letztes Element, um unsere Pläne in die Tat umzusetzen: Wir müssen konsequent sein. Das ist nicht leicht. Man kann alles Gesagte für richtig halten und dennoch nichts unternehmen. Wie schafft man den Wandel? Wie gelingt es, den Worten Taten folgen zu lassen? Darum geht es in diesem Kapitel.

Die beste Strategie zum Konsequentsein heißt, viele kleine Schritte zu gehen. Man grübelt nicht lange über das Große und Ganze nach, sondern fängt mit einer konkreten Tat an, ohne sich innerlich festzulegen. Eine Tat ergibt die nächste. Noch immer meint man es nicht richtig ernst. Die große Entscheidung verschiebt man vom Anfang auf das Ende. So wird man vom Sog der eigenen Taten mitgerissen. Für Angestellte in Unternehmen ist das besonders hilfreich. Mit kleinen Aktionen setzen sie einen Wandel in Gang. Jeden Tag ein kleiner Schritt führt im Laufe der Zeit zu erstaunlichen Ergebnissen.

Christian Lang begann seinen Weg damit, den Groll über den langen Fußweg nicht zu verdrängen. Er schob ihn nicht beiseite mit rationalen Argumenten wie »Die Bewegung tut mir gut« oder »So lang ist die Strecke nun auch wieder nicht«. Stattdessen nutzte er Tag für Tag etwas Zeit, über Lösungswege für das Problem nachzudenken. Selektive Wahrnehmung setzte ein. Man kann sie sich gut zunutze machen. Wenn uns ein Thema innerlich umtreibt, beginnen wir automatisch, einen besonderen Blick dafür zu entwickeln. Uns fallen Dinge auf, die wir sonst übersehen hätten. »Bei mir war es ein Bericht über ein Geschäftsmodell in England, von dem ich irgendwo gelesen hatte«, sagt Lang. »Da ging es um eine Firma, die mit Tankwagen zu besonders gierigen Spritschluckern fährt, um sie am Straßenrand aufzutanken. Damit sparen die den Weg zu den Tankstellen.« Lang musste lachen, als er das las: »Was für eine verrückte Idee, dachte ich.

Die machten das Gegenteil von dem, was mir am Herzen liegt«, sagt er.»Ich wollte Elektromobilität vorantreiben. Und diese verrückte Firma half Großverbrauchern auch noch, leichter an Benzin zu kommen. Absurd.« Doch dann hielt er inne:»Moment mal. Die Idee ist an sich gar nicht schlecht. Man bringt den Treibstoff zum Auto statt das Auto zum Treibstoff. Das könnten wir ja mit Strom genauso machen.«

Im nächsten Schritt überlegte Lang mit Gleichgesinnten, wie ein mobiler Stromtanker aussehen könnte. Die Diskussion mit seinen Kompagnons über die beste Konstruktion ging in viele Richtungen. Schließlich einigten sie sich auf eine Idee: Sie entwarfen einen Fahrradanhänger voller leistungsstarker Akkus. »Fahrradkuriere können diesen Anhänger bis zum Auto ziehen, das den Strom bestellt hat«, sagt Lang.»Die Kuriere stöpseln den Stecker ein und fahren weiter. Das heißt, sie warten den Ladevorgang nicht ab. Der dauert Stunden. In der Zwischenzeit können sie Pizza zustellen. Wenn der Wagen geladen ist, bestellt der Akku-Anhänger automatisch einen weiteren Fahrradkurier und lässt sich zur Basisstation zurückziehen.« Diese Idee gefiel allen.

Nachdem das Konzept stand, ging Lang den nächsten Schritt und dachte über mögliche Kunden nach.»Wir gingen davon aus, dass Car-Sharing-Unternehmen Interesse haben müssten«, erklärt er.»Sie setzen immer mehr Elektroautos in ihren Flotten ein. Bei Benzinern bekommen die Sharing-Kunden eine Gutschrift über zehn Minuten Freifahrt, dafür, dass sie mal eben an die Tankstelle fahren. Das funktioniert gut. Benzintanken dauert nicht lange. Die Leute machen das bereitwillig mit. Aber bei Elektro würde das nicht funktionieren. Niemand würde stundenlang neben dem Auto warten, bis es fertig geladen ist. So viele Freiminuten kann man gar nicht geben, um den Leuten das schmackhaft zu machen.« Deswegen müssen die Sharing-Firmen Fahrer ausschicken, die leer gefahrene Autos abholen, zum Laden bringen und danach wieder an eine verkehrsgünstige Stelle kutschieren. Das ist zeitaufwendig und teuer.»Um den Sharing-Unternehmen diese Kosten zu sparen, peilten wir sie als erste Kunden an«, sagt

Lang. »Wir sprachen mit ihnen und stellten fest: Ja, das Interesse gab es wirklich. Die fanden unsere Idee richtig gut.«

Im nächsten Schritt ging es darum, intern bei Audi Verbündete zu finden. Lang trug das Konzept in verschiedenen Zirkeln vor und es fanden sich Unterstützer. Doch es erwies sich als beste Variante, eine eigene Firma zu gründen. Das Projekt nahm Fahrt auf. Aus dem vagen Störgefühl beim Fußmarsch nach Hause wurde ein richtiges Produkt; und aus einer Nebenbeschäftigung wurde innerhalb eines Jahres ein richtiger Hauptberuf. Die rollenden Ladestationen sind heute voll im Einsatz. Die Nachfrage ist groß, und die Firma heißt *Chargery*. Christian Lang ist ihr Geschäftsführer und Gesellschafter.

Der Werbeslogan des Sportartikelherstellers Nike lautet *Just do it*. Dieser Slogan beschreibt die Taktik der kleinen Schritte ziemlich gut. Man zieht einfach die Schuhe an, tritt vor die Haustür, läuft die ersten paar Schritte, verfällt in den typischen Trab, fängt an zu schwitzen, entdeckt die Wonnen des Laufens aufs Neue und läuft dann einfach weiter. *Just do it* bedeutet anders ausgedrückt: Ohne langes Überlegen tut man den ersten Schritt, um dann vom Strom der Ereignisse mitgerissen zu werden. Genauso hat Christian Lang Chargery auf die Beine gestellt. *Just do it* ist ein gutes Motto. Es hilft dabei, einfach anzufangen. Jeder von uns kann neben der Tagesarbeit über Zukunftsthemen nachdenken. Das ist eindeutig im Interesse des Arbeitgebers. Manche Firmen formalisieren diesen Ansatz sogar. Google erlaubt seinen Mitarbeitern, ein Fünftel der Arbeitszeit für eigene Projekte zu verwenden.

Bei Axel Springer gibt es einen Kollegen namens Peter Buhr, der sich leidenschaftlich für Maschinen interessiert, die menschliche Sprache verstehen und schreiben können. Noch bevor künstliche Intelligenz in aller Munde war, warb er für diese Technologie. Er setzte das Thema auf die Agenda des Verlags. Unermüdlich schlug er Projekte vor. Mit Redakteuren aus der *Welt*-Redaktion entwarf er Algorithmen, die automatische Berichte von Fußballspielen verfassen. Er trainierte die Maschinen an Spielen aus der Kreisliga. Je besser sie wurden, desto weiter wagte er sich in höhere Ligen vor. Inzwischen schreiben die Maschinen Berichte aus der Ersten Bundesliga. Leser merken den Unterschied zu Berichten von Menschen nicht mehr; sie klicken sie sogar öfter an und bleiben länger bei ihnen hängen. Peter Buhr brachte seine Kompetenz auch beim Nachrichten-Aggregator *Upday* ein. Er half, die automatische Auswahl von Beiträgen so zu verbessern, dass Leser die Artikel angezeigt bekommen, für die sie sich persönlich am meisten interessieren. An der Digitalisierung des Verlags hat Peter Buhr spürbaren Anteil. Sein Beispiel zeigt: Man kann die Firma ändern, in der man arbeitet. Viele kleine Schritte führen zum Ziel.

Je nach Temperament kann man dann noch weitergehen. Wie oben geschildert, habe ich 2017 eine Firma gemeinsam mit meinem Arbeitgeber Axel Springer gegründet. Dieser Schritt war mit einigem Risiko verbunden, denn dafür musste ich Geld investieren und meinen Vertrag bei der Axel Springer SE kündigen, also bei der Konzernmutter. Die Mutter ist nun zwar Mehrheitsgesellschafterin meiner Firma, doch ich bin nicht mehr Angestellter der Mutter, sondern Angestellter der Tochter. Mein Vertrag bei der Mutter wäre hoffentlich bis zur Rente durchgelaufen. Er war vergleichsweise sicher. Indem ich mich aber als Geschäftsführer in meiner eigenen Firma anstellen ließ, wurde der Vertrag bei der Mutter logischerweise aufgehoben. Meine eigene Firma läuft gut. Doch das konnte ich bei der Gründung nicht wissen. Ich musste unter Unsicherheit handeln und mich einem Risiko aussetzen. Ohne Not einen unbefristeten Vertrag zu kündigen und in ein Start-up einzusteigen, ist gespickt mit Unwägbarkeiten. Ich habe lange über jeden Aspekt dieses Risikos nachgedacht und alle Argumente gegeneinander abgewogen.

Irgendwann gab es keine neuen Argumente mehr. Ich musste nur noch handeln. Ich musste nur noch konsequent sein. Das habe ich fertiggebracht wie beim Laufen, wenn ich eigentlich keine Lust habe zu joggen, aber weiß, dass ich die Bewegung brauche. Ich habe einfach den ersten Schritt getan. Der bestand in der

Gründung einer kleinen Holding, um meine Anteile an der neuen Firma zu halten. Eines Tages habe ich einfach einem befreundeten Notar eine Mail geschrieben: »Ich brauche eine Unternehmergesellschaft. Kannst du mir helfen, sie zu gründen?« Er schrieb sofort zurück: »Ja, wir bereiten alles vor. Komm übermorgen in mein Büro. Dann beurkunden wir die notwendige Erklärung und melden die Firma beim Handelsregister an.« Mein großer Schritt zur eigenen Firma begann also mit dem kleinen Schritt einer Mail an einen Freund. Als ich die Mail schrieb, ging mir durch den Kopf: »Ich kann ja noch immer alles abbrechen. Das ist ja erst einmal nur die Holding. Die kann ich sowieso gut gebrauchen, auch wenn das alles nichts wird.« Mit diesem Gedanken nahm ich dem ersten Schritt seinen Schrecken. Einige Wochen später stand meine Holding im Handelsregister.

In dieser Weise ging es weiter. Ein kleiner Schritt folgte auf den vorherigen. Es gab nur zwei Momente, die mich wirklich auf das Weitermachen festlegten: Erstens der Notartermin mit den anderen Gesellschaftern zur Gründung der neuen Axel-Springer-Tochterfirma. Und zweitens die Unterschrift unter den Aufhebungsvertrag meines Angestelltenverhältnisses bei der Muttergesellschaft. Das war der *Point of no Return* – der Punkt, an dem Flugzeuge abheben müssen, selbst wenn das Triebwerk brennt, weil sie sonst auch bei einer Vollbremsung über die Startbahn hinausschießen würden. Doch interessanterweise kam mir auch dieser ernste Moment gar nicht mehr ernst vor. Zu diesem Zeitpunkt hatte das ganze Projekt schon große Dynamik entwickelt. Meine Holding stand im Handelsregister, die neue Firma war gegründet und finanziert, es gab sogar schon Büros und Angestellte. Leichten Herzens unterzeichnete ich den neuen Arbeitsvertrag. Wie beim Joggen hatten mich die Ereignisse mitgerissen. Die kurze Mail an meinen Freund, den Notar, hatte eine große suggestive und motivierende Kraft entfaltet.

Etwas in Gang zu setzen, was uns mitreißt, ist leicht. Legen wir uns an dieser Stelle wieder eine Frage vor. Wenn Sie mögen, nehmen Sie ein Blatt Papier und beantworten Sie Folgendes:

Frage: »Was ist der erste kleine Schritt, den ich unternehmen muss, um meinen Plan in Gang zu setzen?«

Antworten sind beispielsweise: »Ich schaue, wo der Disruptor, über den ich so viel gelesen habe, das nächste Mal auftritt. Dann kann ich mir einen persönlichen Eindruck von ihm verschaffen und vielleicht mit ihm ins Gespräch kommen.« Oder »Ich belege einen Kurs über Digitalwirtschaft« oder »Ich schaue bei TechCrunch oder Gründerszene nach, welche Firmen es auf diesem Gebiet schon gibt« oder »Ich melde mich zu einer Digitalkonferenz an, um interessante Leute kennenzulernen«. All diese Schritte klingen harmlos und unverbindlich. Denken Sie beim Handeln daran: »Ich lege mich hiermit überhaupt noch nicht fest. Ich kann jederzeit abbrechen.«

Kürzlich habe ich bei einer Veranstaltung in Düsseldorf-Kaiserswerth Inga Bauer kennengelernt. Sie ist Inhaberin und Geschäftsführerin der Firma Bauer & Böcker aus Remscheid im Bergischen Land. Ihre Geschichte liefert ein gutes Beispiel dafür, wie leicht man konsequent sein kann, wenn man die Notwendigkeit für den Wandel in Eigenregie erst einmal erkannt hat. »Wir sind ein kleines Unternehmen mit 18 Mitarbeitern«, berichtet Inga Bauer. »Früher haben wir einmal Werkzeuge produziert, heute sind es LED-Leuchten, Magnete und Inspektionswerkzeuge; außerdem bieten wir Laserbeschriftungen an. Ich bin die Eigentümerin in dritter Generation. Mein Großvater hat das Unternehmen vor 85 Jahren gegründet. Rohrsteckschlüssel waren sein erstes Produkt. Ich bin fest davon überzeugt, dass wir von der digitalen Disruption hart erwischt werden«, sagt sie. »Darauf muss ich mich vorbereiten, finde ich. Deswegen bin ich nach Berlin gezogen und fange dort neu an.«

Ich bin verblüfft. Sie ist einfach nach Berlin gezogen? »Ja«, sagt sie und nickt. »Mein Co-Geschäftsführer führt das Stammgeschäft zu Hause weiter. Ich mische mich hier in Berlin unter die Start-up-Szene, lerne neue Menschen kennen, höre neuartige Ideen, lasse mich inspirieren und setze mich neuen Einflüssen aus.« Damit versucht sie herauszufinden, wie ihre Firma sich verändern sollte und wo ihre Chancen in der Zukunft liegen. »Ich bin gerade dabei, mich selbst neu zu erfinden. Ich stelle alle Gewissheiten infrage«, sagt sie. Mit ihrem Umzug nach Berlin unternimmt sie einen wichtigen ersten Schritt. Er ist zunächst noch folgenarm. Sie hat ihre Firma nicht verkauft. Wenn sie es sich anders überlegt, kann sie jederzeit nach Remscheid zurückkehren und die Leitung des operativen Geschäfts wieder an sich ziehen. Zugleich aber lernt sie in Berlin neue Menschen und Ideen kennen, die ihr helfen, zur Treiberin des Wandels zu werden. Sie besitzt keinen Masterplan. Ihre Strategie steht noch nicht fest. Sie handelt nach dem *Just-do-it*-Muster. Kleine erste Schritte setzen eine große Reise in Gang. Keinen Masterplan zu haben, ist ein Vorteil. Masterpläne gaukeln uns nur Sicherheit vor, die sie gar nicht bieten. Vor allem aber lenken uns Masterpläne vom Handeln ab. Wir verschwenden unsere Zeit mit dem Entwerfen von PowerPoint-Folien, anstatt im echten Leben zu experimentieren.

Was war der Auslöser ihrer Entscheidung? »Vor vier Jahren hat eine persönliche Krise dazu geführt, dass ich viele Dinge über den Haufen geworfen habe«, sagt Inga Bauer. »Meine Ehe ging in die Brüche. Das hat mich sehr aus der Bahn geworfen, weil ich das Gefühl hatte, mir sei der Boden unter den Füßen weggezogen worden. Da habe ich Bilanz gezogen und mir gesagt: Ich bin jetzt Mitte vierzig, und das Leben soll noch mehr für mich bringen, als in Remscheid Tag und Nacht zu arbeiten.« Sie hat sich schon immer für neue Technologien und unternehmerische Ideen interessiert, sagt sie. Da fiel ihr Walter Isaacsons Steve-Jobs-Biografie in die Hände und mein Buch über das Silicon Valley. »Ich wollte mehr wissen, als in den Büchern stand«, berichtet sie. »Ich wollte in diesen besonderen *Mindset* eindringen, denn ich habe mich gefragt: Warum denken die Unternehmen im Silicon Valley anders, und warum agieren sie anders?«

Der Bruch ihrer Ehe setzte den Impuls für einen allerersten Schritt. »Es war eine Flucht nach vorn. Die Trennung war am zweiten Weihnachtsfeiertag 2013, und Ende Februar stand meine neue Vision für die Firma fest. Sie begann mit der Abschaffung des ältesten Produktionsbereichs, jenem Bereich, mit dem mein Großvater die Firma gegründet hat, nämlich der Rohrsteckschlüsselfertigung. Das war Mitte Februar.« Diesen Schritt hatte sie lange erwogen, jedoch nie umgesetzt. Nun aber fand sie die Kraft, konsequent zu sein. Den Prozess vor diesem Schritt beschreibt sie so: »Man zieht einen solchen Bereich lange Zeit mit durch. Man denkt sich immer: Die Einstellung können wir doch den Kunden nicht antun. Wir haben doch die Maschinen, wir haben noch etwas auf Lager. Die Probleme wurden immer größer, aber wir haben uns einfach gescheut vor dem Entschluss, diese Fertigung einzustellen. Wir hatten das neue Geschäftsfeld LED-Leuchten damals schon gegründet, aber es lief eher stiefmütterlich nebenher. Nach der Trennung habe ich dann beschlossen: Die Rohrsteckschlüssel kommen jetzt weg, und wir pushen die LEDs.« An diesem Beispiel erkennen wir, wie wertvoll es ist, dass große Pläne langsam in uns reifen. Lange mit einem Gedanken schwanger zu gehen, ist keine Zeitverschwendung. Vielmehr schafft es die Grundlagen für den ersten *Just-do-it*-Schritt. In Wahrheit ist der erste Schritt zur Konsequenz dann gar kein großes Wagnis mehr. Mit dem ersten Schritt setzt sich nur die innere Unruhe, die schon lange in uns vorhanden ist, in äußere Bewegung um.

Hiermit endet nun der Abschnitt, der aufzeigt, wie wir selbst zum Erneuerer werden können: Im nächsten Abschnitt wird untersucht, mit welchen Methoden wir neue Chancen für den Wandel erkennen.

Aus diesem Kapitel halten wir fest:
- Konsequent sein beginnt mit einem ersten kleinen Schritt.
- Selbstdisruption verläuft ohne Masterplan. Sie besteht aus vielen aufeinander folgenden kleinen Schritten.
- Die ersten Schritte sind unverbindlich und jederzeit widerrufbar.
- Erste Schritte setzen eine Dynamik in Gang, die alles Folgende nach sich zieht.

»DA GEHT MEHR!«
Chancen für den Wandel erkennen

Eine Formel für den Disruptionspunkt

Mit geübtem Blick erkennt man die Punkte, an denen Erneuerer angreifen. Diese Punkte ergeben sich aus Denkweise und Finanzierungsform von Start-ups. Wer die hier beschriebene Formel anwendet, ahnt Angriffe voraus, kann sich besser verteidigen oder dem Angreifer zuvorkommen.

Wer Disruption bewältigen will, muss sie früh genug erkennen. Im vergangenen Abschnitt haben wir erkundet, wie wir Hürden überwinden, die uns vom Handeln abhalten. In diesem Abschnitt geht es darum, konkrete Möglichkeiten für Selbstdisruption zu entdecken. Wir lernen, die Punkte im Voraus zu erahnen, an denen Erneuerer ansetzen. Mit einer Formel kann man den Disruptionspunkt näherungsweise bestimmen. Der Punkt ist für alle von Interesse: für Mitarbeiter, die wissen möchten, wo sie innerhalb ihrer Firma selbst zum Erneuerer werden können, für Gründer, die ein neues Thema suchen, und für Unternehmen, die sich gegen Angriffe von außen wappnen wollen.

Disruptionspunkt: Die Stelle in einer traditionellen Wertschöpfungskette, die besonders große Chancen für Angreifer bietet. An dieser Stelle kann auch Wandel in Eigenregie bei bestehenden Unternehmen gut ansetzen.

Formel: Der Disruptionspunkt ist jener Punkt, an dem der Quotient aus möglichem Ertrag und eingesetztem Kapital so hoch wie möglich ausfällt, und an dem fünf Nebenbedingungen erfüllt werden. Also:

$$\text{Maximiere } f(x) = \frac{\text{Möglicher Ertrag}}{\text{Eingesetztes Eigenkapital}}$$

Nebenbedingungen:

1. Der Disruptionspunkt soll so nahe wie möglich am Endkunden liegen. Jeder Punkt, der näher am Kunden liegt, ist besser als ein weiter entfernter Punkt.

2. Am Disruptionspunkt soll der Kontakt zwischen dem Kunden und seinem bisherigen Lieferanten abgeschnitten werden. Der Angreifer möchte den Kunden monopolisieren und die bisherigen Lieferanten aus dem Markt drängen, indem er ihre Produkte überflüssig macht. Bestehende Unternehmen sollten darauf achten, diesen Punkt weiter unter ihrer Kontrolle zu halten.

3. Am Disruptionspunkt soll der Kunde ein überragendes Produkterlebnis und eine außergewöhnlich hohe Effizienzsteigerung erfahren, die alles in den Schatten stellen, was er bisher kennt. Das Angebot wird nicht auf die Gewinnmarge des Herstellers optimiert, sondern auf den Nutzen des Kunden. In neuartigen Geschäftsmodellen führt diese Strategie trotzdem zur Maximierung der Gewinnmarge des Angreifers. In vielen Fällen betreibt der Angreifer eine Plattform. Bestehende Unternehmen können diese Strategie genauso gut umsetzen.

4. Am Disruptionspunkt soll ein Kreislauf der Selbstverstärkung beginnen. Mit jeder einzelnen Nutzung verbessert sich das selbstlernende Produkt von allein. Alle nachfolgenden Nutzer profitieren von den Dateneingaben früherer Nutzer.

5. Am Disruptionspunkt schaukeln sich Angebot und Nachfrage gegenseitig hoch. Je größer das Angebot ist, desto höher steigt die Nachfrage, und umgekehrt. Die Plattform organisiert hohe Liquidität auf beiden Marktseiten. Je höher die Liquidität ausfällt, desto mehr Anbieter und Nachfrager werden angezogen und desto weniger Nutzer steigen aus, nachdem sie das System einmal betreten haben. Mit der Erhöhung der Liquidität steigt auch die Produktqualität, weil höhere Liquidität zu mehr Dichte von Angebot und Nachfrage führt. Dadurch sinken die Preise und fallen die Wartezeiten. Es werden immer mehr Teilnehmer in das System hineingezogen.

Der Angreifer möchte also so viel Ertrag wie möglich erwirtschaften und dafür so wenig Eigenkapital wie möglich aufwenden. Das allein ist noch nicht ungewöhnlich – so denken alle Wirtschaftsunternehmen. Ungewohnt sind aber die fünf genannten Nebenbedingungen. Auch bestehende Firmen können sich diese Denkweise zu eigen machen.

Angreifer achten auf die Höhe des Eigenkapitals, weil sie als Start-ups fast niemals Kredit bekommen. Was sie tun, ist Banken zu riskant. Deswegen finanzieren sich Start-ups fast ausschließlich über Eigenkapital. Wegen seines hohen Risikos nennt man es *Wagniskapital*. Je mehr Eigenkapital die Gründer über Kapitalerhöhungen von äußeren Investoren aufnehmen, desto stärker verwässern sie ihre Anteile. Deswegen gehen sie geizig mit Kapital um. Auf dieses Verhalten können auch traditionelle Firmen einschwenken, sofern sie es nicht sowieso schon tun.

Der Disruptionspunkt kann auch verstanden werden als *Punkt der maximalen Ineffizienz*. Wenn es möglich ist, die Effizienz aus Sicht des Kunden massiv zu steigern (Nebenbedingung 3) und dabei aus Sicht des Investors nur wenig Kapital aufzuwenden, dann stellt es eine große Ineffizienz dar, diese Möglichkeit nicht auszuschöpfen. Digitalisierung schafft solche Ineffizienzen unweigerlich ab. Sie schafft große Transparenz und verhindert, dass Ressourcenverschwendung Bestand hat. Aus der Warte des Angreifers geht es also um den Disruptionspunkt, aus der Warte des Kunden um den Punkt der maximalen Ineffizienz.

Ein Beispiel: In vielen Taxis hängen Smartphones an Saugnäpfen von der Windschutzscheibe. An der Zahl der in Deutschland verkauften Saugnäpfe erkennt man das Hinterherhinken der Autoindustrie beim digitalen Wandel – zumindest was ihr Kernprodukt angeht. (Wie wir gesehen haben, investieren einige Hersteller wie BMW und Mercedes ja schon in Apps und Car Sharing.) Das Smartphone im Taxi schafft Ineffizienzen für Fahrer und Kunden ab – sie finden schneller zueinander und verringern ihre Wartezeit. Aus Sicht der Investoren, in diesem Fall der Anbieter von Taxi-Apps, liefert ihr Produkt, die App, hohe Erträge bei niedrigem Kapitaleinsatz. Aus Sicht der Fahrer und Kunden wird das Leben einfacher: Man sieht, wo das Taxi gerade ist, bezahlt über die App, bekommt Quittungen aufs Handy, kann Stammfahrer markieren, Kosten mit dem Arbeitgeber abrechnen oder mit Freunden teilen, den Fahrzeugtyp wählen und detaillierte Vorbestellungen aufgeben. Ineffizienzen des alten Systems verschwinden. Der Saugnapf an der Taxischeibe symbolisiert also sowohl den Disruptionspunkt der Angreifer als auch den Punkt der maximalen Ineffizienz aus Sicht von Fahrern und Kunden.

Kürzlich fuhr ich in Berlin mit einem Taxifahrer, der vier Smartphones an der Scheibe festgeklemmt hatte. Die Handy-Sammlung zeigte, wie Apps das System herausfordern. Auf den Smartphones liefen MyTaxi, Uber, Blacklane und WhatsApp. Uber verdient 15 bis 20 Prozent Provision des Fahrpreises, ohne selbst in Auto, Benzin, Gehalt, Werbung, Smartphone oder Datengebühren investieren zu müssen. Uber setzt seine App direkt beim Taxifahrer an und schneidet so die Taxizentralen und auch Mercedes von der Wertschöpfung ab. Und Uber liefert deutlich höhere Bequemlichkeit als Taxizentralen. Jede Fahrt trainiert den Algorithmus und bringt noch bessere Ergebnisse hervor. Angebot und Nachfrage treiben sich gegenseitig an. Je mehr Kunden Uber nutzen, desto kürzer müssen Taxifahrer warten, desto dichter wird das Angebot, desto kürzer müssen die Kunden auf ein Taxi warten, desto tiefer können die Preise sinken und desto mehr Kunden nutzen Uber. Der Wachstumskreislauf ist geschlossen und befeuert sich selbst. Gewinnmaximum des Anbieters und Punkt der maximalen Ineffizienz liegen genau übereinander.

Identifizieren wir nun konkrete Chancen für Disruption. Im nächsten Kapitel geht es um das Aufspüren unbekannter Wünsche von Konsumenten.

Aus diesem Kapitel halten wir fest:

- Der Angriffspunkt von Disruptoren lässt sich mit einer Formel annäherungsweise bestimmen.
- Angreifer finanzieren sich fast komplett aus Eigenkapital. Diese Finanzierungsform bestimmt ihr Denken. Man kann ihr Denken simulieren und damit das Handeln der Angreifer vorausahnen.
- Viele Angreifer sind Plattformen. Obwohl Plattformen nicht disruptiv sein müssen und manche Disruptionen ohne Plattform auskommen, treten beide Effekte dennoch häufig gemeinsam auf.
- Digitalisierung deckt Ineffizienzen auf und lässt sie verschwinden.
- Der Angreifer erzielt seinen höchsten Kapitalertrag meist dort, wo die Ineffizienz aus Sicht des Kunden am höchsten ist.

Verborgene Kundenwünsche erfüllen

Menschen wissen oft selbst nicht, was sie eigentlich wollen. Erneuerer versuchen, das herauszubekommen. Sie stellen die richtigen Fragen und beobachten akribisch das Verhalten von Kunden. Daraus bauen sie Produkte, die Kunden gezielt in die Verzückung treiben. Diese danken es ihnen mit Treue.

In diesem Kapitel wollen wir trainieren, verborgene Wünsche von Kunden zu erkennen. Dies ist eine der wichtigsten Techniken der Angreifer. Sie sind ständig auf der Suche nach verborgenen Wünschen. Wenn wir das Muster ihrer Suche verstehen, können wir dem Angriff zuvorkommen. Bei den verborgenen Wünschen geht es um disruptive Wünsche. Solche Wünsche werden von Kunden nur selten artikuliert. Es gibt zwei bewährte Methoden, sie in Erfahrung zu bringen: Erstens, den Kunden zu bitten, frei zu fabulieren, was er am liebsten hätte. Und zweitens, das Verhalten des Kunden genau zu beobachten.

Die erste Methode ist mit Risiken behaftet, da Menschen zu Antworten neigen, die sie für sozial erwünscht halten. Ihre Antworten entsprechen nicht immer der Wahrheit. Trotzdem kann dieses Verfahren interessante Erkenntnisse liefern.

Die Frage an die Kunden lautet: »Was würden Sie sich von uns wünschen, wenn Sie auf keinerlei Sachzwänge Rücksicht nehmen müssten?«

Wichtig ist die Betonung auf »keinerlei Sachzwänge«. Es geht darum, unrealistische Wünsche zu erkunden. Ich habe eine Reihe solcher Befragungen miterlebt. Die Antworten des Publikums zielen fast immer auf höhere Bequemlichkeit, mehr Service, mehr Verständnis und manchmal auf niedrigeren Preis ab. Bei einem Matratzenhändler gab es den Wunsch: »Ich möchte die perfekte Matratze direkt nach Hause in mein Bett geliefert bekommen.«

Bei einem Stromversorger lautete die Antwort: »Ich hätte meinen Strom künftig gern kostenlos.« Bei einer Versicherung hieß es: »Ich möchte keine Policen mehr abschließen, sondern nur noch dann versichert sein, wenn ich ein konkretes Risiko eingehe.« Eine Bank bekam zu hören: »Ich möchte Emojis im Verwendungszweck angeben und Geld per E-Mail überweisen.« Eine Textilkette vernahm: »Ich möchte keine Größen mehr suchen, sondern meine Größe wie bei einem Maßschneider geliefert bekommen.«

Traditionelle Unternehmen neigen dazu, solche Wünsche mit »Geht leider nicht« zu beantworten. Erneuerer hingegen greifen genau diese Wünsche auf und setzen sie so vollständig wie möglich in die Tat um. Selbstdisruptoren verfahren genauso. Wenn sie unrealistische Kundenwünsche hören, beginnen sie mit der Suche nach einer Lösung. Für alle oben genannten Kundenwünsche gibt es Start-ups, die sie erfüllen. Angreifer nehmen die Fantasien ihrer Kunden ernst, etablierte Unternehmen tun sich damit eher schwer.

Die zweite Methode setzt auf die detaillierte Beobachtung von Kunden. Daten sind das neue Öl, heißt es oft. Diese Metapher trügt. Daten sind wertvoller als Öl. Sie stellen nicht nur einen Rohstoff dar, sondern sie zeichnen das Verhalten von Menschen und Maschinen nach. Daten sind Verhalten, müsste man eigentlich sagen. Weil Verhalten die Grundlage aller Wirtschaftsprozesse bildet, kommt Daten eine überragende Bedeutung zu.

Die Aufgabe zur Beobachtung lautet: »Welcher Teil eines Gesamtprozesses stellt aus Sicht des Kunden eine vermeidbare Ineffizienz dar?«

Ineffizienz lässt sich gut erkennen, indem man Kunden begleitet und Buch über unnötige Schritte führt. Dies kann man auch im Selbstversuch bewerkstelligen. Als Beispiel wählen wir hier eine typische Fahrt in den Supermarkt. Zuerst protokollieren wir den Ist-Zustand. Weiter hinten in diesem Kapitel steht dann, wie Erneuerer die Lage sehen und was sie unternehmen.

Mein Lieblingssupermarkt liegt an der Clayallee, einer baumbestandenen Magistrale mit grünem Mittelstreifen im Berliner Südwesten. Die Straße beginnt unter dem Namen Hohenzollerndamm im Herzen der westlichen Innenstadt und läuft kilometerlang in das bürgerliche Zehlendorf hinaus. Auf halber Strecke, gleich an der Kreuzung mit der Argentinischen Allee, liegt jener Markt, der 2016 zum »Supermarkt des Jahres« gewählt worden ist. Nach Übernahme der Reichelt-Kette gehört er zu Edeka. Eingemietet in ein kleines Einkaufszentrum, besticht das Geschäft durch dezentes Lichtdesign, halbhohe Regale, ausladende Theken und handgezeichnete Wandpaneele, die Szenen aus der Zeit der Luftbrücke erzählen. Gleich nebenan, inmitten der alten Garnison der US-Armee, liegt das Luftbrückenmuseum mit ausgestelltem Rosinenbomber. Der Laden ist nach den neuesten Erkenntnissen der modernen Verkaufspsychologie eingerichtet. Selbst mir macht das Einkaufen hier Spaß. Ich bekomme regelmäßig Lust aufs Kochen und gebe mehr aus, als ich ursprünglich geplant hatte. Die Kinder freuen sich auf jeden Besuch, springen schon auf dem Parkplatz aus dem Auto und laufen vor. Nach dem Einkauf haben wir Mühe, sie aus der Spielecke wieder herauszubekommen. Mit einem Satz: Die Planer dieses Geschäfts haben ihr Ziel erreicht, Kunden in Kauflaune zu versetzen und ihren Aufenthalt über das normale Maß hinaus zu verlängern.

Trotzdem gibt es auch in diesem Supermarkt einen gefährlichen Schwachpunkt. Das sind die Kassen. Sie bieten eine offene Flanke für Angreifer wie Amazon & Co. Premium-Händler setzen möglichst viele moderne Kassen ein, um die Wartezeit ihrer Kunden vor diesen Kassen zu verringern. Angreifer hingegen schaffen die Kassen einfach ab – und mit ihnen die Jobs der Kassierer und Kassiererinnen. Sie wählen disruptive statt erhaltender Innovation. Supermärkte befinden sich in Geiselhaft ihrer Kassenlieferanten, mit denen sie in symbiotischer Wechselbeziehung stehen. Die Kassenhersteller möchten weiter Kassen verkaufen, und die Supermärkte haben sich daran gewöhnt, ihre Läden um die Kassen herum zu konstruieren.

Ihr gemeinsames Problem ist, dass die Kunden in Wahrheit etwas anderes wollen, dies aber nicht ausdrücken. Kassenhersteller und Supermärkte haben die Leute so erfolgreich auf ihre Vorstellung der Welt trainiert, dass Kunden selbst dann, wenn sie nach ihren Wünschen gefragt werden, das Mantra der beiden Branchen wiederholen: »Wir möchten so schnell wie möglich an den Kassen bezahlen«, behaupten sie. Doch das ist nicht ihr wahrer Wunsch. Insgeheim hätten sie gern das bequeme Leben von Ladendieben: einfach die Ware aus dem Regal herausnehmen und zur Tür hinausgehen, ohne von irgendjemandem aufgehalten zu werden. Noch lieber würden sie die meisten Güter des täglichen Bedarfs gar nicht selbst aus dem Regal holen, sondern geliefert bekommen. Sie möchten ihre Einkäufe beschränken auf die Dinge, die ihnen Freude bereiten.

Hier tritt nun der Angreifer auf den Plan. In seinen Augen spielt sich bei Edeka Folgendes ab: Der Laden ist fast immer gut besucht. Acht Kassen stehen für das Bezahlen bereit. Drei bis vier Minuten Wartezeit in der Schlange sind meist unvermeidlich. Nach dem Auswählen der Ware möchten die Kunden eigentlich am liebsten sofort nach Hause. Stattdessen müssen sie den Inhalt ihres Einkaufswagens Stück für Stück auf das Band packen. Sie müssen einen Warentrenner suchen und dem Vordermann in der Schlange etwas Platz auf dem Band abringen. Der Vorgang des Auspackens stockt im Rhythmus des ungleichmäßig vorrückenden Bandes. Weil Frischwaren im Supermarkt gleich hinter dem Eingang liegen, lagern sie im Einkaufswagen ganz unten. Aprikosen und Erdbeeren haben die ersten Druckstellen durch Mehl- und Zuckerpakete abbekommen. Jeder dritte oder vierte Artikel wird vom Scanner nicht auf Anhieb erkannt. Die Kassiererin muss dem Scanner auf die Sprünge helfen, die Artikel drehen und wenden sowie erneut über das Glas ziehen. Manchmal hilft auch das nicht, weil der Strichcode nicht an der optimalen Stelle aufgebracht ist, von Plastikfolie optisch verzerrt wird oder durch schlechten Siebdruck dem besten Scanner verborgen bleibt. Der Brie wird viermal auf der

Glasscheibe flachgeklopft, bevor endlich das erlösende Piepsen ertönt.

Manchmal kommt das Gerät mit einem Strichcode gar nicht zurecht, und die Kassiererin muss die kleinen Ziffern unter dem Code abtippen, die absichtlich dort stehen, um dem Menschen bei völligem Maschinenversagen eine letzte Notlösung zu bieten. Angestrengt kneift die Kassiererin die Augen zusammen; der Touchscreen, auf dem sie tippt, wackelt bei jeder Berührung. Drei Mangos landen auf der Waage. Früchte erkennt der Scanner gar nicht. Er besitzt keine künstliche Intelligenz zur Objektbestimmung. Die Kassiererin dreht ihren Oberkörper nach rechts zum aufgehängten Obstkatalog, während sie die Mangos mit der linken Hand auf der Waage fixiert. Es ist eine unnatürliche Bewegung, die im Laufe eines langen Arbeitstags vermutlich hartnäckige Schmerzen verursacht. Hat sie sich die Zahl aus dem Katalog gemerkt, dreht sie sich wieder nach links und tippt die Ziffern auf dem wackelnden Terminal ein. Als Nächstes kommt ein Brot an die Reihe. »Roggen oder Weizen?«, fragt sie. Der Kunde weiß es nicht mehr genau. Die Frau schaut aufmerksam durch den Plastikschlitz der Tüte, bleibt aber unschlüssig. Dann ruft sie ihrer Kollegin an der Nebenkasse zu: »Roggen oder Weizen?«, und hält das Brot in die Höhe. – »Roggen«, kommt es von dort zurück. All diese kleinen Prozessverzögerungen kosten zwar nur wenige Sekunden, doch dem Kunden kommen sie endlos vor. Er hat mit seiner Zeit Besseres vor, als den gequält-halbmaschinellen Vorgängen Tag für Tag aufs Neue zuzuschauen.

Während die Kassiererin die letzten Artikel durchzieht, nehme ich als Kunde meine Startposition für den nächsten Umpackvorgang ein, diesmal hinter der Warenrutsche am Ende der Kassenzeile. Wieder muss ich arbeiten, obwohl ich es eigentlich nicht möchte. Diesmal ist Eile geboten, denn Eier, Käse und Tofu bilden auf der Rutsche schon kleine Berge. Hastig lade ich sie in einen Pappkarton um, den ich in den Einkaufswagen gequetscht habe, weil er sonst nirgendwo stehen kann. Ich bemerke die schlechte Laune der Kundin hinter mir und verspüre moralischen Druck, noch schneller zu packen. Die Eile geht auf Kosten der Sorgfalt, und die Erdbeeren fangen sich neue Druckstellen ein. Mitten in den Packstress hinein meldet sich die Kassiererin: »Einhundertzwölf Euro achtundzwanzig bitte«, sagt sie. »Haben Sie eine Payback-Karte?« Ich unterbreche das Packen, schüttele den Kopf und fange noch gerade die kullernde Weinflasche ab, bevor sie auf der Rutsche mit dem Marmeladenglas kollidiert. Eilig streiche ich die Visa-Karte über das Lesefeld und tippe die PIN ein. »Möchten Sie den Bon mitnehmen?«, fragt mich die Kassiererin. »Nein, danke«, sage ich.

Nun schiebe ich den Wagen zum Auto, bezahle das Parkticket, frage mich, weshalb ich als Kunde überhaupt für das Parken bezahlen soll, trete die Rückfahrt nach Hause an, wuchte den Karton aus dem Auto in die Küche und sortiere die Einkäufe in die verschiedenen Schränke ein. Nachdem das erledigt ist, atme ich tief durch. Einkaufen ist Stress. Dabei könnte es eine Freude sein, wenn Erfinder den gesamten Prozess neu entwerfen würden. Darin liegt ihre große Chance.

Wenn ich alle Nebentätigkeiten zusammenzähle, die mir das Einkaufen abverlangt – Anfahrt, Kasse, Tragen, Rückfahrt, Einsortieren –, wende ich etwa die fünffache Zeit des eigentlichen Shoppings für Logistik auf. Nichts davon macht Spaß. Freude bereitet mir nur die Produktauswahl als solche. Alles andere empfinde ich als Last, oft verbunden mit Stress, Zeitdruck und Anstrengung, manchmal mit Ärger und zuweilen mit dem Gefühl der Fremdbestimmung. Die sorgfältig designte, psychologisch raffinierte Gestaltung des Verkaufsraums steht im direkten Widerspruch zu den negativen Gefühlen des Check-outs. Der Handel verbessert ständig sein vermeintliches Kernprodukt. Doch für die Begleitumstände hat er kein Auge. Diese selektive Wahrnehmung ist gefährlich. Sie öffnet Flanken

Menschen sind empfänglich für Disruption, weil sie dazu neigen, unangenehmen Gefühlen aus dem Weg zu gehen. Jenem Angreifer, der es zuerst schafft, den Vorgang des Einkaufens auf die angenehmen Erlebnisse zu reduzieren und alle unangenehmen

Momente abzuschaffen, dem fliegen unweigerlich die Herzen der Kunden zu, auch wenn die Kunden heute noch gar nicht wissen, was sie heimlich begehren. Anders ausgedrückt: Gewinner der Zukunft wird sein, wer die Kassen abschafft und einen Supermarkt baut, der um das Genießen und Erleben herum konstruiert ist statt um das Bezahlen.

Stellen Sie sich vor, Einkaufen bestünde nur noch aus dem angenehmen Durchstreifen der Warenregale samt Probieren. Es gäbe keine Kassen mehr. Auf Wunsch würden alle Ihre Einkäufe nach Hause transportiert. Regelmäßig gekaufte schwere Güter wie Wasser, Saft oder Milch kämen durch vertrauenswürdige Boten rechtzeitig und in den benötigten Mengen direkt in den Kühlschrank, ohne dass es Ihrer Mitwirkung bedürfte. Die Abrechnungen flössen automatisch in ein sicheres Kassenbuch auf Ihrem Smartphone ein. Rezept- und Diätempfehlungen erschienen unaufdringlich in Ihrem Sichtfeld und bei Gefallen auf dem Speisezettel. Würden Sie ein solches Angebot annehmen?

In Deutschland arbeiten rund 2,1 Millionen Menschen in Verkaufsberufen. Wie viele davon an der Kasse werken, verraten die Statistiken nur indirekt. Man kann aber von rund 980 000 ausgehen. Für die USA liegen präzisere Zahlen vor. Dort gibt es 3,35 Millionen Kassiererinnen und Kassierer. Da die USA knapp viermal so groß sind wie Deutschland, scheinen die Zahlen in beide Richtungen plausibel. Diese 980 000 Menschen, die uns in Deutschland an den Kassen bedienen, hängen wirtschaftlich, sozial und emotional von der Antwort ab, die Sie auf die gestellte Frage geben: Würden Sie ein solches Angebot annehmen? Wenn Sie die Frage mit Ja beantworten, ist die gegenwärtige Lebensgrundlage dieser Menschen in Gefahr. Über kurz oder lang wird es dann keine Kassierer mehr geben.

Herausgefordert sind auch die Supermärkte und Handelsketten, die den Kassierern Arbeit geben. Ein großer Teil der heutigen Wertschöpfung könnte auf Internetportale, Logistikplattformen und Zustelldienste übergehen. Der Lebensmitteleinzelhandel heutiger Gestalt würde von einem Grundversorger zu einem Nischenanbieter mutieren – mit allen unangenehmen Folgen für Mitarbeiter, Lieferanten und Eigentümer. Alles hängt davon ab, ob Sie der Bequemlichkeit den Vorzug vor der bisherigen Gewohnheit geben. Werden Sie das tun? Aller Wahrscheinlichkeit nach ja. Nicht alle von uns werden so handeln, die meisten aber doch.

Mein vergleichsweise entspannter Edeka-Laden ist keineswegs repräsentativ für den deutschen Einzelhandel. Anderswo geht es weit weniger komfortabel zu. Das heißt, der Änderungsdruck ist meist noch größer. Bei Ikea mussten wir kürzlich eine geschlagene Stunde lang in einem unüberschaubaren Getümmel vor den Kassen warten. Auch bei Kaufland gehört Warten zum Programm. Jeder Deutsche steht pro Woche gut und gerne eine Viertelstunde an der Supermarktkasse. Auf alle Erwachsenen des Landes hochgerechnet, sind das rund eine dreiviertel Milliarde Stunden pro Jahr. Das geht so lange gut, wie wir keine Alternative kennen. Doch sobald uns jemand vorführt, dass es andere Methoden gibt, endet der Frieden. Was uns bisher als unvermeidlich vorkam, erweist sich dann als brüchiger Kompromiss, den wir so schnell wie möglich aufkündigen.

Denn es geht auch anders. Acht Kilometer von meinem Edeka-Markt den Hohenzollerndamm stadteinwärts, inmitten des westlichen Stadtkerns, residiert am Kurfürstendamm hinter klassizistischer Säulenfassade die Berliner Niederlassung von Apple. Vier Etagen hoch ragt die Halle, in der iPhones und iPads im Sonnenlicht funkeln. In diesem Geschäft können wir erste Alternativen zum traditionellen Kassenwesen erleben. An einem Samstagmittag im November benötige ich einen USB-Adapter für meinen Laptop. Die Adapter hängen sorgfältig aufgereiht im Regal. Ich ziehe ein Exemplar von der Stange, starte die *Apple-Store*-App, halte die Kamera über den Strichcode und drücke auf »Zahlen«. Die App bucht 79 Euro von meiner Kreditkarte ab. Ich verlasse den Laden durch die Rundbögen. Ein Alarm wird nicht ausgelöst, weil die Buchse als gekauft registriert ist, obwohl ich keine Kasse passiert habe.

Kassen und Kassierer gibt es in Apple-Läden nicht. Zubehör wie Adapter, Kabel oder Handyhüllen wird von den Kunden selbsttätig eingescannt. Wer diese Möglichkeit nicht nutzt oder einen Computer erwerben möchte, sucht einen der vielen Verkaufsberater in blauen T-Shirts auf. In der gut besuchten Halle sind fast ebenso viele Apple-Mitarbeiter unterwegs wie Kunden. Alle Berater tragen einen Halfter mit mobilem Zahlscanner. Sie halten ihre Geräte einfach mit der Kamera über den Strichcode, erfassen die Kreditkarte, tippen die E-Mail-Adresse ein und schicken die Rechnung elektronisch auf den Weg. Meistens dauert das weniger als drei Minuten. Selbst an vollen Samstagen habe ich bei Apple noch nie länger als einen Moment gewartet – keine Kassen, keine Schlangen. Die Zukunft des Handels ist hier gut zu erahnen. Zwar brummt der Laden vor Angestellten. Sie erledigen nebenher auch Zahlvorgänge, doch Kassierer sind sie nicht, sondern Fachberater. Sie verfügen über weit höhere Qualifikationen als normale Kassierer. Wenn Apples Beispiel Schule machen sollte, wird es traditionellen Kassierern schwerfallen, in diese neuen Berufe hineinzuwachsen.

Anderswo schlägt Disruption noch entschlossener zu als bei Apple. Auch hier bildete genaue Beobachtung von Kunden die Grundlage der Strategie. Der chinesische eCommerce-Konzern Alibaba hat dem stationären Handel offen den Kampf erklärt und schafft bessere Alternativen. Bis Mitte 2018 investierte Alibaba umgerechnet schon knapp 8 Milliarden Euro in eigene Läden. Anfang 2017 kam die Handelskette *Intime* für rund 2,5 Milliarden Euro hinzu. Ein halbes Jahr später stieg der Konzern für etwa den gleichen Preis zu einem Drittel bei der *Sun Art Retail Group* ein, dem größten Supermarkt-Betreiber Chinas. Was Alibaba mit diesen Zukäufen vorhat, zeigt ein Besuch in der konzerneigenen Supermarktkette *Hema*, die 2015 gegründet wurde. Hema ist Alibabas Labor für das kundenfreundliche Shopping der Zukunft. Es bietet die nahezu perfekte Verbindung zwischen Online und

Offline an. Auf Schachteln, Tüten, Dosen und Flaschen klebt bei Hema kein herkömmliches Preisschild mehr, sondern ein QR-Code. Der Kunde scannt den Code mit dem Handy ein, sieht alle erdenklichen Produktinformationen, erfährt den aktuellen Preis und zahlt gleich am Warenstand in Echtzeit mit Alipay, dem hauseigenen und superbequemen Zahlsystem.

Preise werden hochflexibel gehandhabt, ähnlich wie bei Flugtickets. Stammkunden bekommen bessere Konditionen angeboten als Gelegenheitsbesucher; knappe Waren können teurer sein als Ladenhüter. Waren in bestimmten Kombinationen erscheinen mit Bündelrabatten, Frühkäufer werden belohnt und Zögerer werden bestraft. Der Preis kann aktiv helfen, das Verhalten der Kunden zu beeinflussen. Zudem legt Hema großen Wert auf Genuss und Sinnlichkeit. Fisch, Fleisch und Gemüse, das man erworben hat, wird auf Wunsch gleich im Laden von Köchen zubereitet. Es duftet wie in der berühmten Lebensmitteletage des KaDeWe. Einige Filialen bieten 100 Speiseplätze an. Die Konzepte *Supermarkt* und *Restaurant* verschmelzen zu einem neuen Einkaufserlebnis, das Sinnenfreude zum obersten Ziel erhebt. Zugleich tut Hema alles dafür, seinen Kunden Unbequemlichkeiten zu ersparen. Alibabas eigener Transport- und Logistikdienstleister *Cainao* befördert die Einkäufe nach Hause. Tüten tragen muss nur noch, wer es partout nicht anders will. Kassenstehen und Wasserschleppen verschwinden aus dem Alltag. An ihre Stelle treten Inspiration, Genuss und Freude. Die App, gefüttert mit Einkaufsdaten, liefert ständig neue Menüvorschläge, Diätempfehlungen und Sonderangebote.

Nach Anfangserfolgen mit fünf Geschäften in Peking expandiert Hema in der Hauptstadt nun mit 30 weiteren Filialen, gefolgt von einer Ausbreitung in sieben andere Städte. Als Einzugsgebiet schlägt Hema einen Radius von drei Kilometern um jede Filiale vor. Innerhalb dieses Kreises verspricht der Konzern die Lieferung der Einkäufe innerhalb einer halben Stunde. Der Kühlschrank wird fast genauso schnell aufgefüllt, wie wenn man die Tüten selbst nach Hause trägt. Das Beispiel Hema zeigt: Wer die Verbindung von Online und Offline am geschicktesten organisiert, dem winken Reichtümer auf dem boomenden chinesischen Markt. Goldman Sachs sagt ein Wachstum des chinesischen Online-Handels auf rund 1,5 Billiarden Euro bis zum Jahr 2020 voraus. Das ist etwa die Hälfte des deutschen Brutto-Inlandsprodukts. Alibaba scheint fest entschlossen, sich einen Löwenanteil dieses immensen Betrags zu sichern.

Noch radikaler als Alibaba attackiert Amazon die traditionellen Kassen. Im Herbst 2017 eröffnete Amazon in Seattle einen Prototypen namens *Amazon Go*. In diesem Geschäft muss niemand mehr irgendein Produkt einscannen. Beim Betreten hält man im Vorbeigehen lässig seinen QR-Code auf eine Säule. Danach kann man sein Handy wegstecken. Kameras erkennen die Gäste und beobachten mithilfe künstlicher Intelligenz jede ihrer Handbewegungen. Jedes Produkt, das man in seine Einkaufstasche steckt, erscheint automatisch auf dem Kassenbon. Packt man es wieder aus, wird die Buchung storniert. Überlegt man es sich doch anders, kommt es erneut hinzu. Nach erledigter Auswahl spaziert man aus dem Laden hinaus, ohne aufgehalten zu werden. Eine Microsoft-Mitarbeiterin, die ich kürzlich getroffen habe, erzählte mir vom Testen des Ladens: »Es ist unglaublich«, sagt sie. »Ich habe aus dem Kaugummi-Regal per Rollgriff alles in meine Tasche geschaufelt, was dort lag, und die Computer haben Anzahl und Art der Artikel trotzdem präzise erkannt. Amazon selbst hat eine Testgruppe in Bart-Simpson-Kostümen durch den Laden geschickt. Obwohl sie einander wie ein Ei dem anderen glichen, hat der Computer sie anhand ihres Gangs exakt erkannt.« Tausende von Kameras im Laden analysieren Gesten, Mimik und Bewegungen der Kunden. Diese Merkmale sind so eindeutig wie Fingerabdrücke. Das System zu überlisten, ist schon heute schwer, obwohl es erst in den Kinderschuhen steckt.

Auch Amazon liefert nach Hause. Eifrig arbeitet der Konzern daran, die letzte Hürde zur vollkommenen Bequemlichkeit der Kunden zu überwinden: die Wohnungstür. Lieferdienste – und seien sie noch so effizient – setzen immer die Anwesenheit einer

Empfangsperson voraus. Das ist lästig. Amazon setzt gleich mehrere elektronische Rammböcke ein, um die Wohnungstür zu knacken und das Vertrauen des Publikums zu erschmeicheln. Ziel ist die direkte Lieferung in Kühlschrank und Vorratskammer. *Amazon Key*, breit beworben auf der Homepage, ist eine Webkamera ähnlich einer Videoklingel in Wohnanlagen. Wenn jemand läutet, bekommt der Kunde ein Live-Bild auf sein Handy gespielt und kann über das Netz den Türöffner betätigen, wenn er den Gast denn kennt. So können Babysitter, Hundeausführer oder Pizzadienste eingelassen werden, auch wenn niemand zu Hause ist. Kommt eine Lieferung von Amazon, kündigt der Konzern den Boten über die App an und öffnet ihm automatisch die ferngesteuerte Tür. Der Kunde schaut per Live-Video zu, bis der Bote die Tür wieder hinter sich schließt. So kann man sich vergewissern, dass nichts gestohlen wird.

Mit immer neuen Akquisitionen strebt Amazon die Technologieführerschaft an. Anfang 2018 kaufte der Konzern für 1,1 Milliarden Dollar das Start-up *Ring* im kalifornischen Santa Monica. Ring ist Spezialist für die elektronische Überwachung des Lieferverkehrs im Haus. Dort wird an noch mehr Bequemlichkeit gearbeitet: Kameras sollen die Gesichter zertifizierter Amazon-Boten automatisch erkennen. Sind die Boten echt, öffnet sich die Tür von allein. Im Haus registrieren Kameras jede Bewegung und beugen so dem Diebstahl vor. Sensoren erkennen, ob die bestellten Waren am richtigen Ort verstaut werden. Füllstandsmelder lösen automatisch neue Order aus – *Replenishment Technology* heißt das Fachwort für diese junge Disziplin. »Ihre Vorräte sollen nie wieder zur Neige gehen«, lautet das verlockende Versprechen. Wenn das wahr werden sollte, geraten traditionelle Supermärkte noch weiter unter Druck. Für Kassiererinnen und Kassierer heißt das: Sie möchten vielleicht überlegen, welche beruflichen Möglichkeiten sie haben. Noch bleibt ihnen Zeit. Es besteht kein Grund zur Hektik. Sie besitzen viele Fähigkeiten, die auch anderswo gefragt sind. Zum Beispiel sind sie geübt im Kontakt zu Kunden. Sie reagieren schnell und sind zügiges Arbeiten gewohnt. Sie behalten die Ruhe, wenn Kunden unfreundlich werden. Sie vergreifen sich nicht im Ton. Überall dort, wo Kunden heranströmen, sind sie erfahrene Experten. Ihre Fähigkeit zur Empathie kann ihnen helfen, sichere neue Aufgaben zu finden. Leute mit diesen Qualifikationen können gut im Kundenservice oder an Empfängen arbeiten. Auch Arztpraxen, Hotels, Therapiezentren und Management-Assistenz sind Arbeitsfelder, die neue Chancen bieten. Es bleiben noch viele Jahre Zeit, diesen Wandel vorzubereiten. Doch es schadet auch nicht, mit dem Umschauen zu beginnen.

Wie reagiert der deutsche Handel auf diese Herausforderung? Leider viel zu langsam. Eine Episode illustriert das: Im Dezember 2016 hatte mich der Verband des Einzelhandels zu einem Vortrag ins Berliner Maritim Hotel an der Stauffenbergstraße eingeladen. »Sie müssen die Kassen abschaffen«, sagte ich zugegeben etwas provokativ und zeigte Fotos von Kassenschlangen. »Erfinder greifen immer dort an, wo die Kunden genervt sind. Die Zukunft gehört dem kassenlosen Laden.«

Ein Händler aus der zweiten Reihe wurde sichtlich unruhig und widersprach: »Sie verstehen zu wenig von Technik«, rief er mir zu. »Es ist gar nicht möglich, ein Lebensmittelgeschäft mit automatischen Kassen auszustatten. Dafür müsste man RFID-Chips auf jede Milchtüte und Dosensuppe kleben. Diese Chips kosten selbst bei Massenabnahme 15 Cent pro Stück. Das ist viel zu teuer. Damit können wir nicht jede Milchtüte ausstatten.« RFID-Chips sind winzige Transponder, die ohne Batterie auskommen. Sie beziehen ihre Energie aus Funkwellen. Kommt ein Leseapparat in ihre Nähe, fangen sie die elektromagnetische Energie dieses Apparats auf und senden ihre eigene Kennung an ihn zurück. Der Händler aus der zweiten Reihe hatte eine Antwort für seine Kollegen parat: »Wir müssen abwarten, bis RFID-Chips billiger werden«, sagte er. »Erst dann kommt die automatische Kasse.« Der laute Beifall aus dem Saal verkündete, dass eine Mehrheit der deutschen Lebensmittelprofis so ähnlich dachte.

Doch ausgerechnet am nächsten Tag – eine Ironie der Geschichte – kündigte Amazon seinen kassenlosen *Go*-Laden per YouTube-Video an. Die traditionellen Händler bekamen vorgeführt, dass Kassen ein zentraler Angriffspunkt milliardenschwerer Innovatoren sind. Amazon verfügt heute über das größte Entwicklungsbudget aller Firmen weltweit. *Go* kämpfte anfangs zwar mit technischen Problemen und musste zwischenzeitlich schließen. Doch Schadenfreude ist keine Strategie. Es reicht nicht, auf das Scheitern von Amazon und Alibaba zu hoffen. Wer seinen Kunden das Einkaufen erleichtert, hängt auf Dauer seine Konkurrenten ab.

Wir sehen also: Traditionelle Wertschöpfungsketten enthalten oft Ineffizienzen, die man aufspüren und eliminieren kann. Diese Ineffizienzen führen zu Unzufriedenheit bei den Kunden, selbst wenn sie sie derzeit noch als notwendiges Übel akzeptieren. Genervt sind sie trotzdem. Im nächsten Kapitel sehen wir uns an, wo überall in unserem Alltag nervenaufreibende Situationen unternehmerische Chancen verbergen.

Aus diesem Kapitel halten wir fest:
- Disruptionspunkte lassen sich durch Befragung von Kunden entdecken. Voraussetzung ist, dass sie ihrer Fantasie freien Lauf lassen können. Unrealistische Wünsche sollten ernst genommen werden.
- Finden kann man Disruptionspunkte auch durch die Beobachtung traditioneller Wertschöpfungsprozesse. Schritte, die unnötig sind und abgeschafft werden können, bieten Angriffspunkte für Erneuerer.
- Je radikaler die Wünsche der Kunden erfüllt werden, desto größer ist der Erfolg auf dem Markt.

Nervenaufreibende Situationen abschaffen

Viele Chancen liegen dort, wo traditionelle Firmen ihre Kunden zur Weißglut treiben. Das geschieht erstaunlich oft. Am Markt gewinnt meist das bequemste Angebot. Störfaktoren zu erkennen und sie zu beseitigen, ist die beliebteste und erfolgreichste Strategie der Angreifer.

Eine weitere Methode zur Entdeckung neuer Chancen besteht im Abschaffen nervenaufreibender Situationen. Enerviert zu werden, ist ein unangenehmes Gefühl. Kunden schätzen Produkte, die ihnen das Leben erleichtern. Angreifer suchen aktiv nach Möglichkeiten, Abläufe radikal zu vereinfachen. Sie stellen das Interesse ihrer Kunden kompromisslos in den Mittelpunkt. Diese sogenannte *User Centricity* geht weit über das Maß traditioneller Produktentwicklung hinaus. Erneuerer suchen keinen Ausgleich zwischen den Anliegen der Kunden und den verschiedenen Interessen ihrer internen Abteilungen wie Produktion, Vertrieb, Finanzen, Invest Relations oder dem Betriebsrat. Sie nehmen ausschließlich die Bequemlichkeit des Kunden in den Blick. Getragen werden sie von der Gewissheit, dass Produkte Erfolg haben, die radikal einfach und gut sind. Maximilian Tayenthal ist Gründer der rasant wachsenden Online-Bank N26 mit über einer Million Kunden. Er sagt: »Wir sind erfolgreich, weil wir das geändert haben, was Nutzer bei ihren Banken immer schon störend fanden.« Wer etwas Neues schaffen möchte, geht am besten wie Tayenthal mit offenen Augen durch die Welt und fragt sich überall, wo etwas klemmt: »Muss dieser Prozess wirklich so organisiert sein? Kann man das nicht anders lösen?« Daraus leitet Tayenthal die besten Ideen ab.

Mit der Konkurrenz traditioneller Unternehmen müssen Angreifer dabei kaum rechnen. Etablierte Firmen sind oft in ihren internen Debatten und im Schutz ihrer angestammten Erlösströme gefangen. Das macht sie langsam und berechenbar.

Start-ups hingegen gehen kompromisslos zu Werke. Wer sich selbst disruptieren möchte, kann von dieser Methode lernen.

Welches sind die nervenaufreibenden Situationen, die offene Flanken für Angreifer bieten? Nachfolgend führe ich einige Beispiele auf. Ich beginne mit Fällen aus dem Geschäft von Firmen mit Konsumenten (B2C), gefolgt von einem Beispiel für Geschäfte von Firmen untereinander (B2B). Die Methode des Abschaffens nervenaufreibender Situationen funktioniert universell. Weder Privatkunden noch Firmenkunden sind bereit, sich von ihren Lieferanten enervieren zu lassen, wenn sich ihnen eine Chance bietet, diesem unangenehmen Gefühl aus dem Weg zu gehen.

Fallbeispiel Wasserablesung: In unserem Briefkasten steckt ein Zettel. Der Ableser der Berliner Wasserbetriebe kommt. Wir möchten bitte am Montag von 8 bis 18 Uhr zu Hause sein, heißt es. Leider ist am Montag tagsüber niemand zu Hause, und wir möchten dafür auch nicht extra die Eltern, Nachbarn, Babysitter oder eine Haushaltshilfe bemühen. Zum Glück bietet die Webseite der Berliner Wasserbetriebe das eigenhändige Erfassen an. Ich mache mich ans Werk. Im Keller rücke ich den Schreibtisch von der Wand ab, drücke die verklemmte Revisionsklappe auf, wische Spinnweben beiseite und kratze die verstaubten Glasscheiben der beiden Wasserzähler frei.

Ich muss ein Foto mit dem iPhone schießen, weil die Zähler verwinkelt und unzugänglich angebracht sind. Das Bild wird unscharf; der Autofokus stellt auf das Glas statt auf die Zählerziffern scharf. Es braucht mehrere Anläufe, bis ich ein brauchbares Bild erhalte. Schon das allein kostet Nerven. Ich tippe die Zahlen vom Bildschirm des Smartphones auf den Bildschirm des Laptops ein und drücke auf Enter. Die Webseite der Wasserbetriebe meldet zurück: »Zahlen nicht plausibel. Eingabe ungültig.« Ich wiederhole den ganzen Vorgang. Doch wieder erscheint die Fehlermeldung. Die Zahlen sind immer noch nicht plausibel. Ich verstehe nicht, warum. Ich habe die Werte der Uhr fehlerfrei abgetippt. Mein Unmut schlägt in Ärger um. Nun muss doch der Ableser kommen.

Als wir endlich einen Termin finden, der uns und dem Ableser passt, wofür ich einen halben Tag frei nehme, zeigt die Profi-App des Ablesers den gleichen Fehler. Die Zahlen sind angeblich nicht plausibel. Doch anders als meine App hat seine App einen Knopf, auf den er drücken kann: »Zahlen sind doch plausibel.« Der Server nimmt seine Eingabe an, und der Ableser zieht verrichteter Dinge wieder ab. Ein halber Tag ist verschwendet, nur um den Wasserstand abzulesen. Ich ärgere mich. Einige Wochen später liegt die Jahresrechnung der Wasserbetriebe in der Post. Das Unternehmen informiert uns über den tatsächlichen Jahresverbrauch. Es war Wasser im Wert von 1058,49 Euro. Per Abschlag vorausbezahlt hatten wir jedoch 3290,00 Euro. Wir erhalten per Überweisung 2231,51 zurück. Mehr als 2000 Euro Rückzahlung zu unseren Gunsten steht an. Jetzt weiß ich, warum die Wasserbetriebe die Eingaben nicht plausibel fanden: Sie schuldeten uns Geld. Seite 2 des Briefs listet auf, wie die Wasserbetriebe die diversen Werte errechnet haben. Abwechselnd steht dort *Manuelle Schätzung* und *Maschinelle Schätzung*. Mit dieser Formulierung beschreiben sie unfreiwillig ihre offene Flanke. Wir schreiben das Jahr 2018, und trotz der niedrigen Preise für Mess- und Netztechnik wird der Wasserverbrauch geschätzt statt gemessen. Ein vollautomatischer Wasserzähler, der den Verbrauch in Echtzeit über das Internet in die Cloud senden würde, kostet zwischen 25 und 50 Euro. Billigvarianten gibt es schon ab 10 Euro.

Warum steht dann auf der Rechnung trotzdem noch *Schätzung*? Weil es die Branche der Zählerableser gibt, und weil diese Branche kein Interesse daran hat, sich selbst abzuschaffen. Und weil die Wasserbetriebe bequem damit leben können, dass viele Abschläge zu hoch ausfallen und sie das Geld erst ein Jahr später zurückerstatten müssen. So kommen sie in den Genuss der Liquidität. Dieses System ist reif für Umbruch. Zählerableser sollte es nicht mehr geben. Technik hat sie überflüssig gemacht. Ihre Existenz verbraucht unnötige volkswirtschaftliche Ressourcen. Die Branche kann sich ihre eigene Abschaffung nicht vorstellen und unternimmt deswegen kaum etwas, um sich selbst zu hinterfragen.

Kunden möchten nicht von Ablesern behelligt werden. Schon gar nicht möchten sie für überteuerte Zähler und Ablesung bezahlen. Das gesamte Zählerwesen von Wasser über Gas bis zum Strom ist ein Wunschziel der Angreifer. Die Gesellschaft braucht diese Dienstleistung nicht mehr. Sie ist überflüssig und strapaziert die Nerven der Kundschaft. Für die beteiligten Unternehmen bietet sich eine Chance zur Selbstdisruption. Sie können den Angreifern zuvorkommen.

Fallbeispiel Stromablesung: Eines Tages klingelt die Berliner Netzgesellschaft bei uns. Ein freundlicher Monteur steht vor der Tür und kündigt an, einen neuen Stromzähler installieren zu wollen. Ich bin freudig überrascht. Wird jetzt tatsächlich der alte schwarze, analoge Stromzähler abgebaut und durch einen modernen digitalen Zähler mit Internet-Verbindung ersetzt? Munter begleite ich den Monteur in den Keller zum Hausanschluss und serviere ihm einen Espresso. Der Mann kappt die Hauptleitung, schraubt den schwarzen Analogzähler ab und zieht eine Schachtel mit dem neuen Zähler aus seinem Werkzeugkoffer. Im Schein der Taschenlampe sehe ich, wie der Mann den alten analogen Zähler durch einen neuen analogen Zähler ersetzt. Ich bin verblüfft. »Sie haben ja wieder einen analogen Zähler eingebaut. Warum denn keinen digitalen?«, frage ich. Der Monteuer zuckt mit den Schultern: »Da fragense am besten ma die Zentrale. Ick führ hier nur meinen Ufftrag aus.«

In der Zentrale gibt es keine ernst zu nehmende Auskunft. Dreimal rufe ich bei der Hotline an, dreimal bekomme ich unterschiedliche Antworten. Eine Dame sagt: »Es gibt leider kaum Nachfrage nach automatischen Zählern. Sie wissen ja, die Leute haben Angst vor Datenklau.« Richtig plausibel klingt das nicht, denn fast alle Deutschen benutzen Google und Facebook, bei denen sie weitaus vertraulichere Daten in die USA funken. Den wahren Grund für die Installation des neuen analogen Zählers erfahre ich, als ich einem Bundestagsreferenten der Grünen davon erzähle. Er ist für Energiepolitik zuständig. »Es ist klar, was da passiert ist«, sagt er. »Die Netzgesellschaften fürchten, dass der Bundestag sie gesetzlich zum Einbau von *Smart Metern* zwingt.« Das sind Zähler, die den Verbrauch elektronisch messen und in Echtzeit an die Zentrale melden. »Sie fürchten Kosten. Deswegen bauen sie kurz vor Ende der Eichzeit neue analoge Zähler ein. Damit beginnt eine neue Eichzeit. Die Firmen wissen, dass der Bundestag Rücksicht auf Eichzeiten nimmt und sie nicht zum Ausbau geeichter Zähler innerhalb der Laufzeit zwingt, sondern nur den Ersatz abgelaufener Zähler durch Smart Meter vorschreibt. Also tauschen sie noch einmal so viele alte Ferraris-Zähler wie möglich gegen neue Ferraris-Zähler aus, damit sie von härteren Vorschriften so wenig wie möglich getroffen werden.«

Die Eichzeit für Ferraris-Zähler beträgt 16 Jahre. Wenn ich nichts unternehme, zahle ich also noch im Jahr 2034 Abschläge für Strom. Und ich muss den Zähler regelmäßig entweder selbst ablesen oder den Ableser ins Haus lassen. Das kostet Zeit und Nerven. Wer wird dieses überflüssige und umweltschädliche System abschaffen? Sicherlich nicht der Verband der Netzwerkbetreiber. Zu effizienterem Einsatz elektrischer Energie und damit zur Vermeidung von Treibhausgasen werden uns wohl erst die Angreifer verhelfen, die nie in dieser Branche gearbeitet haben. Auch hier bietet sich eine Chance für Selbstdisruption. Sie verstreicht bisher ungenutzt.

Entsprechend könnten wir auch das System der Heizkostenmessung auseinandernehmen. Hier gibt es zumindest Hoffnung. Das Beispiel des Energiedienstleisters Ista zeigt, dass die Signale in manchen Unternehmen verstanden werden. Chef Thomas Zinnoecker richtet das Unternehmen neu aus, sucht disruptive Chancen und möchte ein Vorreiter der Modernisierung werden. Er glaubt fest, dass Selbstdisruption machbar ist.

Fallbeispiel Parkhäuser: Warum gibt es in Parkhäusern noch Schranken und Zahlautomaten? Smartphones besitzen alle Informationen, die man braucht, um einen Parkvorgang vollautomatisch im Hintergrund abzurechnen. Moderne Algorithmen erkennen mithilfe der GPS-Module und Sensoren in den Geräten, dass wir mit dem Auto und nicht etwa mit der Straßenbahn oder einem Fahrrad unterwegs sind. Sie bemerken, wenn wir uns einem Parkhaus mit 50 Stundenkilometern nähern, dann auf 10 Stundenkilometer abbremsen, unter eine Stahlbetondecke fahren und fünf Minuten später mit Schrittgeschwindigkeit auf den Bürgersteig treten. Weitere Daten werden nicht benötigt, um einen Parkvorgang zu erkennen und mit der Zeitmessung zu beginnen. Schlägt der Smartphone-Besitzer einige Stunden später den umgekehrten Weg ein, kann die Park-Akte geräuschlos wieder geschlossen werden. Der Betrag wird automatisch vom Konto des Autofahrers abgebucht, der per Mail eine elektronische Quittung erhält. Dass dies so in Deutschland noch nicht funktioniert, liegt daran, dass Parkautomaten- und Schrankenhersteller wie Scheidt & Bachmann weiterhin Geräte verkaufen möchten und Parkhausbetreiber sich an dieses antiquierte Modell gewöhnt haben. Es ist reif für den Wandel. Die Technik ist über das heutige System hinausgewachsen.

Zu erkennen ist der Bedarf an den nervenaufreibenden Situationen, die Firmen wie Scheidt & Bachmann oder Apcoa ihren Kunden bereiten. Kürzlich besuchte ich eine Veranstaltung im Berliner Hotel Adlon und stellte den Wagen im Untergeschoss der Apcoa-Garage ab. Beim Abschied einige Stunden später muss ich eilig zum Flughafen Tegel. Der Kassenautomat im Keller verlangt meine Parkkarte, und das Display zeigt einen maßlosen Preis an. Der Apparat saugt die Karte ein und stürzt gleich danach ab. Auf dem Bildschirm erscheinen rätselhafte Zeichen; Parkkarte und Kreditkarte werden eingezogen. In meiner Zeitnot fahre ich den Wagen an die Ausgangsschranke und drücke den Sprechknopf. Eine Stimme meldet sich. Ich bitte um Ausfahrt und Bergung der Kreditkarte. Die Dame auf der anderen Seite antwortet: »Das kann ich nicht machen.« Ich frage zurück: »Was soll ich jetzt tun?« – »Fahren Sie zum Automaten und bezahlen Sie den geforderten Preis«, sagt sie. – »Der Automat ist defekt«, halte ich entgegen. Die Dame antwortet nicht. Ich wiederhole: »Bitte öffnen

Sie die Schranke. Ich bin in Eile, und der Automat ist defekt.« Die Dame legt auf. Ich fahre notgedrungen zum Automaten zurück und habe Glück. Er hat sich inzwischen wieder gefangen und gibt beide Karten heraus. Inzwischen ist der Preis gestiegen. Dafür klappt es jetzt mit dem Bezahlen.

Eine Viertelstunde dauert es, den Wagen aus dem Parkhaus zu befreien. Den Flug schaffe ich nur noch knapp. Scheidt & Bachmann und Apcoa lösen Stress und Ärger aus. Das müsste nicht sein. Sobald es Alternativen gibt, werde ich ausweichen.

Wenige Meter vom Adlon entfernt in der städtischen Parkraumbewirtschaftung bezahlt man die Parkzeit per App ganz ohne Kreditkarte, Münzen oder Scheine. So könnte es auch in Parkhäusern funktionieren. Noch besser aber wäre es, wenn das Smartphone den Vorgang ganz ohne menschliches Zutun abwickeln würde. Viele Start-ups kümmern sich um *Cashless Parking.* Die Chance ist mit Händen zu greifen. Doch die etablierten Anbieter nutzen sie nicht.

Übrigens gibt es Parkhäuser, die gleich als Nato-Bunker konstruiert werden und Giftgasangriffen standhalten können. Das neue Parkhaus im Frankfurter Europaviertel an der Messe ist ein solches Haus. Während der Buchmesse habe ich dort einmal über Nacht geparkt. Trotz des extrem aufwendigen Baustils konnte man dort nicht mit Kreditkarte bezahlen. Geldautomaten gab es in der Nähe nicht, weil immer mehr Banken ihre Automaten aus Angst vor Automatenraub schließen. Parkhäuser, in denen man die Gebühren nicht entrichten kann, entpuppen sich als Autofalle. Es dauert ewig, bis der Wagen wieder rollt. Der Leidensdruck des Publikums ist so hoch, dass man sich einen Siegeszug der Erneuerer geradezu wünscht.

Fallbeispiel Apotheken: Bekommt ein Kind in der Nacht Fieber, fahren die Eltern zur Notapotheke. Ist nur ein Elternteil daheim, kann man das kranke Kind nicht allein zu Hause lassen. Gibt es noch Geschwister, weckt man alle Kinder auf, bringt sie durch den Novemberregen ins Auto, fährt mit ihnen zur Notapotheke,

klingelt den Diensthabenden heraus und wird durch die Fenster-
klappe bedient. Nach der Rückkehr ins Haus schreien alle Kinder,
und das kranke Kind ist noch kränker.

Apotheken versagen beim Aufbau moderner Servicesysteme.
Um die gleiche nächtliche Schlafenszeit kann man Sushi, Thai Curry,
Pizza, Schaschlik, Eisbein und Quinoa-Salat bestellen. Die Gerichte
werden innerhalb von 30 Minuten zugestellt. Nicht die Restaurant-
besitzer müssen ausrücken, sondern Kuriere übernehmen die Fahrt.
Bei Apotheken könnte es genauso sein. Für verschreibungsfreie
Medikamente auf jeden Fall, für rezeptpflichtige Mittel vielleicht
auch. Apotheken aber haben die Chance nicht erkannt. Jetzt hat
Amazon gerade in *PillPack* investiert, ein Start-up, das genau die-
sen Service anbietet. Auch künftig schauen Apotheker wahrschein-
lich tatenlos zu, wie Plattformen ihnen die Kunden wegnehmen.
Stattdessen plakatieren sie großflächig ihr trotziges Gegenmodell:
»Einfach unverzichtbar«, heißt der Slogan des Apothekerverbands.
Kunden schauen ernst vom Plakat. Darunter steht: »Ich will die
Apotheke hier vor Ort und sonst nirgendwo.« Das ist ja auch gut
so. Aber warum widerspricht das der bequemen Lieferung nach
Hause? Warum schließt das eine das andere aus? Das weiß außer
den Apothekern niemand. Warum investiert die Apothekerschaft
Millionen in eine Trotz-Botschaft? Auf den Plakaten steht in Wahrheit nur: »Weiter so.« Oder anders ausgedrückt: »Liebes Internet,
bitte nicht beim gemächlichen Gang der Dinge stören.« Überzeugt
hätten mich die Plakate, wenn dort gestanden hätte: »Wir bringen
Ihrem Kind den Hustensaft nachts um drei ans Bett.« Das ist es,
was der Kunde will. Mit ihrer Kampagne zeigen die Apotheker nur,
dass sie der Kundenwunsch nicht kümmert.

Fallbeispiel Einkauf in Industrieunternehmen: Ein großer Auto-
mobilzulieferer schildert bei einem Digitalisierungs-Workshop,
wie die Beschaffung von Rohstoffen in seinem Unternehmen
funktioniert: Der Produktionsplaner meldet dem Einkäufer den
Bedarf von fünf Tonnen einer Spezialchemikalie. Der Einkäufer
greift zum Telefon und ruft acht Lieferanten an. Drei von ihnen

können nicht liefern und scheiden aus. Vier schicken ihr Angebot per Fax, einer sendet es per E-Mail. Der Einkäufer wertet die Angebote aus und tritt mit zwei Lieferanten per Telefon in Verhandlung. Ein Lieferant erhält den Zuschlag und bekommt eine Auftragsbestätigung per Fax. Der Lieferant hat die Waren jedoch nicht am Lager, sondern betreibt zur Steigerung seines Umsatzes eine »Erst buchen, dann suchen«-Strategie. Daher telefoniert der Lieferant nun seinerseits seine Wettbewerber ab und versucht, sich mit der Chemikalie einzudecken. Doch seine Wettbewerber haben diese Notlage vorausgeahnt und ziehen die Preise kräftig an. Der Lieferant muss sich überteuert eindecken und ein Verlustgeschäft machen, um überhaupt liefern zu können.

So oder ähnlich verlaufen die Einkaufsprozesse noch in Tausenden von Unternehmen. Alle Parteien sind enerviert. Digitale Einkaufsplattformen ändern die analogen Abläufe und werden viele der Lieferanten aus dem Markt werfen. Der Kunde bekommt volle Preistransparenz, sofortige Angebote und Einblick in die realen Lagerbestände. Die Preisbildung im heutigen System beruht auf völliger Intransparenz des Markts.

An diesem Punkt setzt der Angreifer an. Sein neues System richtet sich radikal am Kunden aus und organisiert die Abwicklung des Geschäfts samt Dokumentation vollautomatisch, preisgünstig und schnell. Bisherige Lieferanten könnten vorgewarnt sein, wenn sie die nervenzehrenden Erlebnisse ihrer Kunden ernst nehmen würden.

Wir sehen also, dass Enerviertheit ein guter Indikator für Chancen sowohl beim Geschäft mit Privatkunden als auch beim Firmenkundengeschäft sein kann. Die beste Methode, diese Angriffspunkte zu erkennen, besteht im Gespräch mit dem Kunden. Man kann ihm eine schlichte Frage stellen.

Die Frage lautet: »Was kostet Sie beim Umgang mit uns die meisten Nerven?«

Die Antwort, die dann kommt, markiert den Disruptionspunkt.

Welche Art von Produkt entwerfen Angreifer, wenn sie die Antwort ihrer Kunden auf nervenaufreibende Situationen bekommen haben? Sie legen es darauf an, ihre Kunden restlos zufriedenzustellen. Dies erreichen sie, indem sie das Produkt nicht auf ihre eigenen Bedürfnisse, sondern auf die Gegenseite optimieren. Davon handelt das nächste Kapitel. Wenn Sie als Leser keine unternehmerischen Ambitionen haben, bei der Lektüre dieser Beispiele aber erkennen, wo die Angriffsfläche in Ihrem Unternehmen, Ihrer Abteilung, Ihrem Beruf liegt, dann haben Sie schon den ersten Schritt zum Wandel in Eigenregie getan.

Aus diesem Kapitel halten wir fest:

- Das Gefühl des Genervtseins ist ein Indikator für Chancen zur Erneuerung.
- Jede enervierende Situation wird über kurz oder lang von Angreifern abgeschafft werden.
- Enerviert sein markiert sowohl im Privatkunden- als auch im Firmenkundengeschäft eine Chance für Disruption.
- Traditionelle Anbieter nutzen die Chancen nicht aus, die sich ihnen bieten, weil sie ihr angestammtes Geschäft schützen wollen. Damit eröffnen sie den Angreifern unnötig viele Möglichkeiten.

Das Angebot auf die Gegenseite optimieren

Traditionell bieten Firmen ihren Geschäftspartnern Konditionen an, die vorteilhaft für sie selbst sind. Angreifer tun oft das genaue Gegenteil. Sie schaffen Angebote, die wie ein Geschenk des Himmels wirken. Paradoxerweise zahlt sich diese Strategie recht bald in barer Münze aus.

»Der Kunde steht im Mittelpunkt all dessen, was wir tun.« Das behaupten fast alle Unternehmen der Welt, und es ist fast immer gelogen. Kunden stehen fast nie im Mittelpunkt des Interesses von Unternehmen. Sie spielen erst eine Rolle, nachdem Eigentümer, Manager und Mitarbeiter sich an ihnen gelabt haben. Firmen optimieren ihre Angebote auf viele unterschiedliche Ziele, doch nur sehr selten auf die ihrer Kunden. Denen wird nicht das Maximum angeboten, das möglich wäre, sondern nur das Minimum, das sie akzeptieren – gerade eben so viel, wie es braucht, um sie bei der Stange zu halten. Solange der Kunde nicht meutert oder abspringt, solange er das Produkt in ausreichender Menge kauft, sind die meisten Firmen zufrieden. Sie kommen gar nicht auf die Idee, über dieses geforderte Mindestmaß hinauszugehen und für echte Verzückung zu sorgen.

Stattdessen optimieren sie ihr Angebot auf andere Größen wie ihr Quartalsergebnis, den Börsenkurs, die Dividende, die Tantiemen der Führungskräfte, die Mitarbeiterzahl, den Burgfrieden mit der Gewerkschaft, das Gefühlsleben der Eigentümer, das Ego des Geschäftsführers, den Ausbau des eigenen Machtbereichs, die Karrierechancen, das Niedrighalten interner Konkurrenten, das Ausbooten von Wettbewerbern oder die Auslastung von Fabriken. Die wahre Beglückung von Kunden steht auf der Rangliste meistens recht weit unten.

Wenn Sie diese These in Bezug auf Ihren eigenen Arbeitgeber überprüfen möchten, lässt sich das mit zwei Fragen erledigen. Die erste Frage lautet: »Zu wie vielen Sitzungen wurden Sie in den vergangenen drei Monaten eingeladen, bei denen es um die Erreichung von Absatz- oder Gewinnzielen beziehungsweise um Kostensenkung und Effizienzsteigerung ging?« Die zweite Frage lautet: »Wie viele Sitzungen handelten in den letzten drei Monaten davon, Ihre Kunden ohne Rücksicht auf Verluste glücklich zu machen?« Vergleichen Sie nun die beiden Zahlen miteinander. Wenn die erste Zahl den zweiten Wert deutlich übertrifft, dann gehört auch Ihr Unternehmen höchstwahrscheinlich zu den Produzenten, die »Der Kunde steht im Mittelpunkt« zwar sagen, es aber keineswegs ernst meinen.

In diesem Umstand erkennen Erfinder ihre Chance. Sie brechen mit dem ungeschriebenen Gesetz der traditionellen Wirtschaft, wonach Eigennutz vor Fremdnutz geht. Dabei haben sie leichtes Spiel. Die Vernachlässigung von Kunden ist ein Tor, das traditionelle Firmen bereitwillig offenhalten. Niemand denkt daran, es zu schließen. Auf die Egozentrik der meisten Firmen ist Verlass. Die permanente Beschäftigung mit sich selbst gehört fest zur internen Kultur, wird kaum infrage gestellt und wäre gruppendynamisch auch nur schwer zu überwinden.

Wohlgemerkt: Hier geht es um die Erfüllung *bekannter* Kundenwünsche. Sie sind nicht zu verwechseln mit dem Aufdecken *verborgener* Kundenwünsche aus dem vorletzten Kapitel. Beide Arten von Wünschen – verborgene und offene – werden von Start-ups auf verschiedene Weise angegangen. Hier beschäftigen wir uns mit den bekannten Wünschen.

Fallbeispiel Luftfahrt: Es ist bekannt, dass Passagiere ausreichend Beinfreiheit wünschen. Trotzdem rücken die meisten Fluglinien die Sitzreihen in ihren Maschinen immer enger zusammen. In vielen Flugzeugen stoßen die Knie der Gäste an den Vordersitz, ist ein Laptop aus Platzmangel nicht mehr zu öffnen, eine Jacke nicht mehr aufzuhängen und ein Tee nicht mehr zu trinken. Die Käfighaltung begründen Fluglinien mit dem Wunsch der Kunden nach niedrigen Preisen. Doch Kunden haben nie gesagt, dass sie für niedrige Preise eingequetscht werden möchten. Sie möchten preiswert reisen und trotzdem bequem sitzen. Die ständige Verdichtung entspringt nicht dem Wunsch der Kunden, sondern dem Trachten der Fluglinie nach mehr Gewinn.

Angreifer überlegen, wie sie Reisen wieder angenehmer gestalten können und trotzdem bei preiswerten Tickets bleiben. Sie denken über neue Geschäftsmodelle nach, die es finanzierbar machen, Passagieren wieder Platz zu lassen. Vielleicht sind Flugzeuge die richtige Antwort, vielleicht aber auch nicht. Bei vielen disruptiven Projekten wie Hyperloop und Personendrohnen geht es darum, das Erlebnis des Reisens grundlegend zu verbessern und trotzdem noch zu verbilligen. Flixtrain, das neue Bahnangebot von Flixbus, unterbietet die Deutsche Bahn um den Faktor 5, liefert präzise Informationen über Verspätungen, offeriert einfache Buchungen und produziert trotzdem Komfort. Im Kapitel »Daten systematisch auswerten und naive Fragen stellen« erfahren wir mehr darüber, warum und wie Flixbus das schafft.

Das Beispiel »Platznot in Flugzeugen« entstammt dem Geschäft von Firmen mit Konsumenten (B2C). Hier ist die Missachtung von Kundenwünschen besonders offensichtlich. Etwas besser sieht es beim Geschäft von Firmen untereinander aus (B2B). Continental oder ZF Friedrichshafen können es sich nicht leisten, Volkswagen mit ihren Reifen beziehungsweise Getrieben zu enttäuschen. Je größer die Macht des Kunden ausfällt, desto größer wird die Kundenorientierung des Lieferanten. Doch auch hier gilt die gleiche Formel wie bei B2C: Getan wird nur so viel, dass der Kunde nicht meutert und auf jeden Fall weiterbestellt. Für die wahren Probleme des Kunden interessiert sich kaum jemand. Der Lieferant ist zufrieden, wenn die Einkaufsabteilung des Kunden große Bestellungen schickt. Doch er hilft dem Kunden nicht, die hohen Personalkosten des Einkaufs zu senken. Dafür fühlt er sich nicht zuständig. Der Lieferant freut sich über guten Absatz, bekümmert sich aber nicht, wenn der Kunde auf seinen Endprodukten sitzen bleibt. Der Lieferant optimiert die Rechnungsstellung für seinen eigenen Cash Flow, verschwendet aber keinen Gedanken an den Cash Flow seines Kunden. Der Lieferant schleust den Auftrag in seine Fabrik ein, wenn es in den Produktionsplan passt. Er reduziert die Flexibilität des Kunden so stark, wie der Kunde es gerade noch akzeptiert.

Natürlich gibt es Gegenmechanismen. Viele davon sind fest in Lieferverträgen verankert. Kunden bekommen Schnittstellen zum Warenwirtschaftssystem des Lieferanten, Rückgaberechte für zugestellte Waren, späte Zahlungsziele für Rechnungen und flexible Abruftermine für Aufträge. Doch diese Wohltaten sind das Ergebnis harter Verhandlungen. Man lässt sie sich zähneknirschend von seinem Kunden abringen. Freiwillig bietet man sie nur dann an, wenn es gar nicht anders geht.

Digitale Angreifer hingegen gehen völlig anders vor. Sie möchten in bestehende Märkte eindringen oder neue Märkte erschaffen. Deswegen müssen sie anders denken als die heutigen Anbieter. Wenn man grundsätzlich anders sein möchte, dann empfiehlt es sich, das genaue Gegenteil der Platzhirsche zu tun. Traditionelle Firmen optimieren Angebote auf sich selbst. Also optimieren Angreifer ihre Angebote auf den Kunden. Damit zetteln sie eine Revolution an. Kunden haben so etwas noch nie erlebt. Deswegen laufen sie oft in Scharen dem Disruptor zu.

Einige Beispiele aus der Praxis:

- Kunden wollten immer schon ein unbedingtes Umtauschrecht haben – keine Fragen, keine Einschränkungen, kein umständliches Heraussuchen der Quittungen. Der traditionelle Handel zögerte lange damit. Angreifer wie Amazon und Zalando bieten es an. Das Publikum flieht ihnen in Millionen entgegen.
- Kunden möchten ihre Bestellungen vom Versandhändler sofort nach Hause geliefert bekommen, nicht erst nach einigen Tagen. Amazon bot das an. Neckermann und Quelle sind vom Markt verschwunden. Otto hat überlebt, weil Otto schnell genug umgedacht hat.

- Kunden möchten für Porto nicht bezahlen. Amazon Prime erfand das kostenlose Paket und damit das erfolgreichste Kundenbindungsprogramm der Welt. Prime ist so radikal auf das Interesse der Kunden optimiert, dass es keinen vernünftigen Grund gibt, Prime nicht zu abonnieren. Der Nutzen reicht von kostenlosem Paketversand bis zu hochwertigem Entertainment-Programm mit erstklassigen Eigenproduktionen und Top-Sportereignissen. Wer Prime nicht bestellt, fügt sich selbst wirtschaftlichen Schaden zu.

- Vermieter werden vom deutschen Mietrecht in ihren Rechten stark beschnitten. Sie bekommen Mieter kaum noch aus ihrer Wohnung heraus, wenn sie einmal eingezogen sind. Mietnomaden sind sie weitgehend schutzlos ausgeliefert. Ob die Miete pünktlich kommt, steht in den Sternen. In anderen Ländern wie den USA ist es genau umgekehrt. Dort sitzen die Vermieter am längeren Hebel. Überall aber sind die Verhältnisse ungerecht geregelt. AirBnB bietet Eigentümern ein besseres Geschäft an, ohne die Mieter zu entrechten – und umgekehrt. AirBnB wurde ein Welterfolg, weil es die Vertragsbeziehung zwischen Vermieter und Mieter neu gestaltet und einen faireren Interessenausgleich organisiert. Das Angebot wurde auf die beiden Kundenarten – also Vermieter und Mieter – optimiert, nicht auf AirBnB. Gerade deswegen wurde AirBnB ein solch großer Erfolg, der Hotels und den Wohnungsmarkt neu erfindet. Schon die Art und Weise der Zahlung ist eine heilsame Neuerung. Der Mieter überweist das Geld an AirBnB, nicht an den Vermieter. AirBnB zahlt die Miete erst an den Vermieter aus, wenn dieser seinen Teil des Vertrags eingelöst hat. Dafür kann der Vermieter sicher sein, sein Geld tatsächlich zu erhalten – denn es liegt schon bei AirBnB. Sollte es zu Streit kommen, schlichtet AirBnB die Auseinandersetzung.

- TV-Zuschauer mögen keine Werbung und möchten ihre Lieblingssendung dann sehen, wann es ihnen passt. Kommerzielle Fernsehsender wie ABC, CBS, RTL oder ProSieben, ja sogar die öffentlich-rechtlichen, haben den Wunsch nach Werbefreiheit konsequent ignoriert, Abo-Sender wie HBO und Sky sind dem Wunsch nach zeitlicher Flexibilität viel zu spät nachgekommen. Netflix hat beide Wünsche auf einmal erfüllt und versetzt den klassischen TV-Firmen lebensgefährliche Hiebe. Die Aktienkurse von ProSiebenSat.1 und Netflix verlaufen genau entgegengesetzt. Netflix erfüllt die Sehnsucht nach Werbefreiheit und Flexibilität mit radikaler Konsequenz und erfreut sich steilen Wertzuwachses, ProSiebenSat.1 hält am alten Modell fest und leidet unter massivem Kursverlust.

An diesen Beispielen sehen wir: Das Angebot auf die Gegenseite zu optimieren statt auf sich selbst, ist in Wahrheit kein schlechtes, sondern ein sehr gutes Geschäft. Am Ende gewinnt immer, wer den Kunden verzückt. Sein Absatz ist höher, und er kann höhere Preise durchsetzen. Bei Apple gehörte Kundenverzückung seit Steve Jobs' Rückkehr immer schon fest zur Firmenkultur, bei Nokia nicht. Apple stieg auf, Nokia stürzte ab. Wer sich selbst reflektieren möchte, stellt sich eine wichtige Frage.

Die Frage lautet: »Was kann ich tun, um meinen Kunden grenzenlos zu begeistern – ganz egal, was es kostet?«

Was bei dieser Frage herauskommt, setzt man um. Der Kunde wird für den höheren Aufwand bezahlen und gewährt außerdem noch einen Gewinnaufschlag. Er zahlt aus Liebe. Kunden drücken den Preis immer nur dann, wenn sie das Produkt nicht lieben. Sobald Liebe sie erfüllt, werden sie großzügig und charmant wie bei der romantischen Liebe im Privatleben.

Das Geschäft auf die Gegenseite statt auf sich selbst zu optimieren, hat noch einen weiteren Vorteil: Wenn man eine Plattform baut, muss man dafür sorgen, dass es ein ausreichend großes Angebot gibt. Jedes Plattform-Projekt steht und fällt zunächst mit dem Angebot, denn ohne ein breites und attraktives Angebot gibt es keine Nachfrage. Wie aber bekommt man Millionen von Hotels auf Booking.com oder HRS, wenn man das Unternehmen gerade erst gegründet hat? Wie holt Stahlhändler Klöckner andere Stahlhändler auf seine Plattform – warum sollten Konkurrenten bei der Klöckner-Plattform mitmachen? Fast alle Plattformen, die gescheitert sind, verdanken ihren Absturz dem mangelhaften Angebot. Umgekehrt sind Delivery Hero, Hello Fresh, MyTaxi, Flixbus, AirBnB, iTunes, Apples AppStore, Netflix und Booking so erfolgreich geworden, weil ihr Angebot jede vernünftige Erwartung weit übertroffen hat.

Diese Tatsache stellt Plattform-Erbauer vor eine große Herausforderung. Sie müssen sehr schnell sehr viele Anbieter von ihrem Angebot überzeugen. Dies ist ausgeschlossen, wenn man das Angebot auf sich selbst statt auf die Gegenseite optimiert. Man kommt nicht weiter, wenn die Rechtsabteilung einen Vertrag mit Haken und Ösen entwirft.

Stattdessen braucht man das, was die Amerikaner einen *No-Brainer-Deal* nennen, also ein Angebot, über das man gar nicht nachdenken muss, weil es so gut ist. Im Gespräch mit dem potenziellen Vertragspartner sagt man nicht: »Ich habe hier einen Vertragsentwurf, den ich gerne mit Ihnen verhandeln würde.« Man legt ihm keine Allgemeinen Geschäftsbedingungen mit haarsträubenden Klauseln vor, die man selbst nie unterschreiben würde. Sondern man sagt: »Dieses Angebot ist richtig gut für Sie. Es bringt Ihnen nur Vorteile und kostet nichts.« Vorher hat man dafür gesorgt, dass diese Aussage stimmt. Der potenzielle Partner muss das Angebot sofort verstehen: »Dieses Geschäft bieten Sie mir wirklich an? Das ist kaum zu glauben. Natürlich unterschreibe ich das.« Die Verhandlung dauert fünf Minuten, nicht fünf Tage oder fünf Monate. Booking.com zum Beispiel sagt den Hotels nur: »Wir bringen Ihnen neue Kunden, schaffen neuen Umsatz, machen Werbung für Sie und verlangen dafür kein Geld. Unser Dienst ist kostenlos. Sie bezahlen nur eine Provision, wenn jemand bei ihnen bucht und tatsächlich erscheint. Sie entlohnen uns aus Ihrem Gewinn. Ansonsten fallen keine Kosten an.« Kaum ein Hotelier lehnt dieses Angebot ab. Diese Denkweise lässt sich auf nahezu jede andere Branche übertragen. Sie ist universell erfolgreich.

Im nächsten Kapitel geht es darum, Chancen anhand des technisch Denkbaren zu erkennen. *Eingebildeter Anachronismus* heißt die Methode, die wir dazu kennenlernen.

Aus diesem Kapitel halten wir fest:
- Plattformen beginnen stets mit dem Aufbau der Angebotsseite. Je größer das Angebot, desto größer die Nachfrage und desto erfolgreicher die Plattform.
- Um schnell relevant zu werden, optimieren viele Plattformen ihre Leistung auf die Gegenseite.
- Unternehmen aller Branchen können erfolgreicher sein, wenn sie die restlose Beglückung des Kunden zum obersten Ziel erheben.
- Es kann sich wirtschaftlich sehr lohnen, das Angebot auf die Gegenseite statt auf sich selbst zu optimieren.

Die Kunst, sich Anachronismen einzubilden

Unsere Umwelt kommt uns immer so vor, als müsste sie genau so sein wie heute und könnte niemals anders werden. Aber was ist, wenn wir mit den Augen der Zukunft auf die Gegenwart schauen? Dann erscheint uns vieles von dem, was uns heute umgibt, absurd. Diesen Effekt können wir ganz einfach als Chancen-Generator benutzen.

Disruptoren denken in Ableitungen, nicht in Analogien. In Ableitungen zu denken, bedeutet, Hypothesen aufzustellen, die logischen Folgen dieser Hypothesen durchzurechnen und dann danach zu handeln. Denken in Analogien heißt, aus einer Reihe von Beobachtungen auf das jeweils nächste Ereignis zu schließen und daraus die nächste Handlung zu bestimmen. Ein Beispiel für Ableitungsdenken: »Das Erdöl geht irgendwann zur Neige, also werden die Autos der Zukunft ohne Verbrennungsmotoren fahren. Folglich sollten wir heute in Batterie-, Wasserstoff- oder Brennstoffzellen-Technologie investieren.« Denken in Analogien hingegen besagt: »Diesel-Autos haben sich in der Vergangenheit gut verkauft, also werden sie sich auch in Zukunft gut verkaufen. Folglich sollten wir eine neue Fabrik für Diesel-Autos bauen.«

Analogien führen oft zu Fehlschlüssen, trotzdem ist es schwer, sie zu vermeiden. Sie besitzen trügerischen Charme. So einleuchtend sie klingen, so falsch sind sie oft. Umgekehrt kann Denken in Ableitungen abstrakt und versponnen wirken. Die Ergebnisse klingen unrealistisch und unglaubwürdig, auch wenn sie formal gesehen logischer und inhaltlich treffsicherer sind. Es kann einem richtig unwohl werden, wenn man sich an einen abgeleiteten Gedanken gewöhnen soll. Man sperrt sich intuitiv gegen ihn und nimmt umso freudiger das Ergebnis von Analogien an. Analogien haben den großen, aber gefährlichen Vorteil, dass sie auf den Erfahrungen der Vergangenheit beruhen. Sie klingen wunderbar logisch. Auf nichts vertrauen wir so gern wie auf unsere eigenen Erfahrungen. Deswegen werden wir bereitwillig zu Gefangenen der Vergangenheit.

Die Methode, um die es in diesem Kapitel geht, bietet einen Ausweg an. Sie funktioniert einfach, bildlich und intuitiv, und sie leuchtet sofort ein. Man kann sie besonders gut bei Diskussionen in Gruppen anwenden. Jeder versteht sofort, was gemeint ist. Mit ihrer Hilfe kommt man zu ableitendem Denken, ohne sich der Mühe der formalen Logik zu unterziehen. Um die Methode anzuwenden, stellen wir eine simple Frage.

Die Frage lautet: »Stellen Sie sich vor, Sie würden in der Zukunft leben und auf die Gegenwart zurückschauen. Was kommt Ihnen dann alt vor?«

Was uns in diesem Zusammenhang einfällt, ist reif für Wandel. Man kann sich leicht einige Dinge ausmalen, die einem Zeitreisenden ganz besonders alt vorkommen würden: Smartphones und Computer zum Beispiel. Jeder Mensch versteht aus Erfahrung intuitiv, dass es nur wenige Jahre dauern wird, bis in diesem Sektor selbst die neuesten Modelle uralt erscheinen werden. Wir ahnen, wo Angreifer ansetzen, wenn wir sehen, was nicht auf Dauer Bestand haben kann. Irgendjemand muss irgendwann etwas Neues erfinden. Dieser Jemand kann ebenso gut ich sein. Das simulierte Zurückblicken von der Zukunft auf die Gegenwart wollen wir *eingebildeten Anachronismus* nennen.

Fast alle traditionellen Unternehmen denken in Analogien. Sie bauen ihre Budgets auf den Erfahrungen der Vorjahre auf und nehmen nur geringfügige Änderungen für die Folgejahre vor. Deswegen sprechen Buchhalter und Controller von *Fortschreiben* – man verlängert die Vergangenheit einfach in die Zukunft. Das geht meistens gut. Wenn sich wenig ändert, kommen vernünftige Prognosen heraus. Doch wenn der Wandel zuschlägt, liegen die Budgets plötzlich katastrophal daneben. Eingebildeter Anachronismus kann helfen, dieser Gefahr zu entkommen.

Wir wollen an Beispielen aus der Praxis durchspielen, wie eingebildeter Anachronismus funktioniert und zu welchen Ergebnissen er kommt. Dazu suchen wir nach Menschen, die ihn als Werkzeug bei ihrer täglichen Arbeit einsetzen. Fündig werden wir bei Autodesignern. Sie müssen ständig in der Zukunft leben, um Autos zu entwerfen, die modern aussehen, wenn sie Jahre später auf den Markt kommen. »The details are not the details«, hat Möbeldesigner Charles Eames gesagt. Recht hat er. Hinter dem Aussehen von Produkten steckt eine bestimmte Haltung zur Welt.

Marc Lichte, der Designchef von Audi, ist ein hünenhafter Segler, zugleich wirkt er wie ein feinsinniger Lyriker. Mit seinen hochstehenden Locken sieht er dem jungen Art Garfunkel verblüffend ähnlich. Marc Lichte reden zu hören, ist wie ein Ausflug in die Zukunft. Er lebt in Welten, die es heute noch nicht gibt. Wir stehen im Hinterhof einer entweihten Berliner Kirche, in der Richard Wagners *Parsifal* in einer Techno-Version namens *BlackMountain* gegeben wird. Audi ist Hauptsponsor des Happenings. In der Pause erzählt Marc Lichte begeistert von den neuesten Ideen aus den Ateliers der Autodesigner. Er berichtet von rollenden Hotelzimmern, rollenden Restaurants, rollenden Büros, rollenden Sportstudios, rollenden Kinos und rollenden Konzertkammern.

Autodesigner müssen gleichzeitig immer auch Trendscouts und Fantasten sein. Die Entwicklungszyklen im Automobilbau sind lang. Wer nicht darüber nachdenkt, was in fünf oder zehn Jahren gebraucht wird, dem fehlen später die richtigen Modelle im Katalog. Daher werden Designer nicht nur dafür bezahlt, die neuesten Varianten der aktuellen Modelle zu entwerfen. Sie sind auch die Futurologen vom Dienst. Fantasiegebilde zu erschaffen, ist ein Teil ihrer Stellenbeschreibung.

Allerdings ist es ziemlich schwer, den Bedarf der Zukunft konkret abzuschätzen. Wie sieht ein marktgängiges Auto im Jahr 2028 aus? Designer wie Marc Lichte müssen sich antrainieren, die Welt für alt und überholt zu halten. Sie müssen das Heute überwinden, um das Morgen zu erschaffen. Ich frage Lichte, was er auf den Straßen sieht, wenn er abends nach Hause fährt. »Ich sehe alte Autos«, antwortet er. »Ganz gleich, wie neu die Modelle sind, sie kommen mir immer wie Vorstufen der Entwürfe vor, an denen wir im Studio gerade arbeiten. Alles Gegenwärtige wirkt vergangen. Wenn ich ein schönes Auto auf der Straße sehe, gefallen mir die Formen, und ich respektiere die Leistung der Designer, die sie entworfen haben. Trotzdem sehen diese Formen für mich wie von vorgestern aus. Das nimmt nichts von ihrer Eleganz. Oldtimer können sehr schön sein, aber es sind eben Oldtimer.« Lichtes visueller Kortex ist auf das nächste Jahrzehnt programmiert. »Es ist eine Berufskrankheit«, sagt er. »Wenn mir alles Heutige nicht alt vorkommen würde, wüsste ich gar nicht, wie ich etwas Neues aufs Papier zeichnen sollte.«

Marc Lichte fragt sich: »Was tun die Passagiere während der Fahrt, wenn sie im selbstfahrenden Auto nicht mehr selbst lenken müssen?« Seine Antwort: »Sie möchten ziemlich genau das tun, was sie tun, wenn sie nicht im Auto sitzen. Sie wollen lesen, arbeiten, reden, spielen, fernsehen, einkaufen, schlafen oder sogar Sport treiben. Das Auto der Zukunft muss den Raum dafür bieten.« Dieser Gedanke ist ein Musterbeispiel für ableitendes Denken. Am Anfang steht eine Hypothese – das selbstfahrende Auto. Aus dieser Hypothese werden Folgen abgeleitet und Handlungen festgelegt.

Als die ersten Autos entstanden, glichen sie Kutschen. Sie waren tatsächlich nichts anderes als motorisierte Kutschen. Auch heutige Autos sind kaum mehr als aerodynamisch verbesserte, schnellere und bequemere Kutschen. Im Kern funktionieren sie genau wie vor 100 Jahren. Ihre Grundanordnung hat sich nicht verändert, seitdem Carl Benz 1886 in Mannheim das Automobil erfand. Ein bis zwei Sitzreihen mit Passagieren schauen unverwandt nach vorn; einer der Passagiere nimmt die Rolle des Wagenlenkers ein. Autos sind um das Lenkrad herum konstruiert. Das ist bis heute gar nicht anders möglich. Deswegen hat sich dieses Konzept über die Jahrzehnte hinweg gehalten. Das traditionelle Design wird jedoch hinfällig, wenn es keines Lenkrads mehr bedarf.

Mit der Steuerung per Computer beginnt eine Metamorphose, in deren Verlauf das Auto seinen Bauplan völlig verändern wird. Aus modernen Kutschen werden fahrende Räume. Die alte Metapher verschwindet. Künftige Autos empfinden die Zimmer nach, in denen wir leben: Schlafzimmer, Esszimmer, Arbeitszimmer, Wohnzimmer oder Kinderzimmer. Das hat enorme Auswirkungen auf die Geschäftsmodelle der Autohersteller. Mit Schlafzimmern verdient man anders Geld als mit Kutschen. Wer diesen Wandel nicht versteht, wird zwangsläufig zu seinem Opfer.

Von der *Kutsche* zum *Zimmer* – diesen Gedankensprung kann nur nachvollziehen, wer wie Marc Lichte eingebildeten Anachronismus als Werkzeug einsetzt. Wer den digitalen Fortschritt voranbringen möchte, gewöhnt sich an, alles Gegenwärtige für überholt zu halten. Man kann wie ein Zeitreisender durch die moderne Stadt gehen und verblüfft auf die wunderlichsten Dinge stoßen. So als würden wir heute an den Hof des Sonnenkönigs in Versailles katapultiert und über die seltsamen Röcke, Gamaschen, Redensarten und Umgangsformen staunen, die damals in Mode waren.

Wenden wir die Methode nun auf andere Beispiele an.

Fallbeispiel Bahnverkehr: Bei einer Reise von München nach Berlin wird mein Flug wegen Nebels abgesagt. Für den Rest des Tages soll es keine weiteren Flüge geben. Ich steige auf die Bahn um. Der Zug braucht 6 Stunden und 13 Minuten von der Münchner Innenstadt zum Berliner Hauptbahnhof. Ich habe nicht reserviert, finde keinen Sitzplatz, muss von Station zu Station um eine Bleibe kämpfen, kann weder arbeiten noch lesen noch schlafen und ärgere mich über das Wetter und die Unbequemlichkeit. Beim vierten Platzwechsel ist mein Unmut so groß, dass ich mich frage: »Warum braucht der Zug von München nach Berlin eigentlich so lange? Ist das noch zeitgemäß?« Eigentlich liegt diese Frage nahe, und ich könnte sie mir bei jeder Bahnfahrt stellen. Doch ich lege mir die wirklich interessanten Fragen immer erst vor, wenn ich wütend, frustriert oder genervt bin.

Einmal von Ärger in Beschlag genommen, will ich Antworten finden. Auf meinem iPhone recherchiere ich die genaue Entfernung zwischen München und Berlin. Per Landweg sind es exakt 548,4 Kilometer. Im Durchschnitt legt mein Zug also 88,3 Kilometer pro Stunde zurück. Das ist eine Reisegeschwindigkeit, die Menschen schon Mitte des 19. Jahrhunderts überflügelt hatten, wie Wikipedia mir verrät. Neuerdings absolviert die Bahn nach anfänglichen Schwierigkeiten die Strecke München-Berlin mit ihrem schnellsten Zug in 3 Stunden und 58 Minuten. Drei Milliarden Euro hat der Ausbau gekostet. Damit steigt die neue Durchschnittsgeschwindigkeit von 88,3 auf rund 140 Stundenkilometer an. Passagiere freuen sich über den Zeitgewinn; Bahn und Verkehrspolitiker feiern den Neubau als Durchbruch. Doch ist das wirklich ein so großer Erfolg, wie alle behaupten, wenn man vom zeitraubenden, politisch erzwungenen Schlenker über Erfurt einmal absieht? Kann es auf Dauer bei 140 Stundenkilometern bleiben? Wie würde ein Anachronist den Stand der Dinge bewerten?

So viel ist klar: Aus der Perspektive des Zeitreisenden sind 140 Stundenkilometer überhaupt nicht zufriedenstellend. »Warum«, fragt sich der Anachronist, »reisen Menschen auf dem Boden mit 140 Stundenkilometern, in der Luft aber mit 900? Kann man die Geschwindigkeit von Flugzeugen nicht auch auf dem Boden erreichen?« Ingenieure würden ihm irritiert entgegenhalten: »Nein, das ist ausgeschlossen. Das System Rad-Schiene gibt derartig hohe Geschwindigkeiten nicht her. Vibrationen würden das Gleisbett zermalmen und den Zug aus den Schienen springen lassen.« Der Anachronist wägt solche Einwände ab und antwortet: »Dann müssen wir eben ein anderes System erfinden als das Rad-Schiene-System. Wenn es mit der einen Technologie nicht funktioniert, dann brauchen wir eine andere.« Darauf erwidert der Ingenieur: »Aber welches System soll das denn sein? An was denken Sie?« – »Ich weiß es nicht«, sagt der Anachronist, »aber ich werde es suchen und finden.«

Wie kommt der Anachronist zu einer derart krassen Selbstüberschätzung? Indem er sich ausmalt, wie die Neubaustrecke

Berlin-München in 100 Jahren aussehen wird. Die heutige Trasse wird unseren Enkeln ungefähr so drollig erscheinen, wie die bunten Bildchen von Montgolfieren, Zeppelinen und Dampfloks uns erschienen, als wir sie zum ersten Mal sahen. »Wenn die Zukunft etwas ganz anderes bereithält als das, was wir heute kennen«, sagt der Anachronist, »warum kann ich es dann nicht selbst finden?« Sein Leitspruch lautet: Wir müssen das Moderne zum Witz erklären, dann erst können wir es überwinden. Er ruft: »Die Neubaustrecke von Berlin nach München ist ein Relikt. Es wird höchste Zeit, sie abzuschaffen.«

Wie findet der Anachronist die Alternative zum Rad-Schiene-System? Er weiß, dass sie weder Rad noch Schiene enthalten darf. Also denkt er an Magnetfelder. Die Kabinen müssen den Luftwiderstand überwinden, denn Verkehrsflugzeuge sind vor allem deswegen so schnell, weil die Luft in 10 000 Metern Höhe so dünn ist. Wenn keine Luft vorhanden ist, müssen die Passagiere in Kapseln sitzen, damit sie atmen können. Weil das neue System von Innenstadt zu Innenstadt führen soll, ist es an den Boden gebunden. Also müssen Vakuumröhren verlegt werden, denn ohne Röhren ist am Boden kein Vakuum möglich. Innerhalb dieser Vakuumröhren bewegen sich dann die Kapseln mit den Passagieren. Würde man die Kapseln wie Kanonenkugeln abfeuern, würden die Fahrgäste qua Beschleunigung ohnmächtig werden. Außerdem könnten die Kapseln nicht wieder Gas geben, wenn sie abgebremst worden sind. Also benötigen die Kapseln eigene Antriebe. Dafür sind Linearmotoren, Ventilatoren für die Restluft oder Raketenmotoren mit Rückstoß denkbar.

Elon Musk, der Gründer von Tesla und SpaceX, hat ein solches Verkehrssystem vorgeschlagen. Er nennt es *Hyperloop*. Das System schießt tatsächlich Kapseln mit Passagieren durch Vakuumröhren und erreicht dabei Reisegeschwindigkeiten von 1000 Stundenkilometern. Die Kapseln können größere Steigungen überwinden als die Bahn. Deshalb müssen weniger Tunnel gegraben werden. Somit geht der Bau der Trasse schneller und kostet weniger Geld. Der Fahrweg kann auf dem Mittelstreifen von

Autobahnen aufgeständert werden. Damit verschlingt er weniger Land und ist gesellschaftlich leichter durchzusetzen. Hyperloop muss den Fahrweg nicht mit langsameren Verkehrsmitteln wie S-Bahnen, Güterzügen, Regionalzügen oder Schnellzügen teilen. Das verhindert das ständige Ausbremsen, dem Schnellzüge der Bahn unterworfen sind. Die Kapseln kennen keinen Zwischenstopp. Anders als die Bahn befördern sie nicht 1000 Leute pro Zug, sondern von 4 bis zwei Dutzend. Es geht nonstop vom Start zum Ziel. Alle Passagiere teilen eine Endstation.

Hyperloop ist keine Firma und kein Konsortium. Es ist ein Konzept, an dem Tausende von Menschen und Hunderte von Gruppen weltweit aus freien Stücken zusammenarbeiten. Warum? Weil es diesen Leuten absurd erscheint, dass wir uns heute tapsig und ineffizient über die Erde bewegen. Berlin-München muss in 30 Minuten überwunden werden, Berlin-Paris in 60 Minuten und Hamburg-München in 50 Minuten. Alles, was länger dauert, wird in Zukunft nicht mehr haltbar sein.

Die heutigen Verkehrssysteme sind oft dysfunktional. Millionen Menschen waren von den monatelangen Sperrungen auf der Rheinstrecke betroffen. Eine Panne an der Rastatter Tunnelbaustelle im Spätsommer 2017 hat der Volkswirtschaft nach einer Studie mehrerer Güterverkehrsverbände Schäden in Höhe von rund zwei Milliarden Euro zugefügt. In dieser Summe sind die Kosten der privaten Passagiere noch nicht einmal eingerechnet. 8200 Güterzüge wurden von der Sperrung blockiert. 39 000 Tonnen mehr CO_2 wurden ausgestoßen, weil Güter auf die Straße verlagert werden mussten. Vom 12. August bis zum 2. Oktober war die Strecke vollständig gesperrt. »Es wurde ohne Sicherheitsreserve an der Halsschlagader der europäischen Industrie herumgefummelt«, sagte Peter Westenberger, Geschäftsführer des Verbands NEE (Netzwerk Europäischer Eisenbahnen), dem *Spiegel*. Wie kann eine Industrienation darüber ins Stocken geraten, dass bei Tunnelbauarbeiten in Rastatt aus Versehen ein Gleisbett absackt? Die Antwort der Erfinder lautet: Weil es ein Relikt aus der Vergangenheit ist, alle Verkehrsströme von der Fracht bis zum

Personentransport, von schnell bis langsam, von lokal bis international auf zwei schmalen, nebeneinanderliegenden Strängen aus Stahlprofilen zu bündeln.

Die Bahn sollte also Pionier bei alternativen Systemen wie Hyperloop sein. Tatsächlich setzt sie aber alle Ressourcen für die Weiterentwicklung des antiquierten Rad-Schiene-Systems ein.

Fallbeispiel Autoverkehr: Beim Autoverkehr sieht die Lage nicht viel besser aus. Das System ist schon vor Jahren weitgehend zusammengebrochen. Heute ist Autoverkehr in Ballungsräumen oft kontraproduktiv. Mein Auto wird demnächst 50 000 Kilometer gefahren sein. Der Bordcomputer zeigt im Langzeitspeicher die insgesamt erreichte Durchschnittsgeschwindigkeit an. Sie beträgt knapp 30 Stundenkilometer. Ohne Fernreisen, also nur im Stadtverkehr, läge der Schnitt noch weit darunter. 30 Stundenkilometer sind das, was uns das System Auto heute de facto liefert. Wenn Johann Wolfgang von Goethe von Frankfurt nach Darmstadt oder Mannheim wanderte, erreichte er 4 Stundenkilometer im Schnitt; die Kutsche schaffte auf der Strecke gegen Ende seines Lebens dank besser ausgebauter Straßen rund 10 Stundenkilometer.

Mein Auto kommt knapp 200 Jahre später nur auf den dreifachen Wert. Gegenüber der Goethezeit sind wir kaum schneller geworden. Auch auf längeren Fahrten kann das Auto sein zentrales Versprechen nicht mehr einhalten. Kürzlich habe ich fast zwei Stunden gebraucht, um 60 Kilometer einmal um Stuttgart herum nach Tübingen zu fahren. Weitere Systemwidersprüche kommen hinzu. Lastwagenfahrer müssen gesetzlich vorgeschriebene Ruhezeiten einhalten, doch sie können nirgendwo parken. Auf den Rastplätzen gibt es keinen Platz mehr. Die ruhenden Gespanne stauen sich Nacht für Nacht gefährlich bis auf die Autobahn. Hunderte von Baustellen – notwendig, um die Folgen des überbordenden Verkehrs zu beseitigen – kosten Milliarden Stunden Wartezeit, Millionen Tonnen Sprit und Kohlendioxid, vor allem aber Hunderte und Tausende von Toten.

Straßen sind der einzige Ort, an dem eine Sekunde Unaufmerksamkeit mit dem Tod bestraft wird. Wir verbieten die Todesstrafe für Kapitalverbrechen, doch wir verhängen sie für das kurze Tippen einer SMS, für das Wechseln einer CD, für das Drehen des Kopfes zum Beifahrer oder für das Überwältigtwerden von Müdigkeit. Ich sammle Meldungen tragischer Verkehrsunfälle, weil sie mich so erschüttern. Hier nur drei Beispiele von deutschen Straßen. Sie stammen alle aus den letzten Monaten vor der Niederschrift dieses Buches im Frühjahr 2018 und führen uns vor Augen, wie barbarisch der Verkehr heute organisiert ist.

- Die Feuerwehr wird zu einem Unfall auf die Landstraße gerufen. Ein Wagen mit drei jungen Frauen ist auf regennasser Fahrbahn gegen einen Baum geprallt. Der Leiter des Feuerwehrzugs schneidet mit seinen Kollegen den Wagen auf. Er findet drei tote Gestalten. Zur Identifikation dreht er die Opfer zur Seite. Als er die Tote auf dem Rücksitz wendet, schaut er in das Gesicht seiner eigenen Tochter. Er wusste nicht, dass sie ausgegangen war. Er wusste nicht, dass sie in diesem Wagen gesessen hatte. Er verlor sein Kind, weil das Auto nicht intelligent genug war, die Fahrweise automatisch an die schlechten Straßenverhältnisse anzupassen.
- Im brandenburgischen Teltow holt ein Mann seine Frau von der Nachtschicht im Krankenhaus ab. Der Mann ist bis zu seiner Pensionierung vor zwei Jahren Kampfmittelräumer, also Bombenentschärfer, gewesen. Er lenkt das Auto bei Grün auf die Kreuzung. Ein Polizeiwagen auf dem Weg zum Einsatz prallt seitwärts auf den Audi des Paars. Der Mann und die Frau sterben sofort. Die beiden Polizisten werden schwer verletzt. Zwei Menschen sterben, zwei werden für ihr Leben lang traumatisiert, weil ihre Autos nicht intelligent genug waren, den Crash zu verhindern. Der Kampfmittelräumer hat alle Bomben seines Berufslebens überlebt. Ein Auto aber wird ihm zum Verhängnis.

178

• Auf der A3 im Spessart kippt ein Kieslaster um. Ein Post-
LKW, der hinter ihm fährt, reagiert blitzschnell und weicht
aus. Sein Laster gerät ins Schlingern, bricht durch die Leit-
planke in der Mitte, rast in den Gegenverkehr und kollidiert mit einem Kleinlaster. Beide Fahrer sterben sofort. Ein
Zeuge des Unfalls, ebenfalls Fernfahrer, wird vom Hessischen Rundfunk befragt: »Da ist man stundenlang aufmerksam unterwegs«, sagt er hörbar schockiert, »und dann reicht
eine einzige Sekunde der Unachtsamkeit, und plötzlich ist
man tot.« Der Moderator der Sendung ergänzt: »Die Zahl
der Unfälle auf der Strecke hat sich in diesem Jahr auf mehr
als 150 verdoppelt. Immer mehr Verkehr führt zu immer
mehr Baustellen, und immer mehr enge Baustellen führen
zu immer mehr Unfällen.«

3177 Menschen starben 2017 auf deutschen Straßen, rund
400 000 wurden verletzt. Was denkt der Anachronist über diese
Zahlen? Er hält sie für Schatten einer düsteren Vergangenheit. Sie
erinnern ihn an Statistiken von Hexenverbrennungen, Folterun-
gen und Pestepidemien aus dem Mittelalter. Er weiß, dass es in
Zukunft keine Verkehrsopfer mehr geben wird, und er versucht
herauszubekommen, wie seine Enkel das schaffen werden. Die
Lösung, zu der er findet, setzt er so schnell wie möglich selbst um,
damit seine Enkel im Straßenverkehr sicher sind. Autohersteller
sollten also als Erste künstliche Intelligenz entwerfen, die Autos
lenken kann. In Wirklichkeit sind sie aber gegenüber Google und
anderen Internet-Konzernen ins Hintertreffen geraten.
    Disruptoren sind Anachronisten, und Anachronisten sind Dis-
ruptoren. Überlegen wir also systematisch, was die Zeit nicht
überdauern kann. Stellen wir uns einfache Fragen wie »Muss
das Auto um das Lenkrad herum strukturiert sein?«, »Warum
reist der Mensch auf dem Erdboden nicht so schnell wie in der
Luft?« und »Weshalb sterben Menschen im Straßenverkehr?«.
Hier eine kleine Auswahl einfacher, aber wichtiger Fragen für
andere Wirtschaftszweige:

- Energie: »Warum muss Strom Geld kosten?«
- Gesundheit: »Ist Sterben wirklich unvermeidbar?«
- Mode: »Warum passen die Kleider nicht wie angegossen?«
- Handel: »Kann alles, was ich brauche, automatisch in den Kühlschrank kommen?«
- Tourismus: »Kann ich mit der Familie in den Traumurlaub fahren, ohne zu suchen und zu buchen?«
- Film: »Kann ich Han Solo sein?«
- Versicherungen: »Kann ich nur dann versichert sein, wenn ich ›Jetzt versichern‹ sage? Kann das Geld sofort auf meinem Konto landen, nachdem es gekracht hat?«
- Banken: »Kann ich Geld überweisen, indem ich einfach nur daran denke?«

Um Fragen wie diese zu beantworten, fließen Milliarden Euro und Dollar Wagniskapital in Start-ups. Wer die Fragen früher stellt, kann die Angreifer überholen.

Im nächsten Kapitel stellen wir uns probeweise vor, was es konkret bedeuten würde, wenn unser Beruf aufgrund bahnbrechender Neuerungen tatsächlich überflüssig würde.

Aus diesem Kapitel halten wir fest:
- In Analogien zu denken führt zu falschen Schlüssen, sobald die Umwelt sich schnell verändert.
- Ableitendes Denken liefert bei starkem Wandel der Umwelt bessere Ergebnisse als analoges Denken.
- Mutwilliger Anachronismus ist eine gute Methode, um ableitendem Denken nahe zu kommen.
- Alles, was in Zukunft keinen Bestand haben kann, wird früher oder später abgeschafft werden.
- Angreifer arbeiten an der Abschaffung des Hinfälligen. Selbstdisruptoren können ihnen zuvorkommen.

Den eigenen Wert
probeweise auf null setzen

Wir wollen gebraucht und geschätzt werden. Unsere Leistung
soll Anerkennung finden. Angreifer aber versuchen, uns und
unsere Arbeit überflüssig zu machen. Man kann herausfinden,
was sie im Schilde führen, wenn man ihre Rechnung einmal selbst
durchführt. Das hilft bei der Selbstverteidigung.

Götz Werner sitzt still in der ersten Reihe. Der Gründer der Dro-
geriekette dm und leidenschaftlicher Vorkämpfer des bedingungs-
losen Grundeinkommens hält die Arme verschränkt über der
Brust und die Füße über Kreuz unter seinem Theaterstuhl. Um
ihn herum nimmt seine jährliche Führungskräftetagung Fahrt auf.
Das *Tollhaus* am Alten Schlachthaus in Karlsruhe ist zu einem
Forum umgebaut. An drei Seiten steigen Tribünen die schwarzver-
kleideten Wände hinauf, an der Stirnseite brennen Scheinwerfer
auf eine kleine Bühne. Mehrere Hundert Menschen füllen den
Saal. Es herrscht eine familiäre, gespannte Atmosphäre.

»Für das bedingungslose Grundeinkommen würde ich fast
alles tun«, hat Werner mir am Eingang kämpferisch zugeraunt.
Er glaubt fest daran, dass Digitalisierung unsere Arbeitswelt verändert und wir neue Antworten darauf finden müssen. Zeitle-
bens trieb Werner revolutionäre Dinge voran und setzte neue
Maßstäbe. Zuerst mit dem Discounter-Konzept für Drogerien,
dann mit partnerschaftlicher Führung, fairer Bezahlung und
Mitbestimmung. Jetzt treibt ihn eine große Sorge um. Wird der
traditionelle Einzelhandel den digitalen Wandel überleben?
Beim Programm seiner Führungskräftetagung geht es nicht
um Selbstvergewisserung, Heldenverehrung und Verkündung
neuer Umsatzziele. Werner legt seine Tagungen anspruchsvoll
an. Es werden Grundsatzdebatten geführt. Zuvor hat Richard
David Precht als Philosoph über Digitalisierung gesprochen.

Nun soll ich dem Kreis berichten, ob und wie man sich selbst neu erfinden kann.

Das ist ein gewagtes Unterfangen. Drogerieketten leben von einem Geschäftsmodell, das digital neu definiert wird. Sie handeln mit Artikeln des täglichen Bedarfs und halten ein breites Sortiment preiswerter Waren in ausgeklügelter Ordnung und in bequemer Entfernung zum Wohn- und Arbeitsort der Kunden bereit. All das sind Funktionen, die im Netz billiger und schneller bedient werden können, sobald Kunden, Lager und Zusteller digital erst einmal nahtlos miteinander verknüpft sind. Geschützt werden Drogerieketten bislang nur von der niedrigen Handelsmarge auf ihre Güter. Noch lohnt es sich für Online-Händler wie Amazon nicht, sie frontal anzugreifen. Bei Schuhen, Textilien und Lebensmitteln liegen die Margen weitaus höher. Deswegen macht noch niemand dm und Rossmann den Handel mit Pampers streitig, bei denen man nur ein paar Cent auf eine Packung im Wert von acht Euro verdient.

Doch wird es dabei bleiben? Können Roboter und künstliche Intelligenz nicht bald auch den Handel mit Drogerieartikeln umkrempeln? Die Wattestäbchen geben aus dem Badezimmerschrank vollautomatisch ins Netz durch, dass sie zur Neige gehen, und neue liegen in der Post, bevor uns der Missstand überhaupt auffällt. Babynahrung und Hundefutter kommen per Zustellroboter ins Haus, Shampoo und Zahnpasta ebenso, denn sobald wir irgendwo in einem Zimmer unserer Wohnung »Alexa, bring bitte neues Shampoo und Zahnpasta« murmeln, fangen Mikrofone unsere Bestellung auf. Diese Mikrofone sitzen vermutlich bald in den Fassungen moderner LED-Glühbirnen. Dort gibt es genügend Platz und Strom. Alexa wird genauso selbstverständlich zur Glühbirne gehören wie das Spenden von Licht. Was wird dann aus den Drogeriemärkten werden, die wir heute kennen? Meine Freundin Jasmin liebt dm und Rossmann. Ordnung, Übersichtlichkeit und Auswahl beeindrucken sie. Diese Geschäfte vermitteln ein gewisses Lebensgefühl. Sie sind psychologisch geschickt angelegt. Wahrscheinlich wird dieses räumliche Erlebnis auch in

Zukunft ein gewisses Publikum anziehen. Eine Teilfunktion der Geschäfte wird vermutlich auf Dauer erhalten bleiben. Inspiration und Lebensgefühl eines physischen Orts lassen sich auch in der Zukunft nicht so einfach ins Netz verlagern.

Doch wird das reichen, um eine Handelskette wie dm in ihren heutigen Dimensionen mit 3500 Filialen und 59 000 Mitarbeiterinnen und Mitarbeitern über die Runden zu bringen? Was passiert, wenn zwei Drittel der Einkäufe bei Amazon getätigt werden, weil es dort bequemer ist, sich mit den Gütern des täglichen Bedarfs auszustatten, und nur noch jenes Drittel übrig bleibt, das mit Inspiration und Lebensgefühl zu tun hat oder mit der schlichten Tatsache, dass man zufällig an einer Filiale vorbeikommt? Wie viel Abwanderung von Nachfrage kann ein Filialist wie dm verkraften angesichts der geringen Margen, mit denen er kalkulieren muss, um seine sprichwörtliche Preiswürdigkeit zu verteidigen? Zehn Prozent Abwanderung, zwanzig, vierzig, siebzig? Von außen kann man nicht wissen, wie hoch die Widerstandsfähigkeit des Geschäftsmodells ist. Aber Götz Werner denkt darüber nach, ebenso wie sein Management. Sonst hätten sie das Thema heute nicht auf die Tagesordnung gesetzt. Ihnen geht es darum, das Team in diese wichtige Diskussion mit einzubeziehen. Es geht um die Zukunft aller Beteiligten, also wird es mit allen debattiert. Die Führungskräfte sollen das Thema dann daheim an ihren Standorten mit den anderen Angestellten diskutieren.

Ich trage meine kritischen Thesen dem Führungskräfte-Kreis vor. Es ist gleich zu spüren, dass viele im Saal dies als Affront verstehen. Das ist nur zu verständlich für Menschen, die mit Leidenschaft für ihre Drogerie leben und jeden Tag die langen Schlangen sehen, die sich an ihren Kassen bilden. »Wie soll diese Nachfrage denn so schnell verschwinden?«, fragt man sich als dm-Mitarbeiter unwillkürlich. Spricht die täglich erlebte Wirklichkeit nicht eine andere Sprache? Die Kassenschlangen werden doch immer länger, obwohl das World Wide Web jetzt schon ein Vierteljahrhundert alt ist. Warum sollte dieser Trend nicht weiter anhalten? Sind Prognosen über den Niedergang des Handels nicht

Schwarzseherei, die von den wirklich wichtigen Aufgaben abhält, nämlich die heutige Stamm- und Laufkundschaft noch zufriedener zu machen?

Nach meiner Rede tragen Helfer vier Stehtische auf die Bühne. Sie haben noch nicht fertig aufgebaut, als schon die ersten Führungskräfte vor den Mikrofonen Platz nehmen. Ein Herr mittleren Alters ergreift zuerst das Wort. Er schaut mich aufgebracht an: »Als ich heute Morgen aufgestanden bin, hatte ich noch richtig gute Laune. Ich hatte mich auf die Führungskräftetagung gefreut. Dann kamen aber Sie mit Ihrem Vortrag, und Sie haben mir die gute Laune ganz gründlich verdorben. Der Einzelhandel soll verschwinden? Erstens glaube ich das nicht. Und zweitens: Selbst wenn das stimmen sollte: Was sollen wir denn tun? Was schlagen Sie konkret vor? Wie sollen wir uns zur Wehr setzen?« Von den Rängen kommt schüchterner Beifall. Ich spüre, dass viel mehr Leute klatschen würden, wenn sie nicht aus Höflichkeit fürchten müssten, den Referenten zu kränken. Ich kann die Empörung des Herrn gut verstehen; mein Erlebnis in der *Kalkscheune* ist immer präsent. Wie soll er auch anders reagieren, wenn ihm jemand die Abschaffung seines Arbeitgebers ausmalt, obwohl er im Tagesgeschäft gar nicht mehr weiß, wie er den grassierenden Boom in den Griff bekommen soll? Ich konnte mir damals auch nicht vorstellen, dass Digitalisierung eines Tages den Journalismus aushebeln würde. Geschehen ist es trotzdem.

»Es tut mir leid, Ihre gute Laune getrübt zu haben«, antworte ich. »Disruption kann unangenehm sein, aber sie wird noch unangenehmer werden, wenn man sie nicht rechtzeitig wahrnimmt. Ich habe mich in meinem Beruf früher einmal genauso gefühlt wie Sie jetzt. Geholfen hat es nichts. Geschehen ist die Veränderung trotzdem.« – »Und deswegen frage ich Sie noch einmal: Was sollten wir Ihrer Meinung nach tun?«, hakt der Herr nach. – »Mein Rat wäre folgender«, antworte ich, »tun Sie so, als wenn der stationäre Einzelhandel verschwinden würde. Setzen Sie unternehmerisch alles um, was daraus folgt. Digitalisieren Sie sich radikal. Werden Sie zum Marktführer im Netz. Wenn es dann letzten Endes doch nicht so schlimm kommt, sind Sie gut vorbereitet. Geht es für den Einzelhandel gut aus, stehen Sie auf zwei Beinen: offline und online. Wird der stationäre Handel hingegen verschwinden, bleibt Ihnen immer noch das neue, digitale Standbein.«

Was ich damit beschreibe, ist die Methode der *probeweisen Nullsetzung*. Diese Methode fällt psychologisch nicht leicht. Jeder von uns denkt: »Meine Arbeit ist etwas wert. Der Wert, den ich schaffe, ist größer null.« Ohne dieses Selbstverständnis würden wir morgens nicht aufstehen und zur Arbeit gehen. Wir erfahren soziale Anerkennung und beziehen ein Gehalt. Jeder Blick auf den Kontoauszug zeigt uns, dass wir einen Wert schöpfen. Ganz gleich, ob wir uns unterbezahlt oder fair entlohnt fühlen, immer gehen wir davon aus, dass wir einen positiven Beitrag leisten. Mit der Methode der probeweisen Nullsetzung schlagen wir den entgegengesetzten Weg ein. Wir überlegen, was daraus folgen würde, wenn unser Wertbeitrag in Wahrheit bei null läge.

Mit diesem Gedankenexperiment vollziehen wir die Überlegungen der Angreifer nach, die unserem Beruf und unserer Branche zu Leibe rücken. Sie trachten danach, unsere Arbeit abzuschaffen, indem sie sie überflüssig machen. Wir können ihnen diese Wette verhageln, indem wir ihnen zuvorkommen. Wir können ihre Kalkulation vorausahnen und rechtzeitig unseren eigenen Spielzug machen.

Probeweise Nullsetzung funktioniert so: Wir setzen den Wert unserer eigenen Arbeit in Gedanken auf null und lösen die Gleichung dann auf. So finden wir heraus, wie Angreifer das Wirtschaftsgefüge planen, nachdem sie unsere eigene Arbeit abgeschafft haben. Gewappnet mit diesem Wissen, suchen wir uns eine neue Aufgabe. Der Angreifer zerstört dann zwar immer noch den Beruf, den wir bisher innehatten, doch uns kann er damit nicht mehr treffen, weil wir inzwischen weitergezogen sind. Oder besser noch: Wir kopieren seine Strategie, bevor er sie überhaupt umsetzen kann, und verbarrikadieren den neuen Markt so gründlich, dass er selbst keinen Zutritt mehr findet. Seine Strategie ist dann zwar Wirklichkeit geworden, doch nicht mehr der Angreifer streicht den Gewinn ein, sondern wir selbst – die Betroffenen.

Dies ist eine Gelegenheit, Gillian Tans kennenzulernen. Die Laufbahn der zierlichen Niederländerin liefert ein gutes Beispiel, wie probeweise Nullsetzung erfolgreich funktionieren kann. Gillian Tans ist die Chefin der Hotel-Buchungsplattform Booking.com. Ich treffe sie zu einem Interview in Berlin.* Gillian Tans ist keine gelernte Internet-Unternehmerin. Sie kommt aus dem Hotelgewerbe, also aus einer traditionellen Branche. Dass sie zu Booking gewechselt hat, liegt an einer schonungslosen Analyse, der sie ihre eigene Branche unterzog. Als Top-Managerin der niederländischen Kette *Golden Tulip Hotels* war sie für Internationalisierung zuständig. Dabei bekam sie alle Nachteile der analogen Vermittlung von Reisedienstleistungen mit. Ein ungutes Gefühl beschlich sie. Ihr wurde immer klarer, dass ihre Branche die Probleme der Kunden nicht mehr lösen konnte, die von Jahr zu Jahr dringender wurden. Mutig setzte Gillian Tans den Wert ihrer eigenen Arbeit probeweise auf null. Was sie dabei sah, erschreckte sie zutiefst und motivierte sie, von der Verteidigung in den Angriff zu wechseln. Ihr wurde klar, dass es eine internationale elektronische Plattform wie Booking eines Tages geben würde. Entschlossen kam sie ihrem Schicksal zuvor und baute den Angreifer selbst mit auf. Durch diesen Schritt gehört sie heute zu den Gewinnern der Entwicklung. Wäre sie bei Golden Tulip geblieben, hätte sie ihr Potenzial nicht ausschöpfen können.

»Bei Golden Tulip sah ich, wie unglaublich schwierig es ist, Gäste in Hotels auf der anderen Seite der Welt zu locken«, erzählt Gillian Tans. »Die Leute verstehen die fremde Sprache auf der Webseite nicht. Die Bilder sind schlecht oder sagen nichts aus. Mal sieht man nur den Pool und nicht das Frühstück, ein anderes Mal nur das Frühstück, aber nicht den Pool. Die Zahlungsmethoden

---

* Sie können das Gespräch im *hy Podcast* bei iTunes und SoundCloud nachhören.

sind nicht einheitlich. Es gibt keine Suchfunktion quer über alle Hotels einer Region. Oft ist Online-Buchung gar nicht vorgesehen, oder die Buchungsfunktionen sind unpraktisch. Kurzum: Online-Buchen ist lästig und anstrengend. Mit klassischem Marketing kommt man gegen diese Nachteile nicht an.«

Gillian Tans überlegt, wie die Welt der internationalen Hotellerie wohl funktionieren würde, wenn es Leute wie sie selbst nicht mehr gäbe. »Mir wurde klar, dass so etwas wie Booking kommen müsste«, sagt sie. »Es konnte gar nicht anders sein. Suchen und Buchen musste einfacher werden. Das Online-Erlebnis muss überall gleich gut sein, unabhängig davon, welches Hotel man gerade anschaut.« Ihr Job der internationalen Vermarktung würde sich stark verändern, vielleicht sogar verschwinden. Gillian Tans setzt ihren Wert auf null und entschließt sich zur Kündigung. Booking hat gerade aufgemacht. Sie bewirbt sich und wird genommen. Wie hat ihre Familie damals auf diesen Entschluss reagiert? »Meine Eltern waren sehr dagegen«, erinnert sie sich. »Sie sagten: ›Du kannst doch deinen sicheren Job bei Tulip nicht kündigen, um bei einem Start-up anzufangen. Das Risiko ist doch viel zu hoch.‹ Doch ich war wild entschlossen. Das Risiko, im alten Job zu bleiben, war aus meiner Sicht viel größer.«

Ihre Entscheidung erweist sich als richtig. Booking gibt es heute in 47 Sprachen, und es hat fast überall auf der Welt den Hotel-Tourismus revolutioniert. Gillian steht an der Spitze eines internationalen Plattform-Unternehmens, das stark wächst und glänzende Zahlen vorweist. Ihre Karriere verlief aufregender, interessanter und erfolgreicher, als sie in einem traditionellen Unternehmen wahrscheinlich verlaufen wäre. Auch Booking profitierte massiv von Gillian Tans' Entscheidung. Sie bringt das Fachwissen einer Hotelfachfrau in das Internet-Start-up. Ohne Leute wie sie hätte Booking.com die vielen wichtigen Details des Hotelgewerbes nicht rechtzeitig erfahren.

Obwohl Millionen von Menschen ihre Hotels bei Booking reservieren, wissen die wenigsten, dass es sich um ein niederländisches Unternehmen handelt, das in Amsterdam gegründet wurde und heute neben dem Musikdienst Spotify und dem Konferenzanbieter Skype die weltweit erfolgreichste Plattform mit europäischen Wurzeln ist. Ohne Booking sähe die ohnehin schon traurige Liste der europäischen Plattformen noch viel trauriger aus. 2005 mussten die Booking-Gründer ihr Unternehmen an die amerikanische Priceline-Gruppe verkaufen, weil sie in Europa nicht genug Wagniskapital fanden – ein weiteres europäisches Trauerspiel, dieser permanente Mangel an Wagniskapital. Booking jedoch überflügelte Priceline sogar auf dem amerikanischen Heimatmarkt; die Tochter holte die Mutter ein. Kürzlich firmierte Priceline daher um. Das Unternehmen heißt jetzt *Booking Holdings*. Die Niederländer übertrumpften also die Amerikaner im Heimatland der Plattformen. Gillian Tans hatte einen großen Anteil an diesem Erfolg.

Ich sehe Gillian an, wie glücklich sie heute über ihre damalige Entscheidung ist. Doch es leuchtet immer auch noch durch, wie sehr die Einsicht sie damals belastet hat, dass ihr alter Beruf an seine Grenze gekommen ist. Den eigenen Wert auf null zu setzen, fällt schwer, weil wir einen Teil unseres Selbstwertgefühls aus dem Glauben beziehen, einen allgemein anerkannten Wert zu schaffen. Wir können uns diese Wahrheit nicht oft genug vor Augen führen: Setzen wir den Wert auf null, deutet unser Selbstbewusstsein diese Abwertung als Kränkung. Wir begeben uns in eine Schonhaltung, indem wir den Gedanken an unsere potenzielle Abwertung ausblenden. Doch gerade durch diese Schonhaltung manövrieren wir uns in die Rolle des wehrlosen Opfers.

Die Gegenstrategie besteht darin, wie Gillian Tans in der Rolle des aktiven Gestalters zu bleiben. Wir setzen unsere Leistung probeweise herab, noch bevor unsere Angreifer es tun. Wir kommen ihnen zuvor. Wir behalten die Oberhand. Wir sitzen weiter am Steuer. Wir eilen den tatsächlichen Entwicklungen voraus. Wir gehen vom Wert null aus, noch bevor die Wertminderung unseres Berufs überhaupt begonnen hat. Wir leiten die Rettungsmaßnahmen ein, noch bevor die Krise eingetreten ist. Wie verkraften wir die Nullsetzung psychologisch? Indem wir uns von dem Gedanken trennen, unser Beruf sei notwendiger Bestandteil unseres Lebens. Stattdessen denken wir: »Ich kann überleben.« Alles, was dann passiert, steigert unser Selbstwertgefühl, anstatt es zu verletzen. Denn wenn wir denken »Ich kann überleben«, dann sind die Chancen groß, dass unser Wechsel in einen anderen Beruf gelingt. Die Konkurrenz ist ja noch klein. Wir gelangen in einen positiven Kreislauf aus Hypothese und Bestätigung. Wir werden stärker statt schwächer. Würden wir stattdessen an Selbstbeschreibungen festhalten wie »Ich bin Buchhalter« oder »Ich bin Verkäuferin«, »Ich bin Journalist« oder »Ich bin Chirurgin«, dann würde die Nullsetzung uns verletzen. Sie würde uns schwächen und lähmen, statt uns zu stärken. Also ist es wichtig, an die eigene Fähigkeit zum Überleben zu glauben anstatt daran, für irgendeinen Beruf geboren und geschaffen worden zu sein.

Spielen wir die Nullsetzung an zwei weiteren Beispielen aus der Praxis durch: dem Berufsbild des Versicherungsmathematikers und der Branche des Einzelhandels.

Fallbeispiel Versicherungsmathematiker: Esko Kivisaari ist Versicherungsmathematiker aus Finnland. Am Rande des Weltkongresses der Aktuare in Berlin sprechen wir über Disruption und Nullsetzung. Gemeinsam diskutieren wir, was das für Versicherungen bedeutet. »Nehmen wir also an«, sage ich zu dem bärtigen Finnen, »dass alle Versicherungen in der digitalen Zukunft verschwinden werden. Wie wird die Verteilung von Risiko dann organisiert sein?« – »Die Menschen werden weiterhin nicht bereit sein, die Risiken allein zu schultern«, antwortet Esko Kivisaari. »Sie möchten sich absichern. Um das zu tun, gehen sie Bündnisse auf Gegenseitigkeit ein. Diese Bündnisse könnte man digital organisieren. Der eine haftet für den anderen. Dafür muss es in der Mitte keine Versicherung mehr geben.« – »Und es könnte sogar noch preiswerter für uns alle werden«, ergänze ich, »denn heute bezahlen wir mit unseren Prämien alle den Versicherungsbetrug des Nachbarn mit. In Zukunft könnte Betrug weitgehend ausgeschaltet werden. Sensoren und künstliche Intelligenz könnten sicherstellen, dass nur für Schäden bezahlt wird, die wirklich eingetreten sind.« Wir sind uns schnell einig, dass die Gegenseitigkeitsmodelle der Zukunft so effizient und bequem sein werden, dass Versicherungen umdenken sollten.

Was heißt das für Mitarbeiter in Versicherungen? Sie können sich an die Spitze der Bewegung setzen und die interne Diskussion in Gang bringen. Vielleicht verliert das bisherige Geschäftsmodell an Bedeutung. Aber das heißt noch lange nicht, dass die Firma auf die schiefe Bahn gerät. Sie kann neue Modelle entwickeln und in Zukunft besser dastehen als heute.

Fallbeispiel Einzelhandel: Alexander Graf ist ein erfolgreicher Experte für digitalen Handel. Er sagt den Untergang des gesamten Einzelhandels voraus – zumindest in der Form, wie wir ihn heute kennen. Graf vertritt eine Extremfassung der These, die ich bei der dm-Führungskräftetagung vorgetragen habe. Auch Monate, nachdem ich seine These zum ersten Mal gehört habe, bin ich mir nicht sicher, ob sie richtig ist oder nicht. Aber sie gibt uns interessante Hinweise auf die Methode der Nullsetzung. Uns muss an dieser Stelle nicht kümmern, ob Graf mit seiner These recht hat. Entscheidend ist, dass er den Wertbeitrag des Einzelhandels probeweise nivelliert und daraus die passenden Schlussfolgerungen zieht. An seinem Beispiel können wir sehen, wohin Nullsetzung im besten Fall führen kann. Graf ist als Digital-Unternehmer sehr erfolgreich. Sein Erfolg beruht darauf, dass er an die Existenzberechtigung des traditionellen Handels nicht mehr glaubt, obwohl er selbst aus der Branche kommt.

Graf, ein gebürtiger Holsteiner, arbeitete früher einmal beim Versandhändler Otto. Dort stellte er fest, dass selbst der sehr digital denkende Konzern Otto für seinen Geschmack zu zaghaft bei der Digitalisierung vorging. Graf verlor den Glauben an die Wandlungsfähigkeit, kündigte seinen Vertrag und versuchte sich selbst als Unternehmer – mit durchschlagendem Erfolg. Inzwischen hat er mehr als 20 Firmen gegründet oder sich an ihnen beteiligt. »Wir haben Zehnerkarten beim Notar«, scherzt er. Fast alle seine Firmen kümmern sich um elektronischen Handel. Eine davon ist beispielsweise Spryker in Berlin. Spryker schreibt ein Betriebssystem für vollautomatisierten Handel, bei dem Maschinen untereinander Bestellungen auslösen können. Der Espresso ist leer? Die Kaffeemaschine ordert automatisch nach. Der letzte Akkuschrauber wird im Baumarkt aus dem Regal genommen? Nachschub ist wie von Geisterhand schon unterwegs. All die einzelnen Module und Stationen verschiedener Firmen müssen reibungslos miteinander kommunizieren. Spryker stellt ein Betriebssystem dafür bereit. Wer so tief wie Alexander Graf in die technischen und wirtschaftlichen Details des digitalen Handels eintaucht, darf mit Fug und Recht als einer der führenden deutschen Experten für Online-Handel gelten.

Alexander Graf ist ein Baum von einem Mann, groß und sportlich. Nebenher betreibt er einen Bauernhof. Ich kann mir vorstellen, dass man reflexartig seine Nähe sucht, wenn ein Gewittersturm über Norddeutschland hinwegfegt und das Meer über die Deiche drückt. Graf strahlt Sicherheit und Tatkraft aus. Neben seinen vielen Geschäften veröffentlicht Graf einen Podcast und Bücher unter der Marke *Kassenzone*. Darin geht es – wenig überraschend – um den digitalen Wandel des Handels.*

»Die großen Plattformen wie Amazon und Alibaba drücken die Handelsmargen auf null«, sagt Graf. »Sie brauchen die Handelsmarge nicht. Damit entziehen sie dem Präsenzhandel seine Existenzgrundlage. Anders als die Plattformen kann er auf die Marge nicht verzichten. Er ist auf die Handelsmarge angewiesen, weil er die Löhne und Mieten bezahlen sowie den Warenbestand finanzieren muss. Er hat keine andere Erlösquelle als die Marge. Das ist Todesgrund Nummer eins für den Handel.« Ein zweiter Todesgrund kommt hinzu, fährt Alexander Graf fort: »Weil Plattformen immer billiger und praktischer sein werden, ziehen sie

---

* Wenn Sie im Original hören möchten, was Graf zu sagen hat, dann finden Sie die Aufnahme unter dem Namen *hy Podcast* bei SoundCloud und Apple. Beachten Sie auch den Podcast *Disrupt Yourself*.

immer mehr Kundschaft auf ihre Seite. Dadurch sinkt die Frequenz im Präsenzhandel. Es fällt ihm noch schwerer als bisher, seine Kosten und eine angemessene Rendite zu verdienen. Das Publikum kommt – geprägt durch seine Plattform-Erfahrung – mit einer Preiserwartung in den Präsenzhandel, die dieser einfach nicht mehr erfüllen kann. Sein Geschäftsmodell wird mehr und mehr geschwächt, bis es schließlich ganz verschwindet.«

»Aber wieso können Plattformen denn auf die komplette Marge verzichten?«, frage ich nach. »Auch sie haben doch Kosten, die sie decken müssen; Personal, Technik und Kommunikation beispielsweise.« Graf hat eine Antwort parat: »Sie können auf die Handelsmarge verzichten, weil sie Zugang zu anderen Erlösquellen haben. Plattformen vermieten attraktive Plätze auf ihren Webseiten und Apps an andere Marktteilnehmer, die ein vitales Interesse haben, dort in Erscheinung zu treten«, sagt er. »Produzenten und Webshops zahlen Geld dafür, dass ihre Produkte weit oben in der Auswahlliste erscheinen. Je höher die Platzierung, desto höher fällt der Umsatz aus. Diese Regel ist fundamental für das Verständnis des Handels im Netz. Wenige Kunden scrollen auf einer Seite nach unten. Gut verkauft wird nur oben auf der Seite. Also geht es im eCommerce vor allem darum, bei möglichst vielen Suchbegriffen und Produktkategorien so weit wie möglich oben zu erscheinen.« Man kann die Konkurrenz überflügeln, indem man der Plattform Geld für die Bevorzugung bei der Platzierung zahlt. »Eigentlich kann man der Plattform für dieses Privileg fast seinen ganzen Gewinn überlassen«, meint Graf. »Solange man nur einen einzigen Cent damit verdient, lohnt es sich immer noch, der Plattform so viel Geld bezahlt zu haben.«

Er fährt fort: »Den Plattformen fließt also fast der komplette Gewinn aller Produkte und Händler in die Taschen. Das ist so viel Geld, dass ihnen die Handelsmarge der Produkte ganz egal sein kann. Sie schieben die Ware einfach zum Selbstkostenpreis an die Kunden weiter. Sie sind eine Art riesiger Geldwechselmaschinen. Alles Geld, das für die Waren hereinkommt, geht gleich wieder für die Waren hinaus. Das Einzige, was die Plattformen

Netzwerkeffekt: Ökonomisches Phänomen, das Produkten zugutekommt, die auf der Verbindung von Teilnehmern durch ein Netzwerk basieren. Je höher die Zahl der Teilnehmer wird, desto höher fällt der Nutzen jedes Teilnehmers aus, da die Zahl der Menschen steigt, die er erreichen kann. Die Nutzenkurve des einzelnen Teilnehmers steigt exponentiell mit der Zahl der Gesamtteilnehmer an. Menschen, die noch keine Nutzer sind, schließen sich vorzugsweise dem größten vorhandenen Netzwerk an, da sie dort die meisten anderen Interessierten erreichen können. Menschen, die einen Netzwerkdienst bereits nutzen, wechseln nicht zu einem kleineren Wettbewerber, da sie dort nur mit weniger anderen Teilnehmern Kontakt aufnehmen können. Auf klassischen Märkten verlaufen die Nutzenkurven in entgegengesetzter Richtung. Der Nutzen von Konsumenten nimmt also in dem Maße ab, in dem neue Konsumenten das Gut nachfragen. Auf dem Markt für Wasser beispielsweise sinkt der Nutzen jedes Verbrauchers mit der Zahl der anderen Menschen, die ihm das knappe Wasser streitig machen. Typische Unternehmen, die vom Netzwerkeffekt profitieren, sind Google, Facebook, LinkedIn, AirBnB und Uber.

interessiert, ist der Traffic, den diese Waren erzeugen.« – »Du meinst also, dass Amazon einen 4K-Fernseher für 1800 Euro auf die Rampe schiebt, ohne einen einzigen Cent an der Differenz zwischen Einkauf und Verkauf zu verdienen, nur damit Samsung oder der Webshop, der auf der Amazon-Plattform als Dritter mithandelt, Geld für das Listing oder als Provision bezahlt?«, frage ich. – »Darauf läuft es hinaus«, sagt er. »Der Präsenzhandel wird niemals so hohe Gebühren verlangen können, wie der Online-Handel fordert, weil er niemals die gleiche Verhandlungsmacht wie die Plattformen erreichen wird. Warum nicht? Weil der Präsenzhandel niemals so stark monopolisiert sein wird wie der

Online-Handel. Im Netz gibt es den sagenumwobenen Netzwerk-effekt, den es in der physischen Welt schlicht nicht gibt. Dieser Netzwerkeffekt führt oft zu Monopolen.«

Die meisten Käufer shoppen dort, wo das größte Angebot besteht, und das größte Angebot besteht dort, wo die meisten Käufer sind. Beide Seiten des Markts – Angebot und Nachfrage – schaukeln sich gegenseitig hoch. In der realen Welt verläuft dieser Prozess prinzipiell nicht so schnell und radikal wie im Netz. Eine Drogerie in Augsburg übt keinerlei Einfluss auf eine Drogerie in Greifswald aus. Doch einer Online-Drogerie mit gutem Liefer-service kann es gleichgültig sein, ob ihre Kunden in Augsburg oder Greifswald sitzen. Sie kann den Markt in ganz Deutschland, ganz Europa, eines Tages vielleicht sogar auf der ganzen Welt beherrschen.

Alexander Graf fasst sein Argument prägnant zusammen: »Dem Präsenzhandel wird die Existenzberechtigung Stück für Stück entzogen. Die Gewinnform, von der er lebt – nämlich die Handelsmarge –, verschwindet allmählich unter dem Druck der Online-Händler. Damit befindet er sich in einem erbitterten Rück-zugsgefecht, das er nicht gewinnen kann.« Das ist eine starke These. Viele Fakten sprechen für sie, auch wenn ich mir kein abschließendes Urteil erlauben möchte, ob sie auf Dauer Bestand haben wird. Es ist nicht auszuschließen, dass neue Formen des Präsenzhandels entstehen, die wir heute noch nicht kennen. Mit hoher Wahrscheinlichkeit aber trifft Alexander Grafs These auf Geschäfte zu, die sich unter dem Druck der Ereignisse nicht verändern und einfach so bleiben, wie sie sind. Nullsetzungen wie diese regen die Fantasie an, wie man als Betroffener auf sie reagieren könnte. Nicht auf die Wahrheit der These kommt es an, sondern auf die Ideen, die sie hervorruft.

Beide Fallbeispiele – Versicherungsmathematiker und Einzel-handel – zeigen, dass wir mithilfe der Nullsetzung auf erstaun-lich kreative und erfolgversprechende Ideen stoßen. Wichtig ist, vor der Radikalität der Ausgangsthese nicht zurückzuschrecken und sich nicht vor ihr zu fürchten. Furcht ist nicht angebracht.

Denn wir haben ja jetzt einen Vorsprung und werden ihn nutzen. Auch suchen wir keine akademischen Antworten. Es geht nicht darum herauszufinden, ob ein Beruf, eine Firma oder eine ganze Branche vollständig verschwinden werden. Jede These und ihr Gegenteil sind in turbulenten Zeiten wie diesen gleich plausibel. Angesichts der stürmischen Entwicklung der Märkte in der digitalen Revolution weiß niemand etwas Genaues. Grau ist alle Theorie. Uns geht es darum, in der Praxis zu experimentieren.

Wir kümmern uns einfach nicht darum, ob am Ende wirklich alles ganz schlimm kommt, nur halb so schlimm, oder sogar sehr gut ausgeht. Wir gehen probeweise vom Schlimmsten aus und leiten daraus die logischen Schlussfolgerungen ab. Wenn wir dann erfolgreich sind, kann es uns schon fast egal sein, ob unsere schlimmsten Befürchtungen nun stimmten oder nicht. Bis sie eintreten, sind wir mit unseren neuen Ideen längst auf der sicheren Seite. Wir schlagen dem Wandel ein Schnippchen, indem wir früher und klüger über ihn nachdenken als andere. So wird der Wandel unser Freund und Wachstumshelfer.

Im nächsten Abschnitt schauen wir uns eine weitere Methode zum Entdecken neuer Chancen an. Dort geht es darum, Daten systematisch auszuwerten und naive Fragen zu stellen. Auch diese Methode fördert erstaunlich produktive Ergebnisse zutage.

Aus diesem Kapitel halten wir fest:

- Durch probeweises Auf-null-Setzen des eigenen Wertbeitrags kann man das Verhalten der Angreifer vorausahnen.
- Die probeweise Nullsetzung ist psychologisch schwer erträglich. Menschen begegnen ihr oft mit einer Schutzhaltung.
- Am klügsten handelt, wer die Erkenntnisse der Nullsetzung anwendet und dem Markt vorauseilt.
- Bei der Nullsetzung geht es nicht um Stichhaltigkeit der These, sondern um die Konsequenzen des Gedankenexperiments.

Daten systematisch auswerten und naive Fragen stellen

In Daten schlummern Tausende versteckter Chancen. Wer die Informationen zu lesen weiß, findet aussichtsreiche Ideen. Außerdem lohnt es sich, das Offensichtliche in Zweifel zu ziehen. Oft gibt es auf besonders einfache Fragen am Markt noch keine hinreichend guten Antworten.

Deutschlands Autobahnen sind grün von Bussen. Überall pendeln die grellen Gefährte von *Flixbus* zwischen den Städten, immer zu sensationell niedrigen Preisen. »München – Berlin ab 9,99 Euro« verkündet die Heckaufschrift. Neuerdings gibt es sogar Züge von Flixbus. Zwischen Hamburg und Köln kostet ein Ticket bei *Flix-train* 19,99 Euro; die Deutsche Bahn berechnet auf derselben Strecke 95,95 Euro. Flixbus hat seit seiner Gründung 2011 und der Öffnung des Fernbusmarkts für private Anbieter zwei Jahre später alle Konkurrenten aus dem Feld geschlagen. Die Bahn war in den Zeiten ihres Busmonopols nie so erfolgreich wie Flixbus heute unter den Bedingungen des offenen Wettbewerbs. Mehr als 100 Millionen Kunden gab es seit dem Start, 1700 Ziele in 28 Ländern werden angesteuert, 250 000 Verbindungen gibt es pro Tag. Über 1000 Mitarbeiter arbeiten bei der Muttergesellschaft *FlixMobility*, viele andere Tausend bei den Partnerfirmen, also den lokalen Busunternehmen.

Daniel Krauss und seine beiden Mitgründer André Schwämmlein und Jochen Engert liefern ein gutes Beispiel für das Entdecken von Chancen durch die genaue Analyse von Daten. Mit dieser Methode wollen wir uns in diesem Kapitel beschäftigen. Viele Möglichkeiten schlafen im Verborgenen und entziehen sich dem oberflächlichen Blick. Entdecken kann man sie, indem man aufmerksam durch das Daten-Mikroskop schaut. Noch nie gab es so viele Daten wie heute, und noch nie waren sie so wertvoll wie jetzt. Früher saßen Geschäftsführer und Vorstände in Konferenz-räumen und beschlossen Strategien mithilfe ihrer Erfahrung und ihres Bauchgefühls. Diese Zeiten sind vorbei. Heute liefert nichts so wertvolle Hinweise auf neue Chancen wie erhobene Daten. Am Beispiel Flixbus können wir studieren, wie das funktioniert.

Dass der Fernbusmarkt liberalisiert werden würde, war lange bekannt und zog viele Gründer an. Doch würde der Markt sich auch lohnen? Gab es das Bedürfnis nach einem neuen Dienst? Krauss und Konsorten gingen die Frage analytisch an. Sie verließen sich weder auf ihr Bauchgefühl noch auf den Zufall.

»Zunächst stellten wir eine Arbeitshypothese auf«, erzählt Daniel Krauss bei einem Mittagessen im Restaurant *The Grant* am Berliner Alexanderplatz nahe der Flixbus-Zentrale. Krauss trägt schwarzen Vollbart, redet klar und präzise, wirkt umgänglich, kann aber auch deutlich werden, wenn Leute nicht tun, was er sagt. So wie er müssen die Gründer der ersten Gründerzeit, etwa Werner von Siemens oder Robert Bosch, gewirkt haben. Auch sie trugen dichte Bärte und revolutionierten die Märkte, die sie sich vornahmen. »Die Hypothese lautete: Das Verkehrsaufkommen zwischen zwei Städten verhält sich nach den Regeln des physikalischen Gravitationsgesetzes«, erklärt Krauss. »Große Städte wirken wie große Massen, die Feldlinien in ihrer Umgebung aufbauen. Die Anziehungskraft nimmt mit dem Quadrat der Entfernung ab.« Kleine Städte üben gleichfalls eine gewisse Anziehungskraft aus, jedoch in geringerem Maße. Die Nachfrage nach Busverbindungen, so die These der Gründer, kann mathematisch recht gut modelliert werden, wenn man weitere Zusatzfaktoren wie Kaufkraft oder Beschäftigungszahlen der Region in die Formel mit einbaut.

Mithilfe von Physikern erstellten die drei Gründer ein mathematisches und datengestütztes Modell. Daraus entstand eine Karte der hypothetischen Nachfrage nach Fernverkehr in Deutschland, sozusagen eine Karte des Soll-Zustands.

Was noch fehlte, war der Ist-Zustand. Dessen Erhebung folgte im nächsten Schritt. »Wir schrieben Programme, die real

existierende Verbindungen und Taktzeiten aller Bahnunterneh-
men abfragten und auswerteten«, sagt Krauss. Auf Deutschlands
Schienen fahren weitaus mehr Unternehmen als nur die Deutsche
Bahn. Seit der Liberalisierung des Schienenverkehrs sind die Tras-
sen für alle Anbieter geöffnet, die die Zulassungsanforderungen
erfüllen. Züge sind der wichtigste Wettbewerber für Fernbusse.
Also surften die Computer des jungen Unternehmens die Datenbanken aller Bahnanbieter ab und luden Millionen von Verbin-
dungsdaten herunter. Dies war die Ausgangsbasis für die Analyse
des Ist-Zustands.

»Aus diesen Ist-Daten entstand ebenfalls eine Karte«, erzählt
Krauss. »Wir legten die beiden Karten übereinander und erlebten
eine Überraschung: Die beiden Karten wiesen enorme Unter-
schiede auf. Das Bahnnetz deckte an vielen Stellen nicht die
Nachfrage ab, die wir errechnet hatten.« Warum nicht? Weil
Bahnverbindungen nicht auf Grundlage des tatsächlichen Bedarfs
entstehen, sondern Ergebnis politischer Entscheidungen sind.
Kommunen und Länder legen fest, wo und wie der Regionalver-
kehr fließt. Mit ihren Subventionen möchten sie Verkehr steuern,
nicht einfach nur bedienen. Über die Strecken des Fernverkehrs
haben seit über 100 Jahren viele Generationen von Politikern in
harten Auseinandersetzungen entschieden, siehe die Debatte um
Stuttgart 21. Dass der ICE im kleinen Montabaur hält, hat weniger
mit der Nachfrage des Publikums als mit der hartnäckigen Forde-
rung der Landesregierung Rheinland-Pfalz zu tun. Durch ihren
Einfluss im Bund konnte sie den Staatsbetrieb Deutsche Bahn
zum Stop in der 13 000-Seelen-Gemeinde zwingen. Das deutsche
Bahnnetz samt der Taktung seines Zugverkehrs ist eine Landkarte
politischer Entscheidungen, nicht ein Abbild der realen Nachfrage.
»Diese Erkenntnis machten wir uns zunutze«, berichtet Krauss.
»Wir bieten Strecken an, die mit den herkömmlichen Verkehrsmitteln nur mühsam zu erreichen sind, oder die dort deutlich
teurer kommen.« Der Erfolg, den Flixbus mit seiner Datenanalyse erzielte, löste ein gewaltiges Donnern aus. Binnen weniger
Jahre stieg Flixbus vom Start-up zum Quasi-Monopolisten auf.

Niemand außer den Gründern hatte erwartet, dass empirische Datenanalyse von Märkten solch gravierende Versorgungslücken offenlegen und mit passenden Angeboten schließen würde.

Die Begeisterung für Datenanalyse hörte nach den Anfangserfolgen nicht auf. Auch heute spielt Analyse eine wichtige Rolle bei Flixbus, zum Beispiel bei der Festlegung der Preise. Der Flixbus-Algorithmus steuert die Preise so, dass die optimale Auslastung zustande kommt. Es bleibt ein Rätsel, warum die Deutsche Bahn so teuer ist. Wie kann es sein, dass ein Zug mit 1000 Passagieren pro Ticket mehr kostet als ein Bus mit 60 Plätzen? Eigentlich müsste es wegen der höheren Produktivität eines großen Zuges im Vergleich zum kleinen Bus genau andersherum sein. Trotzdem verlangt die Bahn zum Beispiel von Weimar nach Erlangen 75,50 Euro; Flixbus nimmt für die gleiche Strecke 11,99 Euro. Das klingt wie Zauberei. Lange behauptete die Bahn, der Preisunterschied liege an den Trassengebühren. Für die Benutzung der Gleise und Bahnhöfe muss die Bahn staatlich festgelegte Gebühren an ihre eigenen Tochtergesellschaften bezahlen. Autobahnen für Busse sind günstiger. Doch nun, da es Flixtrain gibt, stellt sich heraus, dass Daniel Krauss es um den Faktor 5 preiswerter hinbekommt. Nun gibt es eigentlich gar keine andere Erklärung mehr, als dass Flixbus besser geführt wird als die Deutsche Bahn. Und dass Flixbus die Daten besser zu lesen weiß.

Entscheidend für den Erfolg war auch, dass Flixbus nach dem Plattform-Modell arbeitet. So kann das Unternehmen schnell wachsen, ohne riesige Summen Geldes für Sachanlagen aufbringen zu müssen. »Wie viele Busse gehören euch?«, frage ich Daniel Krauss. – »Ein einziger Bus«, sagt er. »Alle anderen Busse stehen in den Büchern der 500 Partnerunternehmen, mit denen wir zusammenarbeiten. Sie unterhalten die Busse und beschäftigen die Fahrer. Wir betreiben nur die Plattform, die das Busnetz organisiert, die Marke pflegt, die Tickets verkauft, das Risiko trägt, die Abrechnung erledigt und den Partnern das Geld überweist.« Ein großer, bequemer Bus kostet 500 000 Euro, ein Zug 10 Millionen.

Diese Kosten spart Flixbus ein, indem es sich die Arbeit geschickt mit den lokalen Busunternehmen aufteilt. Die lokalen Firmen besitzen die Busse, Flixbus vermittelt die Fahrten. Dafür behält Flixbus eine Provision von den Ticketgebühren ein. Die lokalen Busunternehmen bekommen eine Basisbezahlung pro Fahrt und werden am wirtschaftlichen Erfolg der jeweiligen Tour beteiligt. Das grüne Design der Busse entsteht durch abziehbare Folien. Wer das Netz als Busunternehmer verlassen möchte, kündigt den Vertrag und zieht einfach die Folie ab. Mit diesem Modell hat Flixbus nur fünf Jahre nach der Liberalisierung gemessen an den gefahrenen Kilometern einen Marktanteil von sagenhaften 90 Prozent erreicht.

»Warum besitzt Flixbus überhaupt einen Bus und kommt nicht ganz ohne eigenen Fuhrpark aus?«, frage ich Krauss. »Wir müssen einen Bus besitzen, um als Busunternehmen anerkannt zu werden. Wir brauchen ihn aus regulativen Gründen«, antwortet er. Ein eigener Bus also nur, um dem Regelwerk Genüge zu tun. »Auf welcher Strecke setzt ihr den eigenen Bus denn ein?«, frage ich. – »Auf keiner«, sagt er. »Er steht auf einem Hof und rostet vor sich hin. Er ist Denkmal für die Bürokratie. Wenn er irgendwann nicht mehr durch den TÜV kommt, kaufen wir uns einen neuen.«

Was können wir lernen vom Beispiel Flixbus? Dass es sich lohnt, Daten zu erheben und sie mit frischen Augen zu analysieren. Dabei fallen uns Dinge auf, die wir vorher nie beachtet hatten. Albert Einstein merkte einmal an, dass er als Kind ein Spätzünder war. Er stellte sich naive Fragen später als seine Altersgenossen; er betrachtete sie mit seinem reiferen Verstand und legte sie nicht so schnell ad acta, wie Kinder das tun: Was ist Zeit? Was ist Licht? Was ist Raum? Wie hängen diese Größen zusammen? Einsteins Schulkameraden hatten sich mit den gängigen, aber falschen Antworten ihrer Eltern und Lehrer zufriedengegeben. Als Spätzünder Einstein sich diese Fragen zum ersten Mal stellte, war sein Kopf reif genug, sich nicht mit einfachen Lösungen abspeisen zu lassen. Ähnlich naiv gingen Daniel Krauss und Kollegen zu Werke: »Fährt die Bahn in Deutschland eigentlich entsprechend dem Bedarf?«, fragten sie sich. – »Natürlich tut sie das, denn sonst würde sie ja nicht fahren«, hätten viele andere Menschen schulterzuckend zur Antwort gegeben. Daniel Krauss und seine Kollegen machten es sich nicht so einfach. Sie untersuchten, wie oben erzählt, die Fakten. Diese Methode bietet sich allen von uns an, die auf neue Ideen kommen wollen.

Noch ein anderes kurzes Beispiel. Es zeigt, wie viel Kreativität in den Köpfen steckt, wenn sie durch das Studium von Daten angeregt wird. Ein junger Gründer fragte sich: »Wogegen bin ich eigentlich versichert?« Ihm fiel auf, dass Kreditkartenfirmen ihn mit eingebauten Versicherungspolicen geködert hatten. Also breitete er seine Kreditkarten vor sich aus, holte die Kartenverträge aus dem Schrank und las alle Klauseln durch. Es stellte sich heraus, dass er unwissentlich Gebühren für sechs Einkaufsversicherungen und fünf Reiserücktrittspolicen bezahlte. Jeweils eine Versicherung hätte gereicht, um seine Risiken abzudecken. Der Gründer kündigte alle Karten bis auf eine und merkte, wie mühsam es ist, aus den Versicherungsverträgen wieder herauszukommen. Daraus entstand seine Geschäftsidee: Er bietet Kreditkarten- und Versicherungsmanagement als Service an. Auf diese Idee wäre er nie gekommen, wenn er sich nicht vorher der Mühe unterzogen hätte, alle Kartenverträge aufmerksam zu lesen. Auch das ist eine Form der systematischen Analyse von Daten.

Sie glauben, Sie haben noch keine gute Idee für ein neues Projekt entdeckt? Die gute Nachricht ist: Sie brauchen gar keine gute Idee, um ein erfolgreiches Vorhaben zu starten. Alles, was Sie brauchen, ist eine naive Frage. Und naive Fragen sind schnell gefunden. Sie liefern den ersten Impuls, um sich einem Thema einmal genauer zu widmen. Sobald wir die Lupe auf ein beliebiges Thema richten, springen uns die guten Ideen aus den Daten heraus fast von alleine an.

Im nächsten Kapitel lernen wir eine letzte Technik zum Aufspüren von Chancen kennen. Es geht um das Umbauen ganzer Wertschöpfungsketten.

Aus diesem Kapitel halten wir fest:

- Unvoreingenommene Analyse von Daten deckt Lücken in Märkten auf.
- Naive Fragen führen zum Erkennen verborgener Chancen.
- Naivität kann eine Stärke sein, wenn sie mit datenbasierter Empirie verbunden wird.

Ein Wertschöpfungssystem neu erfinden

Geschickte Angreifer ersinnen nicht nur neue Produkte. Sie entwerfen ganze Industrien neu. Der größte Preis, den es in der Digitalisierung zu gewinnen gibt, ist, eine ganze Leistungskette unter seine Kontrolle zu bringen. Wem das gelingt, der muss Konkurrenz kaum noch fürchten.

Wenn ein Unternehmen Glück hat, dann arbeiten dort Menschen, die scharf darüber nachdenken, wie man seine Zukunft sichern kann. Einer dieser engagierten Mitarbeiter ist Thorsten Michalik von der Fondsgesellschaft DWS. Immer wieder in seinem Berufsleben hat sich Michalik den Kopf darüber zerbrochen, wie er seinen Arbeitgeber auf einen neuen Trend am Markt vorbereiten kann. Mehrfach sind ihm originelle Ideen gekommen, und stets hat er sie mit deutlichem Erfolg umgesetzt. Nun kümmert er sich gerade um Digitalisierung. Dabei denkt er die gesamte Wertschöpfungskette durch und sucht nach neuen Chancen für die DWS und ihre Partner, die Anlageberater.

Thorsten Michaliks umfassendes Denken in ganzen Wertschöpfungsketten macht sein Beispiel interessant für uns. Es zeigt, dass jeder von uns dazu beitragen kann, einen neuen Platz für seine Firma zu finden, wenn die Digitalisierung den Markt durcheinanderwürfelt. Man muss nicht kündigen oder sich selbst als Start-up-Unternehmen betätigen. Man kann seinem Arbeitgeber treu bleiben und engagiert dafür eintreten, dass er gut durch die schwierigen Zeiten kommt.

Die DWS ist eine Tochtergesellschaft der Deutschen Bank und kürzlich an die Börse gegangen. Keiner anderen Fondsgesellschaft vertrauen die Deutschen so gern ihr Geld an wie der DWS. Sie hat einen Marktanteil von mehr als 25 Prozent. Michalik hat sein ganzes Berufsleben in der Finanzwirtschaft verbracht und sich dabei nach oben vorgearbeitet. Nach dem Studium der Betriebswirtschaft in Konstanz begann er zunächst bei der Schweizer

Großbank UBS in Zürich und wechselte im Jahr 2000 zur Deutschen Bank nach Frankfurt. Danach ging er zur DWS. Dort ist er heute Mitglied der Geschäftsleitung, zuständig für das Deutschland-Geschäft. Zu seinen Stärken gehört das scharfe Nachdenken über Märkte und die konsequente Umsetzung der Ergebnisse. Michalik trug maßgeblich dazu bei, die DWS im boomenden Geschäft mit Exchange Traded Funds (ETFs) zu etablieren.

Diese Fonds werden wie Aktien an der Börse gehandelt. Ihr eigentlicher Clou liegt darin, dass sie einen Aktienindex abbilden. Wenn man sie kauft, bekommt man ein ganzes Paket von Aktien aus einer bestimmten Branche oder einem bestimmten Land zugeteilt, anstatt sie sich mühsam einzeln zusammenkaufen zu müssen. »Den meisten Menschen, die Geld in Aktien anlegen möchten, ist es eigentlich recht gleichgültig, ob sie BMW, Daimler oder Volkswagen besitzen«, sagt Michalik. »Sie möchten aber vor dem Risiko geschützt werden, dass eine einzelne Aktie abstürzt und sie dabei ihr Geld verlieren, weil es sich ausgerechnet um jene Aktie handelt, der sie vertraut haben.« Also kaufen sie idealerweise nicht einzelne Aktien, sondern alle Autoaktien der Welt oder aus einer Region wie Deutschland auf einen Streich. Exchange Traded Funds machen diesen Kauf mit einem einzelnen Klick möglich.

»Durch die Erfindung der ETFs vor 25 Jahren ist der Markt der Fonds komplett auf den Kopf gestellt worden«, erinnert sich Michalik. »Vorher lief die Wertschöpfung so: Man steckte sein Geld in einen Investmentfonds. Dort gab es professionelle Anlagemanager, die entschieden, welche Aktien von den Einlagen der Anleger gekauft wurden.« Das Fachwort der Fondsbranche für dieses Modell lautet *aktives Management*. Damit wird zum Ausdruck gebracht, dass Menschen aus Fleisch und Blut Entscheidungen über Investitionen treffen. Oft liegen die Manager mit ihren Kaufentscheidungen richtig, allzu oft aber auch falsch. Der Kunde kann immer nur in dem Maße Geld verdienen, wie die Profi-Manager ins Schwarze treffen. Für Anleger funktioniert dieses Modell wie eine blinde Wette. Sie kennen die Manager nicht und können von außen kaum beurteilen, wer gute Leistungen abliefert und wer ständig danebentippt.

Exchange Traded Funds revolutionierten die klassische Fondsbranche innerhalb weniger Jahre. Bei Exchange Traded Funds gibt es keine Anlagemanager mehr. Sie kommen komplett ohne menschliche Investitionsentscheidungen aus. Das Fachwort lautet deshalb *passives Management*. »Diese Fonds bilden einfach nur einen Index ab«, sagt Michalik. »Zum Beispiel den DAX aus den 30 wertvollsten deutschen Unternehmen oder den Dow-Jones-Index der wichtigsten amerikanischen Firmen. ETFs laufen immer genauso gut oder schlecht wie der Index. Geht der Index nach oben, gewinnt auch der entsprechende Fonds, geht er nach unten, verliert auch der Fonds.« Für Anleger ist das eine gute Nachricht, denn im langfristigen Vergleich schlagen Aktien die meisten anderen Anlageformen, darunter auch Immobilien. Dass sie hin und wieder einen Dämpfer erleiden, tut ihrer dauerhaften Wertsteigerung keinen Abbruch. Aufgeklärte Anleger halten kurzfristige Abschwünge gern aus, wenn sie langfristig dafür einen überdurchschnittlichen Ertrag erzielen. Besonders dann, wenn sie vor dem Einbruch einzelner Aktien geschützt werden. Hinzu kommt, dass Exchange Traded Funds deutlich preiswerter sind als aktiv geführte Fonds, weil kein Management bezahlt werden muss.

Was für die Anleger eine gute Nachricht war, erwies sich für Fondsmanager umgekehrt als richtig schlechte Nachricht, denn sie wurden nicht mehr gebraucht. Thorsten Michaliks Verdienst innerhalb der DWS war es, dass er gemeinsam mit seinen Chefs und seinen Teams gar nicht erst versuchte, die Marktrevolution aufzuhalten, sondern dass er von Anfang an verstand, welchen großen Nutzen Exchange Traded Funds den Anlegern bringen. Dieser neue Anlagetyp war nicht aufzuhalten. Deswegen ging die DWS dazu über, sich an die Spitze der Bewegung zu setzen. Das war keineswegs selbstverständlich, denn die Auswahl von Aktien durch Profi-Manager lag tief in der Kultur des Unternehmens verankert. Es hätte zahlreiche Gründe gegeben, mit aller Kraft gegen passive Fonds anzukämpfen. Doch zum eigenen Glück entschied sich das Unternehmen zum Mitmachen statt zum Aufhalten. Michalik und seine Leute schafften es, ihr Unternehmen an die Spitze des neuen Marktes zu katapultieren. Die mutige Entscheidung hat sich gelohnt.

Für die Strategie der DWS in der Digitalisierung war diese ETF-Erfahrung wichtig. Denn am Beispiel der Exchange Traded Funds hatte das Team gelernt, dass man erklecklichen Erfolg mit seinem angestammten Arbeitgeber erreichen kann, wenn man Änderungen der Wertschöpfungsmethode entschlossen vorantreibt. Diese Erfahrung hat Thorsten Michalik tief geprägt.

Nun steht er vor der Herausforderung, die Rolle seiner Firma in der Digitalisierung zu definieren. Darin liegen große Chancen, aber auch große Gefahren. Theoretisch könnten Plattformen traditionelle Fondsgesellschaften aus dem Markt drängen. Zu Zeiten, als es nur aktiv geführte Fonds gab, hätten Plattformen nichts ausrichten können. Da Plattformen Leistungen nur vermitteln, diese Leistungen aber nicht selbst erbringen, hätten sie allenfalls Fonds der DWS verkaufen können, den Investitionsmanagern selbst aber wären sie nicht gefährlich geworden. Doch heutzutage, da es Abertausende von Exchange Traded Funds gibt, die ihrerseits ganz ohne Profi-Manager auskommen, könnte es Angreifern leichtfallen, den traditionellen Fondsgesellschaften das Wasser abzugraben.

Wie ginge das? Die Angreifer müssten nur einen Weg finden, alle Aktien in einem Index wie dem DAX oder dem Dow Jones elektronisch zu bündeln und in einem Paket an die Geldanleger zu vermitteln. Das wäre eine typische Aufgabe für Plattformen. Für ihre Vermittlungsdienste würde die Plattform eine Provision beziehen. Dies wäre ein lukratives Geschäftsmodell. Deswegen gibt es Dutzende von Start-ups, die genau diesen Versuch wagen. Sie stellen Aktien nach allen erdenklichen Kriterien in Gruppen zusammen. Das können Indizes sein. Aber auch die Bündelung nach einzelnen Themen, ethischen Werten und Regionen ist möglich. Zum Beispiel kann man mit einem einzelnen Mausklick in alle Windparkbetreiber Nordeuropas investieren, die sich zu langfristig wirksamem Artenschutz verpflichtet haben. Früher hätte man für ein solches Bündel Fondsgesellschaften und Profi-Manager gebraucht. Heute stellen Algorithmen und Plattformen die Bündel vollautomatisch und extrem kostengünstig zusammen. Erstmals wird es damit auch möglich, seinen höchstpersönlichen Investmentfonds zu bauen; in etwa so, wie man bei Spotify die eigene Playlist aus seinen Lieblingssongs komponiert. Diesen Fonds gibt es dann nur für einen selbst. Man kann aber Freunde folgen lassen, wenn man dies wünscht – wieder ähnlich wie bei Spotify.

Mit Thorsten Michalik zu sprechen, ist schon deswegen aufschlussreich, weil er sich einfach weigert, die Flinte ins Korn zu werfen. Er ist ein interessantes Beispiel für Angestellte, die nicht mit fliegenden Fahnen zu den Angreifern überlaufen wollen, sondern die ihre ganze Fantasie in Stellung bringen, um den eigenen Arbeitgeber zum Gewinner des Wandels zu machen. Auch dieses Mal hat Michalik einen detaillierten Plan entwickelt. Seine Schilderung beginnt mit einer Lagebeschreibung: »Leider besitzen nur fünf Prozent der Deutschen Aktien«, sagt Michalik. »Deutschland war nie ein Land der Aktionäre, obwohl die Statistiken klar für Geldanlage in Aktien sprechen. Doch Enttäuschungen wie mit der T-Aktie und das allgemeine Sicherheitsdenken standen der Entwicklung einer Aktienkultur immer im Wege.« Michaliks Plan hebt darauf ab, das Aktien-Defizit der Deutschen auszugleichen: »Nur fünf Prozent der Deutschen besitzen Aktien, doch 95 Prozent haben ein Handy. Die 90 Prozentpunkte dazwischen sind unsere Chance.« Als ich seine These bei einem seiner Vorträge in Frankfurt das erste Mal höre, leuchtet sie mir sofort ein. Jeder, der ein Smartphone besitzt, kann potenziell zum Aktionär werden, wenn der Kauf von Aktien extrem einfach über das Handy funktioniert, oder besser noch: wenn er gar nicht mehr in Gestalt eines Aktienkaufs daherkommt.

Michaliks Strategie zufolge bringt die DWS eine ganze Suite mobiler Produkte auf den Markt, die das Verwalten des eigenen Vermögens und das Sparen supereinfach machen. »Nach mehreren Jahren Niedrigzinsen haben die Leute verstanden, dass sie etwas mit ihrem Geld machen müssen«, glaubt Michalik. »Wir haben uns intensiv mit Technologie beschäftigt und sind nun in der Lage, die passende anzubieten.« Wieder bricht Michalik mit einer Tradition seiner eigenen Branche. Er setzt auf automatische Anlageberater, sogenannte Robo-Advisors. Nicht mehr der traditionelle Berater in der Filiale oder bei einem Vertriebspartner sucht dem Kunden ein passendes Produkt heraus, sondern ein Algorithmus übernimmt das. Die DWS hat eigene Robo-Advisors entwickelt und sie auf den Markt gebracht. »Nun müssen wir smarte Tools entwickeln, um Anleger auf diese Robo-Advisors aufmerksam zu machen«, sagt Michalik.

Hierzu schwebt ihm Folgendes vor: »Ich habe mich schon immer gefragt, warum man Geschenkgutscheine von Ikea, Media-Markt und Apple im Laden kaufen kann, aber keine Geschenkgutscheine für Fonds. Warum kann man Vermögensaufbau nicht verschenken? Das werden wir ändern und Verschenkgutscheine einführen.« Auf diesen Gutscheinen sind QR-Codes aufgedruckt, die man mit der DWS-App einscannt und als Beschenkter das Geld gleich in Aktien umwandelt. »Damit muss aber gar nicht Schluss sein«, findet Michalik. »Wenn es den QR-Code erst einmal gibt, können wir ihn an vielen anderen Stellen einsetzen.«

Zum Beispiel denkt er an Promotion-Aktionen mit Ketten wie Starbucks oder Ikea, etwa nach dem Muster: Wer regelmäßig einkauft, dem hilft die Kette mit 10 oder 50 Euro beim Vermögensaufbau. »Auch Arbeitgeber könnten den Code einsetzen und auf die Gehaltsabrechnung drucken, um ihre Mitarbeiter zum Aufbau der Altersversorgung zu motivieren«, sagt Michalik. »Firmen steuern ja jetzt schon Geld zum Vermögensaufbau bei. Der QR-Code auf der Gehaltsabrechnung könnte dazu einladen, 10 Euro gleich jetzt selbst zu investieren und weitere 10 Euro vom Arbeitgeber aufgestockt zu bekommen.«

Den DWS-Vertriebspartnern ist von Michalik in seinem Digitalmodell ebenfalls eine Rolle zugedacht. Er trachtet nicht danach, sie aus dem Markt zu drängen, sondern möchte sie zu Verbündeten machen. Sie können beispielsweise dabei helfen, ihren Kunden immer die neuesten DWS-Tools nahezubringen, sodass die Kunden immer auf dem neuesten Stand der Technik sind. Zwar ersetzen Algorithmen den Menschen bei der Auswahl von Fonds. Das ist für Michalik aber noch lange kein Grund, die bewährte Partnerschaft mit Anlageberatern aufzukündigen. »Unsere Partner sind nahe am Kunden. Sie kennen ihn. Und das stellt auch in der Digitalisierung einen Vorteil dar«, sagt er. Statt sie aus seinen Überlegungen herauszustreichen, denkt er eine veränderte Rolle für sie gleich mit und entwickelt digitale Angebote, mit denen sie bei ihren eigenen Kunden punkten können.

Dies ist beileibe keine Selbstverständlichkeit. Denn in dem Maße, wie elektronische Anlageberater auf unseren Smartphones Raum greifen, dreht der Markt seine Richtung um. Er verwandelt sich vom *Push* zu *Pull*, wie Fachleute gern sagen. Gemeint ist damit, dass nicht mehr der Vertrieb den Kunden überzeugen muss, ein bestimmtes Produkt zu erwerben, sondern dass umgekehrt der Kunde Produkte so intensiv nachfragt, dass es für den klassischen Vertrieb kaum mehr etwas zu tun gibt. Theoretisch könnte sich die DWS einen Fondsvertrieb ganz ohne Anlageberater ausdenken. Anders ausgedrückt: Wenn Robo-Advisors erst einmal auf Millionen Smartphones installiert sind und sie uns mit Nachrichten erfreuen, wie viel Geld sie im Alleingang verdient haben, dann steigt unsere Neigung, ihnen mehr Geld anzuvertrauen, und dann gibt es immer weniger für menschliche Anlageberater zu tun, die uns die Vorzüge eines bestimmten Anlagefonds erläutern möchten.

Die Anlageberater werden es der DWS wahrscheinlich danken, dass sie für sie mitgedacht hat. Dies stärkt das Vertrauen und kann dazu beitragen, den Marktanteil auszubauen. Am Beispiel der Fondsgesellschaft sehen wir: Wenn wir früh genug dran sind, können wir die künftige Gestalt eines Markts, auf dem wir tätig sind, mitentwerfen. Wir können unserer eigenen Firma und unseren Partnern aussichtsreiche Plätze zuweisen. Wir können uns neue Vertriebsformen ausdenken und Potenziale erschließen, die vorher als undenkbar galten. Wenn Thorsten Michalik recht behält, kann es der Fondsbranche gelingen, aus der 5-Prozent-Aktien-Nische auszubrechen – indem sie dorthin vorsticht, wo die Mehrheit sie leicht sehen kann: auf die Bildschirme der Smartphones. So kann es gelingen, der Gefahr durch Plattformen von außen zu entgehen.

Wie sieht der Markt, den Thorsten Michalik beschreibt, aus der Sicht der Angreifer aus? Welche Überlegungen stellen sie an? Auch sie wissen, dass sich die meisten Märkte von *Push* zu *Pull* verwandeln. Die Welt wird überschwemmt von Sensoren. Da diese Fühler immer billiger werden, fließen sie zu Milliarden in alle erdenklichen Produkte ein. Jedes T-Shirt, jede Uhr, jeder Kühlschrank, jeder Toaster, jedes Auto und natürlich jedes Smartphone wird zur Außenstelle von Algorithmen. Das Verhalten von Konsumenten wird engmaschig beobachtet. Künstliche Intelligenz sagt voraus, was wir begehren werden, noch bevor wir es selbst wissen. Diese Daten kommen in Echtzeit bei den Plattformen und Produzenten an.

Die Reihe aller Lieferanten vom Rohstoff bis zum fertigen Produkt nennt man *Wertschöpfungskette*. Jedes Mitglied einer solchen Kette kennt in Zukunft alle Wünsche und Bedürfnisse des Endkonsumenten und richtet seine Planungen darauf aus. Niemand muss mehr auf Verdacht und Halde produzieren, sondern alle Waren werden in Kenntnis des genauen Bedarfs hergestellt. Das ist viel effizienter als bisher, spart Milliarden Kosten ein und macht viele Produkte noch preiswerter – oder kann in deren Qualität investiert werden.

Wenn nun ein Angreifer auf den Plan tritt, der bislang nicht Mitglied einer Wertschöpfungskette war, dann versucht er, die komplette Kette mithilfe einer Plattform unter seine Kontrolle zu bringen. Dafür zieht er zunächst die Konsumenten auf seine Seite, denn von ihnen kommen die Daten. Ohne diese Daten kann er nicht viel ausrichten. Ist der Konsument erst einmal eingefangen, braucht der Angreifer eine Strategie, wie er sein Angebot auf die Gegenseite optimiert (siehe das gleichnamige Kapitel). Er muss den Produzenten in der Wertschöpfungskette ein Angebot unterbreiten, das sie nicht ablehnen können. Am einfachsten schafft er das, indem er ihnen Geld anbietet.

Je attraktiver sein Angebot ausfällt, desto bereitwilliger kommen die Produzenten auf seine Plattform. Um das Angebot reizvoll auszuschmücken, benötigt der Angreifer Geld. Dieses Geld besorgt er am einfachsten, indem er ganze Glieder aus der Wertschöpfungskette streicht. Mit jeder gestrichenen Stufe fließt mehr Geld in seine Kasse, das auf die verbleibenden Stufen verteilt werden kann. Typischerweise kürzen Angreifer eine Wertschöpfungskette ungefähr um die Hälfte. Da alle Glieder der Kette bislang an der Wertschöpfung mitverdient haben, wird durch die Streichung Geld frei – und zwar genau in der Höhe der kombinierten Gewinne aller gestrichenen Stufen. Großzügig gibt der Angreifer einen Teil dieses Geldes bei den Überlebenden aus, um sie sich gewogen zu halten. Den Rest des Geldes behält er für sich selbst. Sprich: Er erhöht den bisherigen Gewinn der Produzenten und senkt die Preise für die Konsumenten. Weil es sich für die Überlebenden lohnt, diese zusätzlichen Gewinne einzustreichen, bleiben sie der Plattform des Angreifers treu.

Eine neue stabile Struktur des Marktes bildet sich heraus. Sie löst die alte überkommene Struktur ab. Das Streichen von Wertschöpfungsstufen ist also kein Zufall oder Unfall, sondern die volle Absicht des Angreifers. Er lebt davon, den Mittelsmann aus dem Markt zu entfernen, also beispielsweise den Großhändler oder den Einzelhändler einfach zu eliminieren. Täte er es nicht, stünde ihm nicht genug Geld zur Verfügung, um dem Konsumenten und den verbliebenen Produzenten verlockende Angebote zu unterbreiten, die sie kaum ablehnen können. Ein Beispiel für diese Strategie des Stufenstreichens liefert der Reisemarkt: Die Plattform Expedia verdrängt Reisebüros. Damit wird der Vermittler gestrichen. Fluggesellschaften werden durch hohe Umsätze bei niedrigen Marketingkosten zur Teilnahme motiviert, Konsumenten durch günstige Ticketpreise.

Thorsten Michaliks Strategie ist also zeitgemäß. Die DWS denkt über die komplette Wertschöpfungskette nach und sucht sich einen passenden neuen Platz in dem neuen digitalen Modell, bevor jemand anders ihr zuvorkommt. Es lohnt sich also, Wertschöpfungsketten komplett zu durchdenken, sie digital zu erneuern und sich selbst in einen neuen Masterplan hineinzuschreiben. Wenn man dies nicht tut, wird jemand anders das Schreiben des Plans übernehmen, und dieser Jemand wird dem eigenen Unternehmen ziemlich wahrscheinlich keinen Platz mehr zugedenken. Ob Michaliks Plan für die DWS aufgeht, steht auf einem anderen Blatt. Musterpläne für ganze Wertschöpfungsketten können falsch sein. Doch sie tragen in jedem Fall zum Lernen bei. Solange man bereit ist, den Plan laufend anzupassen, so lange besitzt man gute Chancen im Wettlauf gegen die externen Angreifer.

Mit diesem Kapitel endet unsere Untersuchung der Methoden, neue Chancen im Wandel zu finden. Wir haben die erfolgversprechendsten Wege kennengelernt. Im nächsten Abschnitt geht es dann um die Organisation des Wandels in Unternehmen. Methoden, Strukturen und Führung stehen im Vordergrund. Der Abschnitt richtet sich an Menschen mit Führungsverantwortung, er ist aber auch interessant für alle anderen Leserinnen und Leser, die wissen möchten, wie man den Wandel am besten ins Werk setzt.

Aus diesem Kapitel halten wir fest:

- Angreifer konzipieren ganze Wertschöpfungsketten neu, weil sie so am einfachsten Zugang zum Markt finden.
- Meistens streichen Angreifer ganze Stufen der Wertschöpfung heraus. Mit dem dadurch frei werdenden Geld schaffen sie attraktive Anreize für Konsumenten und die verbleibenden Produzenten.
- Diese Anreize belohnen die Teilnahme an der Plattform des Angreifers.
- Traditionelle Firmen können die Wertschöpfungskette, in der sie tätig sind, aus eigener Kraft neu definieren und sich einen guten Platz darin sichern.
- Es lohnt sich für Mitarbeiter, im bestehenden Unternehmen zu bleiben, wenn sie aktiv dazu beitragen können, einen neuen Platz für ihr Unternehmen zu finden.

»BAUEN, PARTNERN, INVESTIEREN.«

Selbstdisruption von Unternehmen

Methodik: Neue Industrien rechtzeitig erkennen

Traditionelle Geschäftsmodelle werden von der Digitalisierung entbündelt. Die gute Nachricht ist, dass man durch Analyse vorab erkennen kann, welche neuen Märkte an die Stelle des alten treten. Entsprechend kann man bauen, partnern oder investieren – oder Märkte sehenden Auges ignorieren.

Wenn man den jungen Mitarbeiter eines bundesweit agierenden Zeitungsverlags vor 30 Jahren fragte, nach welchem Modell sein Unternehmen Geschäfte macht, dann war seine Antwort klar: »Herz des Unternehmens ist die Redaktion. Sie schreibt Texte, sucht Fotos aus und gestaltet die Seite, produziert also den Journalismus. Ihretwegen kaufen unsere Leserinnen und Leser die Zeitung. Wir vertreiben die Zeitung im Abonnement oder einzeln am Kiosk. Darüber hinaus gibt es die Anzeigenabteilung. Sie verkauft Anzeigen an unsere Kunden wie Audi, Beiersdorf oder Deutsche Bank.« Eine kleine Pause folgte. Dann fiel dem Mitarbeiter noch etwas ein: »Ach ja, da gibt es ja noch die Kleinanzeigen. Über sie verkaufen die Leute ihre Autos oder vermieten Wohnungen. Manche Zeitungen bieten zusätzlich Kontaktanzeigen oder Flohmärkte für alte Tische, Schränke, Kinderwagen oder Kleider an.« Der Mitarbeiter nickte zufrieden: »Das war's. Das ist unser Geschäftsmodell.« Damit meinte er: »Das alles ist *ein* Geschäftsmodell.« Der Mitarbeiter, um den es hier geht, war ich. Dutzende Male habe ich Fragen von Freunden, Studenten oder Praktikanten so oder ähnlich beantwortet. Es war die Standardantwort der Branche. Nicht nur ich habe sie so gegeben, jeder im Verlagswesen antwortete damals so. Es gab für uns keinen Grund, an dieser Sichtweise zu zweifeln. Wir hatten *ein* einziges Geschäftsmodell – das Modell der Zeitungen. Jede andere Antwort wäre mir damals abwegig vorgekommen.

Die Digitalisierung hat uns gelehrt, dass die Antwort in einem kleinen, aber wichtigen Detail falsch war. Zeitungen besaßen nicht nur *ein* Geschäftsmodell, sondern *drei*. Diese drei kamen uns lediglich so vor, als wären sie ein einziges. Auf den ersten Blick mag das wie ein lässlicher kleiner Fehler wirken. Doch in Wahrheit handelte es sich um eine krasse Fehleinschätzung, die herbe Folgen für die gesamte Branche haben sollte. Der kleine Unterschied zwischen *einem* Modell und *drei* Geschäftsmodellen trägt die Hauptverantwortung für den Niedergang zahlreicher Verlage. Wir wussten damals nicht, was wir wirtschaftlich genau taten. Deswegen sahen wir den Wandel nicht kommen, der unsere Branche erschüttern sollte. »Der kleine Unterschied und seine großen Folgen«, heißt Alice Schwarzers bekanntestes Buch. An diesen Titel fühle ich mich immer erinnert, wenn ich an die fatale Verwechslung von *eins* und *drei* denke. Es war nur ein kleiner Unterschied, doch er hatte gewaltige Auswirkungen. Auch wenn Alice Schwarzer natürlich über ein ganz anderes Thema schreibt.

Was genau ist hier gemeint? In meiner Standardantwort beschrieb ich damals die drei sehr unterschiedlichen Arten, auf die wir mit unseren Kunden ins Geschäft kamen:

- **Verkauf von journalistischen Arbeiten an Leserinnen und Leser:** Hierbei handelt es sich um Geschäfte professioneller Verlage mit einer großen Zahl von einzelnen Leserinnen und Lesern. Es gab unter den Abonnenten zwar auch einige Firmen, doch sie spielten zahlenmäßig kaum eine Rolle. Hauptsächlich ging es um den Verkauf der Zeitungen an Privatkunden, also um Business-to-Consumer (B2C), und zwar in standardisierten, stark industrialisierten Massenprozessen. Viele Zeitungen hatten Hunderttausende von Kunden. Entsprechend gut durchkomponiert müssen die Abläufe sein.

- **Verkauf von Anzeigen an Firmen:** Das ist ein Business-to-Business-Modell (B2B), denn der Verlag und seine Anzeigenkunden sind beide Unternehmen. Massenprozesse gibt es nicht. Jeder

Anzeigenkunde ist persönlich bekannt. Zwischen den Verkäufern des Verlags und den Einkäufern des Kunden besteht eine enge persönliche Beziehung. Für große Kunden gibt es Key-Account-Betreuer. Mit ihnen schließt der Verlag große Jahresaufträge über bedeutende Summen ab.

• **Verkauf von Rubrikenanzeigen an Privatkunden:** Fast alle Kunden von Kleinanzeigen sind Privatleute. Dennoch ist dieses Geschäftsmodell anders gelagert als der Verkauf journalistischer Leistungen. Denn im Unterschied zum Journalismus produziert der Verlag die Inhalte der Kleinanzeigen nicht selbst. Der Text kommt von den Kunden, also denjenigen, die ihre Wohnung vermieten oder ihr Auto verkaufen möchten. Deswegen handelt es sich um ein Geschäft von Privat zu Privat. Die Zeitungen liefern lediglich die Plattform, mit deren Hilfe Privatleute untereinander kommunizieren können. Deswegen spricht man von Consumer-to-Consumer (C2C) oder Peer-to-Peer (P2P). *Peer* steht im Englischen für das deutsche *Standesgenosse* oder *Gleichstehender*.

Obwohl wir damals in drei sehr unterschiedlichen Geschäftsformen aktiv waren, kamen sie uns vor wie eine einzige Form. Als der Umbruch begann, entbündelte er die Branche und zerlegte sie in drei unterschiedliche Zweige. Was vor 30 Jahren noch eine einheitliche Industrie war, sind heute drei Industrien, die nichts mehr miteinander zu tun haben. Man kann in einem der drei Gebiete tätig sein, ohne bei einem der anderen beiden mitzumachen. Zum Beispiel gibt es Plattformen für Immobilienanzeigen wie *Immoscout* oder *ImmoNet*. Sie besitzen keine Redaktion, verkaufen keine Artikel an Leserinnen und Leser, und sie leben auch nicht vom Anzeigenverkauf an die Commerzbank oder Mercedes.

Dies war früher ausgeschlossen. Als Journalistenschüler habe ich Mitte der 1980er-Jahre für drei Monate in München gelebt. Um eine Wohnung zu finden, musste ich mit Freunden samstagmorgens um halb fünf an einem Kiosk stehen und eines der ersten

Exemplare der *Süddeutschen Zeitung* ergattern. Sie besaß damals nahezu ein Monopol auf Immobilienanzeigen in München. Ein Freund wartete in einer Telefonzelle, die er tapfer gegen andere Wohnungssuchende verteidigte. Er trug eine Kaffeetasse voller Zehn-Pfennig-Stücke mit sich. Wir rannten mit der Zeitung in die Telefonzelle und quetschten uns zu dritt hinein. Einer von uns kringelte interessante Anzeigen mit dem Farbstift ein, der andere warf Münzen nach und bediente die Wählscheibe, der Dritte führte die Gespräche, meistens mit frustrierendem Ergebnis, denn Münchner Immobilienbesitzer mögen hohe Preise, dafür aber keine Studenten. In jenen Zeiten war es unmöglich, einen Rubrikenmarkt für Immobilienanzeigen zu betreiben, ohne gleichzeitig eine Redaktion zu unterhalten und Anzeigen an BMW zu verkaufen. Denn die Artikel der Redaktion brachten die hohe Reichweite der *Süddeutschen Zeitung*, die es für Immobilienbesitzer interessant machte, drei Zeilen Text voller Abkürzungen zu absurd hohen Preisen zu schalten.

Heute im Digitalzeitalter ist dieses Geschäftsmodell nahezu tot. Die meisten an Immobilien Interessierten suchen direkt auf den einschlägigen Plattformen, deswegen bringen die Immobilienbesitzer ihre Anzeigen lieber dort unter. Wer sich für Journalismus interessiert, steuert Nachrichtenwebseiten an. Dort stehen gar keine Immobilienanzeigen mehr. Auch große Werbekunden wie Volkswagen, Mercedes und BMW schalten den größten Teil ihrer digitalen Anzeigen außerhalb der Webseiten von Medien. Warum? Weil jemand, der ein Auto sucht, überall im Netz aufgespürt werden kann, nicht mehr nur bei den traditionellen Medien. Facebook, Google, YouTube, Instagram und viele andere Angebote erreichen mehr Auto-Interessenten als *Süddeutsche*, *FAZ* oder *Welt*.

Entbündelung von Geschäftsmodellen trifft heutzutage nahezu alle Branchen. Medien waren nur die Vorreiter. Heute sehen alle Wirtschaftszweige den Effekt, von dem die Medien als Erste getroffen wurden. Gegen die Entbündelung ist kein Kraut gewachsen. Sie kommt von ganz allein und entfaltet sich wie eine

Naturgewalt. Der Niedergang traditioneller Geschäftsmodelle ist das Ergebnis der Änderung von Umweltbedingungen. Wir können uns diesen Effekt am einfachsten an einem Beispiel aus der Physik vorstellen.

Wetterballons, die von Meteorologen in die obersten Schichten der Atmosphäre geschickt werden, starten am Boden schlaff aufgepumpt. Das Gas, das sie in die Höhe fliegen lässt, füllt nur einen kleinen Teil ihrer Hülle. Sie steigen wie traurige alte Geburtstagsballons vom Boden auf, so als hätten sie schon viel Luft verloren. Das muss so sein. Denn je höher sie steigen, desto geringer wird der Druck der Außenluft. Schwerkraft zieht auch die Luft auf den Boden. Mit jedem Zentimeter Höhenunterschied nimmt der Luftdruck ab. Derweil bleibt der Innendruck des Ballons aber gleich. Auf der Reise des Ballons nach oben verändert sich das Verhältnis zwischen Innen- und Außendruck ständig. Ganz oben angekommen, sieht der Ballon prall gefüllt aus, obwohl er genauso viel Gas enthält wie am Boden. Er wird nur nicht mehr so stark vom hohen Druck der Luft am Boden zusammengedrückt. Weit oben darf er sich frei entfalten. Wäre er am Boden voll aufgepumpt gestartet, könnte die Hülle den Innendruck schon bald nicht mehr abfedern, wenn der Außendruck zu stark nachlässt. Der Ballon würde platzen.

Ähnlich zwingend verläuft die Entbündelung in der Digitalisierung. Sie gleicht einer Explosion. Das Geschäftsmodell der Zeitungen, das wir vor 30 Jahren fälschlicherweise für ein einziges Modell hielten, wurde in Wahrheit nur vom Außendruck zusammengehalten. Von welchem Außendruck? Vom Außendruck, der dadurch entstand, dass es Unsummen Geld kostete, einen Verlag zu starten. Redaktion, Anzeigenabteilung, Abonnementverwaltung, Leserbetreuung, Druckmaschinen, Papier, Farbe, Auslieferung mitten in der Nacht, Abrechnung der verkauften Exemplare – das alles verschlang viele Millionen. Nur wenige reiche Unternehmen konnten es sich leisten, diese Kosten zu schultern. Als Privatmensch einen Zeitungsverlag zu gründen, war ausgeschlossen. So gab es denn seit den 1970er-Jahren auch nur zwei Gründungen überregionaler Zeitungen: *taz* und *Financial Times Deutschland*. Die *FTD* wurde nie profitabel, die *taz* lebt von Enthusiasmus und Selbstausbeutung ihrer Mitarbeiter und der sie finanzierenden Genossen. In Österreich kam nur eine neue überregionale Zeitung nach traditionellem Geschäftsmodell auf den Markt: der *Standard*; in der Schweiz meines Wissens keine. Von den Gratiszeitungen wollen wir absehen, weil sie ein anderes Modell verfolgen.

Mit der Digitalisierung entfällt dieser Außendruck. Plötzlich brauchte man nur noch 400 Euro für einen Laptop und 5 Euro im Monat für einen Internet-Hosting-Anbieter, um einen Verlag zu eröffnen, Werbevermarktung zu organisieren und Rubriken-Plattformen zu gründen. Die Innovatoren stürzten sich in Windeseile und voller Begeisterung auf die drei lukrativen Geschäftsfelder der Zeitungen. Kein einziger Angreifer dachte auch nur im Traum daran, alle drei Felder auf einmal zu betreten. Warum auch? Sie hatten in Wahrheit nichts miteinander zu tun. Es gab keinen Grund, sie miteinander in Verbindung zu bringen. Die Verbindung zwischen ihnen war künstlich. Dass die Zeitungen alle drei auf einmal bestellt hatten, lag ausschließlich an der Technologie des Zeitungsdrucks und am physischen Vertrieb der gedruckten Exemplare. Einen anderen Zusammenhang gab es nicht. Mit dem Überwinden der Zeitungsdruck-Technologie wurde es plötzlich absurd, alle drei Modelle auf einmal praktizieren zu wollen. Wer das als Letzter merkte, waren natürlich die Mitarbeiter und Führungskräfte von Zeitungen. Naval Ravikant, Gründer und Chef von AngelList, einer Plattform für Start-ups und Investoren, sagt treffend: »Was Disruption so zerstörerisch macht, ist die Tatsache, dass sie fast unmöglich zu vermeiden ist. Manager werden dafür bezahlt, Stärken ihrer Unternehmen auszuspielen, statt sie zu zerstören. Sie sollen die Gewinnmargen erhöhen, nicht vernichten.«

Zeitungen hielten stur an ihrem traditionellen Geschäftsgebaren fest, während die Welt um sie herum in drei neuen Industrien zu denken begann statt in einer alten. Die drei neuen Industrien heißen, hier mit ihren englischen Fachbegriffen genannt: Journalismus

(Content), Werbung (Advertisement Technology) und Rubrike-nanzeigen (Classifieds). Alle drei neuen Industrien werden heute von Angreifern beherrscht. Nirgendwo schaffte es ein Verlag aus eigener Kraft, den Umbruch anzuzetteln. Die wenigen Verlage, die heute in der digitalen Welt noch eine Rolle spielen, tun dies, weil sie sich rechtzeitig mit Angreifern verbündet und in ihre eige-nen Kannibalen investiert haben, so zum Beispiel Axel Springer in *StepStone*, eine Plattform für Stellenanzeigen. Andere Verlage, die ähnlich handelten, sind Schibsted aus Norwegen, Burda aus Deutschland, Naspers aus Südafrika und Gannett aus den USA. Sie lassen sich weltweit an zwei Händen abzählen. Welche der drei neuen Industrien ist heute die ertragreichste? Wenn Sie mögen, raten Sie einmal. Richtig, es sind die Classifieds. Denn Rubriken-portale wie für Stellen, Immobilien, Jobs, Autos, Partnerschaften oder Trödel sind reine Plattformen. Ihre Inhalte werden nicht von der Plattform produziert, sondern von den Kunden selbst geschrieben. Das spart Produktionskosten, und deswegen fallen die Gewinne so hoch aus. Mit dem Geschäftsmodell *Journalismus* erreicht man heutzutage im besten Fall rund 20 Prozent Gewinn-marge, mit Rubrikenplattformen das Doppelte oder Dreifache.

Wir sehen: Das Geschäftsmodell der Zeitungen wurde entbün-delt entlang von Bruchlinien. Wir hatten diese Linien vor 30 Jah-ren nicht erkannt. Doch wir hätten sie erkennen können. Dies ist eine der wichtigsten Lehren aus der digitalen Transformation. Sie gilt vermutlich für alle Branchen:

Traditionelle Geschäftsmodelle zerfallen in der Disruption ent-lang bestimmter Bruchlinien. Mithilfe von Analysen kann man diese Bruchlinien vorab erkennen.

Neue Industrien lassen sich also vorhersagen. In unserer Firma nennen wir diese neuen Industrien *Spaces*, also Räume. Spaces sind junge Industrien, die sich noch nicht entfaltet haben. Sie sind noch zu klein, um *Industrie* genannt zu werden. Doch sie bergen das Potenzial zur Industrie. Wenn nichts schiefgeht, wachsen sie zu einer großen Branche heran. Zeichnet man in 20 Jahren eine Landkarte aller Industrien der Welt, denn bilden die heutigen Spaces eigene Länder oder Kontinente. Die heutigen Industrien werden sich fast zwangsläufig in diese Spaces auflösen. Unsere Kinder und Kindeskinder werden mit den Namen der heutigen Industrien nicht mehr viel anzufangen wissen. Sie verstehen später nicht mehr, was Verlage, Banken, Versicherungen oder Automobilkonzerne früher einmal waren. Dafür kennen sie viele neue Industrien, die ihnen wie selbstverständlich vorkommen. Zum Beispiel ist ihnen die Industrie der Streaming-Dienste wie Netflix, YouTube, Spotify oder Deezer geläufig. Was Radio- und Fernsehkonzerne früher einmal waren, wissen sie schon bald nur noch aus den Erzählungen ihrer Großeltern. Sie zahlen in ihren Chat-Apps mit Ali Pay oder WeChat Pay. Dass Mama und Papa dafür früher einmal eine Bank benötigten, kommt ihnen seltsam vor.

Rainer Bröcher ist Geschäftsführer der Schäfer Werke, einem Spezialisten für die Entwicklung, Herstellung und den Vertrieb von Produkten aus Feinblech und Edelstahl. Das Familienunternehmen mit Sitz im nordrhein-westfälischen Neunkirchen bei Siegen gehört zur Schäfer Gruppe, auch bekannt durch den Versandhändler Schäfer-Shop und SSI Schäfer, einen Hersteller von Förder-, Lager- und Abfalltechnik. Die Schäfer Werke wollten verstehen, wie ihr Geschäftsmodell durch die Digitalisierung verändert wird. »Auch vor der metallverarbeitenden Branche macht die Digitalisierung nicht halt«, sagt Bröcher. »Uns ist es wichtig, so früh wie möglich abzusehen, welche neuen Betätigungsfelder sich ergeben, und zu untersuchen, welche Rolle wir in ihnen spielen sollten.« Gemeinsam mit meinem Unternehmen bildete Bröcher ein Team, um die Wandlung der Industrie zu untersuchen. Nach drei Monaten intensiver Arbeit standen klare Ergebnisse fest. Sie gaben den Schäfer Werken die Möglichkeit, rechtzeitig vor den Wettbewerbern zu reagieren und in die Felder vorzustoßen, die sich als besonders interessant entpuppt hatten.

Das analytische Verfahren, das dafür eingesetzt wird, nennen wir bei uns *Landscaping*, zu Deutsch etwa: die Erstellung einer Landkarte. Das Landscaping besteht aus vier Schritten. Zuerst wird analysiert, wie neue Technologien und Geschäftsmodelle auf die jeweiligen Märkte wirken, im Fall der Schäfer Werke also auf die Metallverarbeitung. Dann wird genau untersucht, welche Start-ups weltweit sich diese Technologien und Modelle zunutze machen. Im dritten Schritt folgt die Klassifizierung der Spaces. Hier entsteht das, was wir damals vor 30 Jahren in der Zeitungsbranche gebraucht hätten: eine präzise Beschreibung der neuen Felder, aus denen später eigene Industrien werden. In jeden dieser Spaces tragen wir alle Start-ups ein, die wir weltweit dazu gefunden haben. Dafür werden alle verfügbaren Datenbanken angezapft. Weil dort aber nie alle relevanten Start-ups verzeichnet sind, spielt persönliche Recherche in den Tech-Zentren der Welt eine große Rolle. Im vierten Schritt folgt die Herleitung konkreter Vorschläge und Geschäftspläne für Kunden wie die Schäfer Werke. Darin ist dann genau beschrieben, wo und wie der Auftraggeber handeln könnte. »Wir haben so das Feld gefunden, auf dem wir uns unternehmerisch engagieren wollen«, sagt Bröcher.

Warum spielen Start-ups bei dieser Analyse eine so wichtige Rolle? »Nicht, weil sie per se bessere Unternehmen wären als traditionelle Firmen«, sagt mein Kollege Jan Thede, der den Analyse-Bereich in unserer Firma leitet. »Sondern weil sie ein guter Indikator sind für das, was auf der Welt gerade passiert. Man kann Start-ups als einen Gradmesser für die Verteilung zweier wichtiger Ressourcen ansehen: einerseits Talent und andererseits Kapital.«

Erfolgreiche Start-up-Gründer investieren mindestens fünf bis sieben Jahre ihres Lebens in ihr nächstes Projekt. Je besser es läuft, desto länger bleiben sie dabei. Die eingesetzte Lebenszeit bekommen sie nie wieder zurück. Deswegen wählen sie ihr neues Vorhaben mit Bedacht. Viele dieser Gründer sind so gut, dass sie jederzeit bei einem traditionellen Unternehmen oder bei einem anderen Start-up anheuern könnten. »Nun entscheiden sie sich aber genau für dieses eine Start-up«, sagt Thede. »Das ist ein klarer Ausdruck ihres Glaubens an den Ansatz des Projekts.« Die meisten Start-ups, die mit Wagniskapital finanziert werden, zielen darauf ab, einen traditionellen Markt komplett auf den Kopf zu stellen. Damit erzielen sie den größten Effekt. Sie kommen damit weiter als mit erhaltender Innovation. »Also kann man jede persönliche Entscheidung eines Gründers, sich diesem einen Thema zu widmen, als eine Stimme interpretieren, die sagt: ›Hier gibt es eine Chance‹«, erklärt Thede.

Ähnlich lässt sich das Verhalten der Kapitalgeber verstehen. Sie legen Geld nur an, wenn sie daran glauben, dass es sich vermehrt. Sie wissen: Die Floprate ist hoch. Entsprechend stecken sie ihr Geld nur in Projekte, denen sie Erfolg zutrauen. »Auch diese Allokation von Kapital drückt den Glauben von Profis in die Zukunft des jeweiligen Projektes aus«, ist Thede überzeugt. »Wenn man nun das Verhalten beider Gruppen – der Gründer und der Kapitalgeber – zusammen betrachtet, dann stellt man fest, dass viele Linien sich nicht kreuzen. Es gibt Gründer, die kein Kapital finden, und Kapital, das keine Gründer findet. Das heißt dann, dass entweder die Gründer oder die Geldgeber nicht an die Idee der anderen Seite glauben.«

Immer dann, wenn beides zusammenkommt – die Teams und das Geld –, entsteht eine neue Firma. Jede neue Firma drückt aus, dass dort zwei Arten von Profis zueinandergefunden haben, um knappe Lebenszeit und knappes Geld auf ein neuartiges Konzept zu wetten. »Weltweit betreten jedes Jahr Tausende neue Technologiefirmen den Markt«, weiß Thede. »Wenn man diese Datenpunkte kennt und intelligent interpretiert, entsteht daraus eine Landkarte der künftigen Spaces.«

Zwei Methoden finden also zusammen, um die Bruchlinien in den alten Branchen zu erkennen. Einerseits das genaue Analysieren dessen, was neue Technologien für die Branche bedeuten und welche Schwächen dadurch offengelegt werden. Andererseits das systematische Absuchen des Weltmarkts nach Start-ups. Sie liefern Indizien dafür, wann, wo und wie Innovatoren angreifen und welche Ansätze für aussichtsreich gehalten werden. Wenn wir Zeitungsleute diese Methoden vor 30 Jahren angewandt hätten, dann hätten wir vorausahnen können, was unserer Branche widerfahren würde. Wir hätten die Attacke dann rechtzeitig selbst reiten können. Das Durchdenken der Folgen neuer Technologie hätte ergeben, dass die Barrieren für den Markteintritt verschwinden und dass jedermann kostenlos Verleger werden kann. Das Suchen von Start-ups hätte gezeigt, dass sich zahlreiche Angreifer an den drei einzelnen Geschäftsmodellen zu schaffen machten, aber dass kein Einziger versuchte, alle drei auf einmal in der alten Bündelung zu attackieren. Der Markt wettete auf Entbündelung, und wir hätten die Umrisse der Spaces erkennen können, wenn wir uns die Themen und Geschäftszwecke der Angreifer genauer angesehen hätten. Leider gab es die Landscaping-Methode damals noch nicht. Schade. Sie hätte mit großer Wahrscheinlichkeit genau das vorhergesagt, was dann später geschehen ist.

Man kann das Landscaping noch durch eine andere Methode ergänzen. Wir nennen sie *Disruption Sprint*. Dabei tauchen Teams für sechs Wochen mit dem Auftrag ab, ein Geschäftsmodell komplett zu zerstören. Die Teams sind zusammengesetzt aus Fachleuten des Auftraggebers sowie aus Digitalisierungsexperten, die viel Erfahrung mit dem Wandel in ganz unterschiedlichen Branchen besitzen. Das umfassende Branchenwissen der Leute vom Fach, kombiniert mit dem Zerstörerblick der Digitalexperten, führt in erstaunlicher Geschwindigkeit zu praxistauglichen Konzepten. Nach sechs Wochen liegt ein detaillierter Einsatzplan vor. Man kann ihn benutzen, um sich selbst anzugreifen, bevor andere es tun, aber auch, um sich gegen Angriffe von Dritten besser zu schützen – oder für beides.

Bei der Umsetzung der Maßnahmen ist es wichtig, Prioritäten zu setzen. Man kann unmöglich alle Chancen, die Landscaping und Disruption Sprint aufzeigen, gleichzeitig in Angriff nehmen. Denn das eigene Management kann nur eine bestimmte Zahl von Projekten steuern. Auch wird das eigene Kapital schnell knapp.

Digitalisierung bietet heute mehr Möglichkeiten, als selbst die größte Firma finanzieren kann. Zurzeit wachsen die Chancen exponentiell, weil sich Technologien exponentiell verbessern und weil viele Märkte in rasender Geschwindigkeit ins Netz wechseln. Das zur Verfügung stehende Kapital aber wächst deutlich langsamer. Kreditlinien sind begrenzt, und man kann auch vom Jahresgewinn nicht unendlich viel beiseitelegen. Das heißt: Die Chancen explodieren, die Kasse nicht. Daraus folgt zwingend logisch: Man muss sich genau überlegen, worauf man sich konzentriert. Der Fußabdruck des Unternehmens wird im Laufe der Jahre kleiner, nicht größer. Die Kunst besteht im Weglassen. Deswegen ist Ignorieren von Chancen ein wichtiger Bestandteil jeder Strategie. Es ist vielleicht sogar der bedeutendste Teil, denn was man einmal ignoriert hat, schaut man sich nie wieder an. Deswegen muss beim Ignorieren entschlossen und sorgsam zugleich gehandelt werden.

Jene Chancen, die man nicht ignoriert, kann man auf drei verschiedene Weisen umsetzen. Man kann eine Firma gründen, um die Chance selbst zu nutzen. Im Englischen spricht man von *Build*, also Bauen. Oder man kann eine Partnerschaft mit einem Start-up eingehen, das sich mit der Thematik beschäftigt. Englisch: *Partner*. Oder man kauft Anteile an einer Firma, die den vielversprechenden Ansatz bereits bearbeitet. Englisch: *Invest*.

Build, *Partner*, *Invest* oder *Ignore* sind also die vier Bestandteile jeder Digitalstrategie. Weitere Möglichkeiten gibt es nicht. Jede Strategie lässt sich ausdrücken als eine Mischung dieser vier Faktoren. Wie die Mischung aussieht, richtet sich nach den individuellen Anforderungen jedes Unternehmens. Manchmal wird mehr ignoriert, manchmal weniger. Manchmal wird mehr selbst gebaut, manchmal mehr in Start-ups investiert. Bauen, Partnerschaften eingehen und Investieren haben unterschiedliche Vorzüge und Nachteile.

Beispielsweise hat Bauen den Vorteil, dass eigene Teams oft motivierter sind, weil sie beim Bauen eine größere Rolle spielen. Dafür gibt es den Nachteil, dass es beim Bauen lange dauert, bis sich der Erfolg einstellt, und dass man meistens gar nicht genug Projekte auf Kiel legen kann, um nach Abzug der Flops eine kritische Masse zu erreichen, die nennenswerten Einfluss auf die gesamte Firma nimmt. Wenn man Pech hat, gibt es Erfolge, doch sie fallen in der Bilanz des Gesamtunternehmens nicht ins Gewicht. *It doesn't move the needle*, sagen die Engländer; es bewegt die Nadel nicht. Investieren hat den Vorteil, dass man viel schneller viel größere Digitalportfolios aufbauen kann, als wenn man Start-ups selbst gründet, und dass die Risiken viel besser abzuschätzen sind, weil viele Unternehmen, in die man investiert, schon aus dem Gröbsten heraus sind. Zu den Nachteilen zählt, dass es schwer ist, bei den wirklich interessanten Projekten zum Zuge zu kommen. Es besteht die Gefahr, dass man sich mit den Firmen begnügen muss, die niemand anders wollte. Partnerschaften haben den großen Vorteil, dass man wenig riskiert, aber auch den Nachteil, dass sie einem nicht gehören, wenn sie Erfolg haben und man sie durch seine Aufträge mit großgemacht hat.

Was die Erfolgsaussichten beim Selberbauen von Start-ups durch traditionelle Unternehmen angeht, sind realistische Erwartungen angebracht. Erfolge sind durchaus möglich. Doch ihre Zahl ist begrenzt. Seit 2013 hat Axel Springer rund zehn disruptive Projekte selbst gebaut. Erfolg hatten wenige. Im gleichen Zeitraum hat der Konzern 103 Start-ups fremder Gründer durch seinen Akzelerator betreut. Davon sind viele Start-ups sehr erfolgreich geworden, beispielsweise die Online-Bank N26. Außerdem investierte die Gruppe indirekt über Fonds in rund 400 weitere Start-ups. Hier noch nicht eingerechnet sind Investitionen in reifere Digitalfirmen. Auch bei anderen traditionellen, hoch digitalisierten Unternehmen gilt als Faustregel: Man schafft pro Zeiteinheit zehnmal mehr direkte Investitionen als Gründungen. Rechnet man die indirekten Investitionen über Fonds mit ein, beträgt der Faktor rund 50. Diese Zahlen zeigen, dass Eigengründungen ein wichtiger Bestandteil der Strategie sein können, aber der Menge nach an Grenzen stoßen. Sie machen einfach mehr Mühe. Eine ganze Firma nur mithilfe von Eigengründungen digital weiterzuentwickeln, ist schwer. Erhöhen kann man die Zahl der Gründungen allerdings durch eine Methode, die *Co-Creation* genannt wird. Dabei suchen traditionelle Unternehmen professionelle Gründerteams, geben ihnen Anteile an einer neuen Firma und ermuntern sie, sich unternehmerisch voll zu entfalten. Die etablierten Unternehmen steuern Fachwissen und Leistungen bei, um die Erfolgswahrscheinlichkeit zu erhöhen.

Es würde den Rahmen dieses Buches sprengen, alle Methoden darzustellen, die für die Digitalisierung von Firmen zur Verfügung stehen. Fünf Botschaften sind aber wichtig und können heute als gesichert gelten. Bevor wir uns im nächsten Kapitel mit der Organisation des Wandels im Unternehmen beschäftigen, führen wir uns diese noch einmal vor Augen:

Aus diesem Kapitel halten wir fest:
- Digitalisierung entbündelt Geschäftsmodelle.
- Die Bruchlinien sind vorher sichtbar, und die neuen Industriezweige lassen sich frühzeitig erkennen.
- Jede Strategie besteht aus einer Mischung von *Build*, *Partner*, *Invest* und *Ignore.*
- Die Start-up-Wirtschaft ist ein guter Indikator für künftige Entwicklungen, da sie zeigt, wo die knappen Ressourcen Talent und Geld von klugen Experten derzeit investiert werden. Man muss nicht in Start-ups investieren, um sich von der Analyse dieser Mittelverwendung inspirieren zu lassen.
- Es gibt eine Vielfalt ausgefeilter und in der Praxis erprobter Methoden. Anders als die Zeitungsunternehmen vor 30 Jahren sind Firmen, die heute vom digitalen Wandel betroffen werden, nicht mehr darauf angewiesen, alles selbst zu entwickeln und auszuprobieren. Sie können von den bisherigen Erfahrungen profitieren.

Organisation: Bekenntnis zum Leben in zwei Welten

Nach Jahren des Experimentierens zeigt sich heute, welche Organisationsform am besten geeignet ist, um digitale Innovationen in traditionelle Unternehmen zu bringen. Die erfolgreichsten Projekte weisen untereinander viele Gemeinsamkeiten auf. Unabhängigkeit der Innovatoren ist so wichtig wie ständiger Austausch mit dem Stammgeschäft.

Es spielt Borussia Dortmund gegen Bayern München im BVB-Stadion. Der hoch aufgeschossene blonde Mann neben mir ist ganz in seinem Element. Johannes Rath und ich fiebern gemeinsam mit unseren Kindern beim Top-Spiel der Bundesliga mit. Die 81 360 Plätze im größten deutschen Stadion sind ausverkauft, die Gelbe Wand der treuesten Dortmund-Fans feuert auf der Stehtribüne ihre Mannschaft an. Ohrenbetäubender Lärm füllt das Rund. Arjen Robben stürmt auf das Dortmunder Tor zu und dribbelt sich durch die Abwehr. Alle im Stadion halten die Luft an. Rath ruft kurz: »Au, das war knapp«, dann zeigt er mit dem Finger auf die Bande und brüllt mir ins Ohr: »Hast du das gesehen? Die Werbung von Ofo? Seit wann werben die denn hier im wichtigsten Spiel der Bundesliga? Das gibt's doch gar nicht. Ofo! Das Fahrrad-Sharing-Start-up aus China. Die sind doch noch gar nicht auf dem deutschen Markt.« Ich reiße meine Augen von Robben los und schaue zur Bande gegenüber. Da sehe ich es auch: Animierte Fahrräder rollen über gelben Grund. »Ofo« blinkt auf.

Mehr steht da nicht. Kaum jemand im Stadion wird wissen, was mit »Ofo« gemeint ist. Erst ein halbes Jahr später regnen Fahrräder der beiden chinesischen Start-ups Ofo und Mobike auf deutsche Großstädte herab. Heute stehen sie in Berlin an jeder Ecke, vor jeder Haustür, auf jedem Bürgersteig. Man scannt einen Code ein, steigt auf und fährt los. Doch während des Dortmund-Bayern-Spiels ahnt kaum jemand etwas von der Offensive der Mobilitätsrevolutionäre. Johannes Rath allerdings ist Feuer und Flamme. »Das muss ich mal recherchieren«, ruft er. »Warum werben die hier? Daran kann man diesen unglaublichen Ehrgeiz der chinesischen Start-ups erkennen. Deutschland ist für sie das nächste Ziel. Mitten hinein in die Erste Bundesliga. Unfassbar. Das traut sich kein deutsches Start-up. Solch eine Bande kostet ja richtig viel Geld.«

Johannes Rath ist Chief Digital Officer (CDO) der Signal Iduna, einer Versicherungsgruppe mit Hauptsitz in Dortmund. Seine Firma sponsert den BVB, weswegen das Stadion »Signal Iduna Park« heißt. Er interessiert sich leidenschaftlich für Digitalisierung. Selbst bei einem Fußballspiel nimmt ihn die Bandenwerbung eines Start-ups in Beschlag und lenkt ihn von Robben ab. Das will etwas heißen. Rath gehört zur wachsenden Gruppe von Digitalexperten, die am Umbau traditioneller Unternehmen arbeiten. Problemlos könnte er zu einem Start-up wechseln und voluminöse Aktienpakete erhalten. Doch Rath hat andere Ziele. Er nimmt sich vor, Signal Iduna von innen heraus zu modernisieren. Seine Branche kennt er in jedem Detail. Acht Jahre lang arbeitete er im Vertrieb der Volksfürsorge und beim italienischen Versicherer Generali. Mit 26 kam er zur Signal Iduna. Seitdem unterstützt er den Plan des Vorstandschefs Ulrich Leitermann, das Haus an die Innovationsspitze der europäischen Assekuranz zu führen.

Eine seiner ersten Aktionen bei Signal Iduna war vor sieben Jahren die Gründung von *Sijox*, einer modernen Versicherung für junge Leute. Sijox war zu ihrer Zeit ein Pionier. Damals kam es noch selten vor, dass Konzerne aus ihrer Mitte heraus Start-ups gründeten. Das Fachwort lautet *Corporate Start-ups*. Auch die Angebotsform von Sijox war bahnbrechend für die traditionsbewusste Versicherungsbranche. Sijox sichert Lebenssituationen ab, statt traditionelle Policen wie Haftpflicht oder Leben zu verkaufen. Man erwirbt ein Paket, in dem alles steckt, was man in einer speziellen Situation braucht, zum Beispiel, wenn man bei den Eltern auszieht oder wenn das erste Kind geboren wird. »Ich hatte die Idee während meines Studiums und meiner Zeit als Versicherungsvermittler«, erzählt Johannes Rath. »Mir schwebte eine Firma vor, die andere Produkte anbietet und auch als Arbeitgeber etwas anders funktioniert als gewohnt. Als Vermittler und als Kunde hatte ich selbst wahrgenommen, dass das alte Modell so irgendwie nicht mehr passt.«

Als Gründer im Konzern bekam Rath mit, wie schwierig digitale Innovation in traditionellen Strukturen fällt. »Oh Mann«, dachte er, »das sind verdammt viele Wände, vor die man hier läuft.« Zum Beispiel will er ein Produktpaket aus drei verschiedenen Versicherungen bauen. »Wir wollten eine Berufsunfähigkeits- mit einer Unfallversicherung kombinieren und noch eine kleine Krankenversicherung einbauen. Diese drei wollten wir zu einem Preis für 50 Euro in einem Paket verkaufen.« Das erwies sich als außerordentlich schwer. Signal Iduna ist in Sparten organisiert. »Wenn wir Digitalisierung angehen wollen, müssen wir ressort-übergreifend denken«, sagt Rath. »Der Vorstand unterstützte das Projekt, doch ich merkte gleich, das wird ein hartes Stück Arbeit, ein solches Thema in Gang zu bringen und Menschen im Konzern dafür zu begeistern, sich zu öffnen und spartenübergreifend zu arbeiten. Ich habe unendlich viel Kaffee getrunken und jedem erzählt, dass wir Versicherung jetzt anders machen.«

Doch die ersten Reaktionen lauteten fast überall im Haus: »Das geht nicht.« Aus technischen Gründen sei das ausgeschlossen, bekam Rath zu hören, Datenschutz verhindere das, der Rückversicherer mache da nicht mit. Doch Rath gab nicht auf: »Dann musst du dieses Thema aufdröseln: Was ist der Nutzen davon? Wie kann man Produkte so schneiden, dass spartenübergreifende Kombinationen entstehen?« Mit viel Anstrengung überwand er die Widerstände und stellte dabei fest: »In einem großen Konzern steckt viel Know-how. Wenn man einmal Fahrt aufgenommen hat, ist das ein bedeutender Vorteil. Letztendlich haben wir es dann ja auch geschafft.«

Nach seiner Zeit bei Sijox übernahm Rath die Personalent-wicklung des Konzerns, bevor er Anfang 2017 zum Chief Digital

Officer aufstieg. In seiner neuen Funktion musste Rath ein Modell für Innovationen finden, das die Stärken des traditionellen Konzerns mit der Beweglichkeit von Start-ups kombiniert. Er wusste aufgrund seiner Erfahrung bei Sijox, dass es nicht reichen würde, ein internes Start-up nach dem anderen zu gründen. Das hätte zu viel Zeit verschlungen. Signal Iduna brauchte eine neue Methode, um schneller voranzukommen. Rath entschied sich für »ein Leben in zwei Welten« und sein Vorstand für ein »Unternehmen der zwei Geschwindigkeiten«.

In zwei Welten lebt er, weil in Berlin eine Dependance eröffnete, die im Hochgeschwindigkeitsmodus der Gründerszene arbeitet. Nahe des Nordbahnhofs stehen auf 500 Quadratmetern die neuen *Signals Open Studios*. Hier treffen Innovatoren aus der Tech-Szene zusammen. In großen, hellen Räumen werkeln sie an neuen Konzepten. Inhaltlich geht es um viele Themen. Meist haben sie mit Versicherungen auf den ersten Blick nichts zu tun. »Doch oft ergeben sich später interessante Ansatzpunkte für Signal Iduna«, sagt Rath. »Auch deswegen öffnen wir uns so weit.« Daneben gibt es *Signals Venture Capital*. Diese Wagniskapital-Firma investiert in zwei Wellen. In der ersten Welle geht es um Projekte, die dem Kerngeschäft nahe sind. »Das sind Themen, bei denen wir sehen: Dafür müssen wir intelligente Partnerschaften mit Start-ups eingehen.« In der zweiten Welle werden dann Investitionen angepeilt, die dem Markt voraus sind. »Da nehmen wir uns Themen wie künstliche Intelligenz oder Internet of Things vor, die vielleicht heute noch keine große Rolle für uns spielen, aber morgen sehr relevant werden können.«

Eine große Investition platzierte Rath bei FinLeap, dem wichtigsten deutschen *Company Builder* für Finanz-Start-ups. Company Builder lassen Firmen in Reihe vom Stapel laufen, ähnlich wie eine Werft. Sie industrialisieren den Gründungsprozess. FinLeap sitzt in der Nähe des Berliner Zoos im Westen der Stadt. Durch ihre millionenschwere Investition bekommt die Signal Iduna dort den Zugang zu einer Vielfalt von Teams, Gründungen und Technologien. Beispielsweise erlebt der Konzern hautnah den Ausbau von *Element* mit, einer jungen Firma, die den kompletten Software-Kern von Versicherungen neu programmiert. Mithilfe von Element können junge digitale Versicherungen moderne Produkte anbieten, ohne sich mit den alten Programmen aus den 1970er-Jahren herumschlagen zu müssen, die in den Rechenzentren der Assekuranz laufen.

Rath pendelt zwischen der Zentrale in Dortmund und den Digital-Außenstellen in Berlin hin und her. »Ich bin überwiegend in Dortmund; etwa zweieinhalb bis drei Wochen im Monat«, sagt er. »Dann bin ich meist eine Woche am Stück in Berlin, wo ich versuche, konzentriert in das Leben der Gründer abzutauchen.« Seine Arbeit in Berlin sieht völlig anders aus als daheim in Dortmund. »Die rufen mich an und fragen: Mensch, Johannes, hast du heute Abend um 23 Uhr noch mal Zeit für eine Telefonkonferenz?« Zu diesem Leben in zwei Geschwindigkeiten bekennt sich Rath. »Wir brauchen die hohe Taktzahl der Gründer in Berlin, aber wir dürfen auch das Stammgeschäft daheim nicht vergessen. Es schlägt zwar in einem anderen Rhythmus, dafür hat es aber wichtige andere Stärken. Nicht die eine ist besser als die andere. Sondern zusammen sind sie stark.« Rath hütet sich davor, den Geist der Gründer in den Himmel zu loben und die eher traditionellen Arbeitsformen in Dortmund zu kritisieren. Er findet anerkennende Worte für beide Seiten. Dünkel kennt er nicht. Seinen Leuten in Dortmund gibt er nicht das Gefühl, dass er etwas Cooleres oder Besseres sei, weil er in der Welt der Investoren, Blockchain-Experten und Gründungsgenies hantiert. Er selbst sieht sich auch nicht als etwas Besseres. Zwischen den beiden Welten zu vermitteln, füllt ihn emotional aus. Die vielen Überzeugungsgespräche, die er führen muss, machen ihm Spaß. Er redet nicht von oben auf die traditionalistischen Kollegen herab; er mag sie von Herzen und schätzt ihren Sachverstand. Er ist ein Kind des Ruhrgebiets und hat die dortige Kultur der Egalität für sich angenommen. Wir sind alle gleich, wir tun nur unterschiedliche Dinge – mit dieser Haltung ist Rath ein guter Vermittler zwischen den unterschiedlichen Welten.

Eine Strategie der zwei Geschwindigkeiten ist das Modell, mit dem derzeit viele Unternehmen Erfolge in der Digitalisierung erzielen. Sie haben erkannt: Es reicht nicht mehr aus, alles alleine machen zu wollen. Man braucht die Ideen und die Tatkraft der Start-ups. Es bringt nichts, sie zu kaufen und dann an die Brust zu drücken, sprich: sie voll zu integrieren. Damit nimmt man ihnen die Luft zum Atmen. Umgekehrt kann man es sich aber auch nicht leisten, das Stammgeschäft zu vernachlässigen. Beides – Stamm und Start-ups – müssen in ihren eigenen Kulturen ernst genommen und gepflegt werden. Es braucht Grenzgänger und Dolmetscher wie Johannes Rath, die zwischen beiden Welten pendeln und die eine bei der anderen erklären.

Ähnliche Leistungen vollbringt Gerhard Kebbel bei der Helaba in Frankfurt, einer der größten und erfolgreichsten Landesbanken. Auch er weiß genau, wie Start-ups denken und funktionieren. Er hat die Szene in Berlin und anderswo erkundet und sich mit ihr vernetzt. Gleichzeitig setzt Kebbel alles daran, seine Organisation auf die Reise mitzunehmen. Er organisiert Besuche des Managements bei Start-ups, treibt ein digitales Portal für seine Geschäftskunden voran und entwickelt die Digitalstrategie des Unternehmens. Genau wie Johannes Rath bringt Gerhard Kebbel Leidenschaft und Liebe mit zur Arbeit. Er versteht sich gut mit seinen Kollegen und glaubt mit ganzem Herzen daran, dass man eine große Organisation von innen verändern kann, wenn man nur genug Geduld und Beharrlichkeit einsetzt.

Beim Bauen des Kundenportals bemerkte Kebbel den Geschwindigkeitsunterschied. »Natürlich hätten Start-ups das schneller hinbekommen«, sagt er. »Aber sie haben auch nicht die langen Entscheidungswege einer Landesbank und die komplexen Computerlandschaften einer großen Organisation. Wir mussten zwölf Systeme anzapfen. Hinzu kamen die ganzen regulatorischen Anforderungen.« Trotzdem lässt Kebbel den Kopf nicht hängen. Er bemüht sich nach Kräften, für agile Methoden zu werben. Auch deswegen brachte er Vorstand und Bereichsleiter in drei Reisen nach Berlin. Wir in meinem Unternehmen haben diese Expeditionen mit ihm organisiert. Solche Einflüsse bleiben nicht ohne Folgen. Sie tragen dazu bei, den Wandel zu beschleunigen. »Wir haben unsere Führungskräfte in ein Eisbad mit Start-ups geworfen. Hinterher sagten unsere Leute mir: ›Das war toll. So etwas haben wir in der Bank noch nie erlebt‹«, berichtet Kebbel.

Zwischen zwei Welten und Geschwindigkeiten pendelt auch Max Viessmann, den wir im nächsten Kapitel besser kennenlernen werden. Er hat die Schnittstellen zwischen alter und neuer Welt so systematisch organisiert wie kaum ein anderer Unternehmer. Drei unterschiedliche Einheiten nehmen drei unterschiedliche Aufgaben wahr. Wie wir gesehen haben, gibt es für die Zusammenarbeit mit Start-ups prinzipiell nur drei Formen: Man kann Firmen selber bauen, Partnerschaften mit ihnen eingehen oder in sie investieren. Alle denkbaren Formen von Kooperationen gehen immer auf diese drei Grundmodelle zurück. Das Bauen von Firmen geschieht bei Viessmann in Zusammenarbeit mit Watt X, einem Company Builder in Berlin. Dort starten Gründer ihre Projekte; Watt X hilft ihnen dabei und erhält Anteile. Für Partnerschaften ist der »Innovation Boiler« am Stammsitz des Unternehmens im hessischen Allendorf zuständig. Dort kann jeder Innovator direkt mit den Heizungs- und Klimaprofis des Konzerns zusammenarbeiten, um neue Produkte zu entwickeln. Investitionen liegen in den Händen von Vito Ventures, dem Wagniskapital-Arm der Viessmanns. »Ich bin davon überzeugt, dass man feste Organisationsformen bauen muss, um die Zusammenarbeit mit Innovatoren in produktive Bahnen zu lenken«, sagt Max Viessmann.

Diese streng logisch aufgebaute Struktur der Zusammenarbeit mit Start-ups macht Schule. Viele andere Unternehmen wählen ein ähnliches Modell. In Deutschland gibt es nach unseren Zählungen derzeit 87 Einheiten für disruptive Innovationen. Davon sind 54 Einheiten sogenannte Akzeleratoren, Inkubatoren, Hubs und Labs, 33 sind Wagniskapital-Arme ihrer Unternehmen. Rund 55 Prozent der Innovationseinheiten sitzen in Berlin; die meisten Wagniskapital-Gruppen residieren hingegen in der Nähe der Mutter. Von den 16 Hubs und Labs, die in den vergangenen beiden Jahren gegründet wurden, haben elf ihren Sitz in Berlin. Einige der Innovationseinheiten kümmern sich ganzheitlich um Partnerschaften, Gründungen und Investitionen. Andere verteilen die Aufgaben ähnlich wie Viessmann auf unterschiedliche Tochterfirmen.

Mein Kollege Sebastian Herzog ist ein Kenner der Szene und Experte für die Organisation von Innovation in Unternehmen. Er hat den mehrfach preisgekrönten *Innovation Hub* der Lufthansa aufgebaut und über Jahre mit geleitet. Seit gut einem Jahr arbeiten wir zusammen in unserer Firma. Herzog hat einen Trend am Markt beobachtet, den er für gefährlich hält: »Viele Unternehmen starten ihre Innovationseinheiten nach dem Konzept des *Big Innovation House*. Damit ist gemeint, dass alle drei Grundfunktionen Bauen, Partnerschaften eingehen und Investieren in die Hände einer großen Einheit gelegt werden«, sagt er. »Dort findet alles auf einmal statt. Eben nicht nur die Entwicklung von Projekten, sondern auch deren Ausführung. Alle Leute, die für die Projekte benötigt werden, bekommen ihren Arbeitsvertrag direkt von diesem Innovationshaus. Es nimmt dadurch schnell eine beträchtliche Größe an.« Das Innovationshaus ist entweder ausgegründet oder läuft unter dem Dach der Konzernmutter. »Beim Start herrscht noch Enthusiasmus«, hat Herzog beobachtet, »doch dann kommen die Probleme.« Viele dieser großen Innovationshäuser haben zwischen 50 und 100 Mitarbeiter. Sie verursachen damit zwischen 5 und 15 Millionen Euro Kosten pro Jahr. »Bei ihrer Gründung ist aber oft nicht geklärt worden, ob diese Einheiten *Profit Center* oder *Cost Center* sind, also ob von ihnen erwartet wird, dass sie irgendwann Gewinn machen oder ob sie auf Dauer nur Kosten produzieren sollen. Am Anfang scheint diese Frage nicht so wichtig. Man lässt sich von der Begeisterung tragen. Doch auf Dauer wächst ein großes Problem heran.«

Warum? Weil kein Finanzvorstand oder Controlling Kosten in Millionenhöhe zulässt, ohne einen Geschäftsplan zu sehen. »Also werden die Innovationszentren aufgefordert, einen Business Plan

Akzelerator: Ein »Beschleuniger« für Gründungen von Unternehmen. Teams, die eine Idee haben, bewerben sich und durchlaufen ein Programm, das typischerweise 100 Tage dauert. Die Teams bestehen aus zwei bis drei Leuten. Sie haben meist noch kein Produkt, keine Finanzierung und Firma am Start. Im Laufe des Programms erledigen sie alle Schritte, die für die Gründung notwendig sind. Vor allen Dingen feilen sie an ihrem Konzept, erstellen die wichtigsten Präsentationen und arbeiten an einer ersten Fassung des Produkts. Erfahrene Mentoren unterstützen sie dabei. Zum Abschluss des Programms treten sie beim *Demo Day* auf, der von professionellen Investoren besucht wird. Im Idealfall erhalten sie dort eine Anschlussfinanzierung. Einzelgründer werden von den meisten Akzeleratoren nicht angenommen. Das wichtigste Augenmerk bei der Auswahl wird auf die Stimmigkeit der Teams gelegt. Viele Akzeleratoren erwerben einen kleinen Anteil von rund fünf Prozent an dem Unternehmen und zahlen dafür rund 25 000 Euro.

Inkubator: Ein »Brutkasten« für Gründungen, bei dem Teams noch keine konkrete Idee haben, sondern mit möglichen Projekten zusammengebracht werden. Inkubatoren richten sich oft an gründungsinteressierte Mitarbeiter des eigenen Unternehmens.

Hubs: Einrichtungen von Unternehmen in Technologie-Zentren wie München, Berlin, Tel Aviv oder Palo Alto, die auf Dauer errichtet sind und den Auftrag haben, Partnerschaften mit Start-ups zu begründen, eigene Firmen zu bauen oder in junge Firmen zu investieren. Einige Hubs verfolgen alle drei Ziele auf einmal.

Labs: Forschungseinrichtungen, die disruptive Innovationen finden und in Gang setzen sollen.

Company Builder: Einrichtungen zur seriellen Gründung innovativer Unternehmen. Funktionen wie Marketing, Buchhaltung oder Personalarbeit werden vom Company Builder für die Gründungen zunächst zentral erbracht, bis sie selbstständig handeln können. Das erhöht die Geschwindigkeit.

vorzulegen. Doch wie sollen sie den schreiben?«, fragt Herzog. »Sie sollen ja disruptive Innovationen hervorbringen. Daher können sie unmöglich wissen, auf was sie im Laufe der Zeit stoßen werden. Da sie aber trotzdem einen Plan aufstellen müssen, schreiben sie Projekte in den Plan, die ihnen aus ihrer heutigen Sicht sinnvoll erscheinen. Diese Projekte sind aber niemals neuartig, denn alles, was man heute weiß, kann gar nicht neuartig sein.« Also entstehen Geschäftspläne, die darauf abzielen, einfach das fortzusetzen, was man heute bereits tut. »Dadurch entsteht das, was man *Nearshoring* nennt: Im Prinzip genau das Gleiche zu machen wie zu Hause, nur eben ein paar Hundert Kilometer von der Firmenzentrale entfernt.« Damit ist aber nichts gewonnen. Weil diese Innovationszentren von ihrem derart konzipierten Geschäftsplan nicht mehr herunterkommen, produzieren sie oft jahrelang nur das, was die Zentrale sowieso schon wusste. Nach einiger Zeit setzen sich daheim die Skeptiker durch und drehen den Geldhahn zu. Sie haben leichtes Spiel, denn ihr bestes Argument hat das Innovationszentrum selbst geliefert: Es arbeitet an den gleichen Themen wie zu Hause, nur weiter von der Heimat entfernt. Für den Finanzchef hat das Big Innovation House noch einen weiteren Nachteil: Alle Kosten, die es produziert, gehen sofort durch die Gewinn-und-Verlustrechnung. Sie drücken den Gewinn. Entsprechend unbeliebt ist die Einheit.

Eine bessere Alternative zum Big Innovation House sind Hubs oder Company Builder. »Sie leisten sich nur eine kleine Gruppe von Festangestellten«, sagt Sebastian Herzog. »Statt 50 oder 100 sind es typischerweise fünf bis zehn. Damit belaufen sich die Kosten nur auf ein Zehntel. Dieses Zehntel ist auch dem kritischsten Finanzchef gut zu erklären. Jedes große Unternehmen leistet sich Stabsstellen, die für den Kontakt mit unterschiedlichen Zielgruppen verantwortlich sind. Es gibt Investor Relations für die Finanzmärkte, Public Affairs für die Politik, Corporate Communications für die breite Öffentlichkeit oder Human Ressources für Mitarbeiter und Betriebsrat.« Nun kommt im Zeitalter der Digitalisierung eine weitere Stelle hinzu. Sie kümmert sich um den Kontakt zu

Start-ups und pflegt das Ökosystem. Ihre Größe entspricht ungefähr der Größe von Investor Relations oder Public Affairs. »Das leuchtet jedem im Unternehmen unmittelbar ein und kann über viele Jahre Bestand haben«, sagt Herzog. Aufgabe dieser Einheit ist es, Technologien im Blick zu behalten, Impulse ins Unternehmen zu tragen und konkrete Projekte anzuschieben. Alle unternehmerischen Vorhaben finden außerhalb dieser Einheit statt. Sprich: Wenn ein Projekt gegründet wird, nimmt es so schnell wie möglich die Form einer eigenen Firma an. Investitionen in bestehende Start-ups werden von dieser Einheit ausgesucht, umgesetzt und geführt.

Je nach Geschmack der Mutter können alle drei Aufgaben (Bauen, Partnerschaften, Investieren) bei einer einzelnen Einheit liegen oder über mehrere Einheiten verteilt werden. Für die Finanzen der Mutter ist diese Organisationsform hilfreich: Anlaufverluste der einzelnen Projekte schlagen nicht voll auf die Muttergesellschaft durch, besonders dann nicht, wenn Minderheitsbeteiligungen eingegangen werden. Die Anlaufverluste stecken in den einzelnen Projekten. Der Finanzchef kann gestalten, wie viele dieser Verluste er in seinem Gruppenergebnis sichtbar machen möchte. Dadurch können die Innovatoren den Ruf vermeiden, die Gewinne der ganzen Gruppe nach unten zu ziehen. »Dieses Modell ist unter vielen Gesichtspunkten die bessere Lösung«, glaubt Herzog. »Trotzdem ist überraschend, dass sich die meisten Unternehmen dennoch für das Big Innovation House entscheiden. Es ist im Schnitt auf Dauer weniger erfolgreich, belastet das Gesamtunternehmen stärker und führt mit geringerer Erfolgsaussicht zum gewünschten Wandel.«

Seit Anfang dieses Jahrzehnts experimentieren viele traditionelle Unternehmen mit der Organisation von disruptiver Innovation. Inzwischen gibt es eine Reihe gesicherter Erkenntnisse. Im nächsten Kapitel wenden wir uns dem Thema Führung zu. Wie trifft man den richtigen Ton im Unternehmen, um den Wandel in Gang zu setzen?

241

Aus diesem Kapitel halten wir fest:

- Es führt kein Weg um das Modell der zwei Geschwindigkeiten herum. Disruption kommt selten aus dem Stammgeschäft und entsteht kaum durch konventionelle Methoden.
- Die Führung sollte sich offen zu einem Modell der zwei Geschwindigkeiten bekennen. Sie sollte die Mitarbeiter im Stammgeschäft nicht im Unklaren darüber lassen, dass agilere Einheiten entstehen müssen.
- Stammgeschäft und Erneuerer verdienen die gleiche Achtung und Anerkennung. Keine der beiden Einheiten ist besser oder schlechter, sie sind lediglich anders. Es ist wichtig, zwischen beiden Welten ständig zu vermitteln. Dies kostet mehr Zeit, Geld und Nerven, als man das vermutet. Trotzdem ist es unabdingbar.
- Die agilen Erneuerer müssen außerhalb des Stammgeschäfts sitzen und idealerweise in einer eigenen Firma beschäftigt sein.
- Diese Firma sollte anfangs eher fünf bis zehn als 50 bis 100 Mitarbeiter haben. Sie ist ein Cost Center und fährt auf absehbare Zeit Verluste ein.
- Ein großer Teil der Mitarbeiter der Innovationseinheit sollte von außerhalb der Muttergesellschaft kommen. Typischerweise ist es über die Hälfte.
- Es ist nicht Aufgabe der Innovationseinheit, Gewinne zu erwirtschaften. Gewinne kommen aus den Firmen, die sie gründet und an denen sie sich beteiligt.
- Alle konkreten unternehmerischen Projekte entstehen unterhalb der Innovationseinheit in der Form eigener Firmen.
- Die drei Formen der Zusammenarbeit mit Innovatoren lauten Bauen, Partnerschaften eingehen oder Investieren (Build, Partner, Invest = BPI). Es gibt Mischformen, jedoch keine weitere Grundform.

Führung: Aus den Helden von gestern die Helden von morgen machen

Ein Unternehmen durch den Wandel zu bringen, verlangt andere Führungstechniken, als bisher gefordert waren. Ehrlichkeit und Orientierung sind die wichtigsten Bestandteile. Sie müssen geschickt ausbalanciert werden. Besonders Ehrlichkeit bedarf des Trainings. Sie war lange nicht in Mode.

Der Saal im Haus des Familienunternehmens gleich neben dem Brandenburger Tor ist bis auf den letzten Platz gefüllt. Einige Nachzügler lehnen mit dem Rücken an der Wand. Werner Conrad, Eigentümer des gleichnamigen Elektronikhandels, diskutiert mit Max Viessmann, den wir im vergangenen Kapitel gehört haben. Stefan Heidbreder, Chef der Stiftung Familienunternehmen, moderiert. Es geht um Mitarbeiterführung in der digitalen Transformation. Wenige Themen wecken derzeit so viel Interesse wie dieses. Manager sind verunsichert. Wie verhalten sie sich am besten? Sagt man den Leuten die Wahrheit? Oder zeichnet man ein geschöntes Bild? Suggeriert man Zuversicht und Sicherheit? Oder weckt man Tatendrang durch Alarmstimmung? Bindet man seine Leute in die Lösungssuche ein? Oder präsentiert man ihnen fertige Konzepte? Die Meinungen geht weit auseinander. Einfache Lösungen scheint es nicht zu geben. Jeder experimentiert auf eigene Faust. Selbst erfahrene Manager suchen Rat.

Werner Conrad ist Vollblutunternehmer. Seine Ehrlichkeit erfrischt, seine Beispiele zünden. »Natürlich wissen die Leute, dass Roboter und künstliche Intelligenz sie eines Tages ersetzen werden und dass es für viele keine Anschlussbeschäftigung gibt«, sagt er. »Deswegen darf man ihnen nichts vormachen. Man macht sich doch unglaubwürdig, wenn man so tut, als ob es anders wäre. Aber genau deswegen ist es so schwierig, die Transformation im Stammgeschäft voranzubringen. Da wird im Call Center mit

Chatbots experimentiert, und die Bots funktionieren sogar auch noch. Jeder, der da arbeitet, weiß doch gleich, wohin die Reise geht.« Mitarbeitern auf den unteren Stufen kann man noch gut erklären, was da passiert, glaubt er. Doch beim Mittelmanagement fällt vieles durch das Raster. Die Leute fangen an, aussichtslose Dinge zu entwickeln, nur um sich vermeintlich unentbehrlich zu machen. Sie finden alle möglichen Strategien, um das Notwendige aufzuschieben. »Da ist der Handlungsdruck noch nicht richtig angekommen«, glaubt Conrad. »Es ist ja alles noch irgendwie gut. Du hast dein Einkommen, deinen Dienstwagen, und du wirst zur Weihnachtsfeier eingeladen. Manche denken deshalb, es geht weiter wie bisher.« Doch die Zeiten sind vorbei, in denen Unternehmen sich das leisten konnten, findet Conrad. »Warten, bis der Verantwortliche die Initiative ergreift, reicht nicht mehr«, sagt er. »Jetzt muss mehr Eigeninitiative her. Früher sagte der Chef: ›Du gehst jetzt noch mal zu diesem Seminar oder schaust dir noch mal jenen Co-Working-Space an.‹ Immer wieder aufs Neue gucken, dafür aber spät handeln – das reicht nicht. Die Zeit läuft uns weg. Wir müssen schneller als bisher aus den Helden von gestern die Helden von morgen machen.«

»Wie soll das gehen?«, fragt Moderator Heidbreder. Jetzt kommt Conrad richtig in Fahrt: »Wir müssen aus dem Silvestermodus herauskommen. Sie kennen das: Man nimmt sich an Silvester vor ›Keine Süßigkeiten mehr‹. Der gute Vorsatz hält bis zum ersten Drink. Also verschiebt man den Plan auf den 1. Januar, dann auf den 2., dann auf den Sankt-Nimmerleins-Tag. So läuft es in Wahrheit doch mit der Digitalisierung. Viele denken: ›Man müsste mal.‹ Ernsthaft gemacht wird es dann aber doch nicht.« Conrad hat sich für seine Firma ein Aktionsprogramm ausgedacht. »Wir haben mit etwas ganz Einfachem angefangen, das jeder sofort begreift: mit einer Kommunikationsplattform. Konkret: Wir haben die Google Suite eingeführt.« Das ist ein Online-Angebot für Unternehmen. Mit ihm kann man viele interne Funktionen in der Cloud abwickeln, zum Beispiel E-Mail, Kalender, Texte, Präsentationen, Tabellen und Konferenzen. »Diese Ansage löste bei vielen schon einmal den ersten Schreck aus. Wer 25 Jahre SAP auf dem Buckel hat, für den bricht eine Welt zusammen, wenn der Chef plötzlich in die Cloud will.«

Als Nächstes lud Conrad zu einem Treffen ins Google *Hangout* ein, und zwar gleich für den nächsten Vormittag. »›Was ist denn ein Hangout?‹, kam sofort die Frage«, erinnert sich Conrad. »Das war plötzlich nicht mehr der alte Stiefel, nach dem Motto: Wir setzen ein Meeting für nächste Woche an und buchen jetzt schon mal den Konferenzraum.« Conrad fand das viel zu behäbig. »Nein, jetzt hieß es: Wir treffen uns sofort bei *Hangout*.« Die Frage, was ein Hangout ist, ließ Conrad abtropfen: »›Das sagen wir euch nicht‹, haben wir geantwortet. ›Das müsst ihr selbst herausfinden. Geht auf YouTube und sucht euch Trainingsvideos heraus. Davon gibt es Tausende. Das müsst ihr selbst in den Griff kriegen.‹ Schulungen boten wir ganz bewusst nicht an. Wir wollten die Mitarbeiter ermuntern, sich selbst mit diesem Thema zu beschäftigen. Wir wollten ein Zeichen setzen, dass digitale Bildung auch die individuelle Verantwortung jedes Einzelnen ist.« – »Wie hat denn der Betriebsrat darauf reagiert?«, frage ich Conrad. – »Der war Feuer und Flamme«, sagt er. »Der hat zuallererst nachgeschaut, wie er Betriebsratssitzungen auf Hangout abhalten kann.« Die erste Hangout-Sitzung funktionierte gut. Schritt für Schritt forderte Conrad sein Team weiter heraus. Zum Beispiel führte er die gemeinsame Arbeit an Dokumenten in der Cloud ein. Man schreibt nicht mehr für sich allein und schickt das Ergebnis per E-Mail in die Runde. Sondern alle gemeinsam machen sich über einen gemeinsamen Text in der Cloud her. Auch dadurch kam neuer Schwung ins Unternehmen: »Wenn man ein Dokument teilt und gemeinsam an ihm arbeitet, dann sieht man plötzlich, wer da alles mitmacht und wie das Projekt sich weiterentwickelt. Das bringt sofort Erfolgserlebnisse. Die anderen nehmen meine Änderung an – super! Darüber freut sich jeder. Mit einem Mal entdecken alle, dass man auch anders arbeiten kann als bisher, nämlich im Team und in Echtzeit.«

Das Publikum, allesamt Familienunternehmer, schmunzelt. Werner Conrads Pragmatismus überzeugt. Max Viessmann, 29 Jahre alt und in vierter Generation Chef des Heizungs- und Klima-Unternehmens Viessmann, kann die Frustration vieler Geschäftsführer über die Behäbigkeit des Mittelmanagements verstehen. Aber er bricht auch eine Lanze für den Zwischenbau: »Diese Ebene ist extrem stark im operativen Geschäft eingebunden. Es fehlt oft schlicht die Zeit, sich mit strategischen Themen wie Digitalisierung zu beschäftigen. Wie soll das gehen, wenn man den ganzen Tag das Geschäft in Gang hält? Aufgabe von Führung ist es, Freiräume zu schaffen, um Impulse aufzunehmen. Das Mittelmanagement will sich mit der Zukunft beschäftigen. Aber es muss auch die Zeit dafür bekommen. Veränderung kann man nicht verordnen, denn Veränderung ist kein Selbstzweck. Veränderung entsteht, wenn die Leute begreifen, warum sie notwendig ist.« Deswegen setzt Viessmann seine Autorität als Mitglied der Familie nur selten ein. »Ich muss mir schon sehr genau überlegen, wann ich die Eigentümer-Karte spiele. Am besten nur einmal im Jahr, am besten nur alle fünf Jahre.«

Sich selbst sieht Viessmann als Treuhänder für nachfolgende Generationen. Er möchte sein Unternehmen enkelfähig machen. Das ist aus seiner Sicht nur möglich, wenn er das Verständnis von Führung grundlegend ändert. Gegenüber der Generation seines Vaters Martin, langjähriger Viessmann-Chef und heute Vorsitzender des Verwaltungsrats, verändert sich viel schon allein durch elektronische Kommunikation. »Früher musste es Strukturen und Prozesse geben, um Informationen durchzureichen«, sagt er. »Das brauchte Zeit, und es ging viel verloren. Heute können durch Elektronik alle auf dem gleichen Informationsstand sein. Deswegen können wir heute viel hierarchiefreier führen. Wir können die Leute leichter erreichen und auf ein Ziel einschwören.« Welchen Ton schlägt er gegenüber seinen Leuten an? »Jeder Mitarbeiter fragt sich: Was bedeutet Digitalisierung konkret für mich persönlich? Gute Führung heißt, eine positive Veränderung für jeden Einzelnen aufzuzeigen. Also zum Beispiel: Diese Maschine oder diesen Algorithmus führen wir nicht ein, um deinen Job zu streichen, sondern um deine Arbeitskraft für mehr Wertschöpfung einsetzen zu können.«

Ich frage Max Viessmann, ob er denn selbst weiß, wo sein Unternehmen in fünf Jahren stehen wird. Wie kann er jedem einzelnen Mitarbeiter positive Veränderung aufzeigen, wenn die Ereignisse in der Digitalisierung sich überschlagen und niemand etwas Genaues über die Zukunft weiß? Eigentlich erwarte ich, dass Viessmann jetzt sagt: »Auch ich weiß nicht, wo wir in fünf Jahren sind.« So antworten viele Manager, die wie Viessmann etwas von Digitalisierung verstehen. Sie möchten sich angesichts des Wandels Flexibilität bewahren. Doch Viessmann antwortet anders – strukturierter und überlegter: »Natürlich weiß ich, wo wir in fünf Jahren stehen. Aber in Abstufungen. Dazu haben wir eine präzise Strategie erarbeitet. Sie hat drei Elemente. Im Kerngeschäft transformieren wir uns durch Optimierung der Abläufe. Dafür gibt es einen langfristigen Plan. Digitalisierung spielt dabei eine große Rolle. Neben dem Kern bauen wir eine digitale Verlängerung auf. Das sind neue Geschäftsmodelle, die unser Angebot auf dem angestammten Gebiet erweitern.« Die Zuständigkeiten sind klar geregelt. »Bei der Erweiterung des Geschäfts kenne ich die Strukturen sehr genau, aber nicht die Inhalte. Sie ergeben sich bei der Arbeit. Würden wir die Inhalte zu genau vorschreiben, würde die Kreativität zu sehr eingeschränkt werden. Deswegen sollte ich nicht zu genau wissen, was dort in fünf Jahren passiert.«

Drittes Feld neben Stammgeschäft und digitaler Verlängerung ist Diversifikation. »Hier investieren wir in junge Firmen, die nichts mit unserem Kern zu tun haben«, sagt Viessmann. »Ich weiß nicht, wo wir da in fünf Jahren stehen, und ich sollte es auch nicht wissen. Das ist der Sinn der Sache.« Einen Plan hat die Firma Viessmann also schon, aber er wird unschärfer, je weiter er in die Zukunft reicht. »Doch wir hinterfragen den Plan öfter als früher. Das ist ein wichtiger Teil von Führung. Früher bedeutete Planung: Man setzt den Plan so exakt wie möglich um, und Erfolg ist, wenn er präzise ausgeführt wurde. Heute fragen wir uns auch unterjährig: Sind wir noch auf dem richtigen Kurs? Müssen wir eventuell etwas an aktuelle Entwicklungen anpassen?«

Ständiges Hinterfragen und Justieren gehören zum Konzept. Das gilt auch für einzelne Menschen. Genau wie Werner Conrad findet Max Viessmann: Jeder Einzelne sollte wissen, wo er steht, wohin er geht und was er besser machen kann. »Wir wenden die bewährte SWOT-Analyse gemeinsam mit Mitarbeitern an.« SWOT ist die Abkürzung der englischen Worte für Stärken, Schwächen, Chancen und Bedrohungen. Normalerweise werden SWOT-Analysen für Firmen gemacht. Viessmann setzt sie auch bei der Weiterentwicklung von Mitarbeitern ein. »Wir bestehen den Wandel, wenn wir nicht nur auf den Durchschnitt der Organisation schauen«, sagt Max Viessmann. »Der Einzelne ist noch wichtiger als das Ganze. Deswegen besprechen wir seine Stärken, Schwächen, Chancen und Bedrohungen mit ihm. So erfährt jeder, wie er sich verbessern kann, und bekommt einen genauen Eindruck, wo er steht.«

Einzelne Ideen wie die von Werner Conrad und Max Viessmann sind gut und oft erfolgreich. Doch welche große Linie sollten Führungskräfte verfolgen? In vielen Gesprächen mit Managern habe ich versucht, den Ton in Erfahrung zu bringen, der in der Praxis am besten funktioniert. Folgender Ansatz scheint die meisten Erfolgschancen zu bergen:

Führung in der digitalen Transformation bedeutet, die Risiken offen und ehrlich anzusprechen, gleichzeitig jedoch Lösungswege zu skizzieren und Lösungskompetenz auszustrahlen.

Beide Elemente sind untrennbar miteinander verbunden – also Ehrlichkeit und Orientierung. Keines der beiden ist verzichtbar. Ehrlichkeit allein löst unproduktive Angst aus. Orientierung allein überwindet die Beharrungskräfte nicht, denn wenn nur eine Richtung vorgegeben wird, ohne dass man die Herausforderungen schildert, dann erkennt kaum jemand die Notwendigkeit zur

Veränderung. Beide Elemente miteinander zu kombinieren, stellt Führungskräfte jedoch vor große Herausforderungen. Die Kombination kommt ihnen ungewohnt vor. Umfassende Ehrlichkeit und Offenheit spielen in traditionellen Führungskulturen keine große Rolle. Bislang fahren Unternehmen gut damit, an der Spitze eine Strategie auszuarbeiten, sie in Programme mit wohlklingenden Namen zu kleiden, die Programme der Belegschaft frontal vorzustellen, strategische Ziele in finanzielle Anreize umzurechnen und die Implementierung des Programms mit Kontrollinstanzen zu überwachen. Jeder im Unternehmen weiß: »Strategie ist Chefsache.« McKinsey, Bain, BCG oder andere Strategieberatungen helfen bei Ausarbeitung und Umsetzung. Gelegentlich werden Expertenbefragungen eingeflochten. Wichtige Mitarbeiter dürfen einzeln oder in Gruppen Ideen und Fakten beisteuern. An der Erarbeitung der großen Linie aber werden sie meist nicht beteiligt. Jeder spürt intuitiv: »Ich bin Empfänger von Strategie, aber nicht ihr Absender.«

Sobald die Strategie fertig ist, beginnt die Implementierung. Auf die Frage »Was bedeutet die Strategie für mich?« gibt es klare Antworten. Natürlich sind klare Antworten immer gut, doch im Kontext der Transformation können allzu klare Antworten schädlich sein. Sie täuschen Scheinsicherheiten vor und vermindern das eigenständige Denken. Klare Sätze wie der folgende sind also heikel: »Wenn Sie das auf Sie heruntergerechnete Teilziel in diesem Jahr erfüllen, dann bekommen Sie 3800 Euro Bonus. Wenn nicht, dann gibt es Ärger.« Wer so etwas hört, geht die Umsetzung von Strategie meist nur noch taktisch an: »Ich mache da mal besser mit, denn die Chefs meinen das ja offensichtlich ernst«, sagt man sich. »Außerdem hole ich mir den Bonus ab. Das gibt einen schönen Weihnachtsurlaub mit der Familie. Aber ansonsten denke ich nicht groß über das Thema nach. Die da oben wissen ja hoffentlich, was sie tun.«

Rückmeldungen sind im Prozess nicht wirklich vorgesehen, und wenn doch, dann fragt das Management die Rückmeldungen nur aus erzieherischen oder motivatorischen Gründen ab. Jeder

Mitarbeiter spürt, dass ehrliche Meinungen nicht willkommen sind, denn sie würden den ehrgeizigen Zeitplan stören. Typische Kommunikationssituationen für die Strategie sehen dann etwa so aus: Bei der jährlichen Führungskräftetagung stellt der Geschäftsführer die Strategie in einem einstündigen Vortrag mit 120 PowerPoint-Folien vor. Zum Schluss geht die Einladung in die Runde: »Hat jemand Fragen?« Die üblichen Querulanten und Streber melden sich mit den üblichen Anmerkungen. Alle anderen schweigen. Wer klug ist, hält sich zurück. In der Pause zollt man dem Chef beim Kaffee Anerkennung: »Guter Vortrag, guter Plan. Ich freue mich, dabei zu sein.« Der Chef nimmt die Geste dankbar entgegen, weil er selbst Bammel vor seiner großen Rede hatte. Er freut sich, dass es gut gelaufen ist. In den folgenden Wochen stellen die Führungskräfte die neue Strategie in ihren eigenen Bereichen vor. Gelegentlich gibt es Vollversammlungen der Belegschaft. Dort trägt der Geschäftsführer eine Kurzfassung seiner Rede vor 3000 Leuten vor. Der Saal ist mit Theaterbestuhlung möbliert, die Veranstaltung hat Show-Charakter. »Wir schaffen das« und »Ihr müsst das jetzt tun«, sind die beiden Hauptbotschaften. Ein Bergsteiger hält den Gastvortrag und erzählt, dass man den Mount Everest ohne Sauerstoff und Sherpas besteigen kann, wenn man es nur wirklich will. Zum Abschluss spendiert die Geschäftsleitung Freibier und Würstchen. Das war's.

Im digitalen Wandel reicht das nicht mehr. Denn Verfahren wie diese kommunizieren zweierlei: »Strategie ist etwas, was irgendwann fertig ist und dann umgesetzt wird.« Und: »Die Spitze des Unternehmens kennt den Weg.« Beide Botschaften sind falsch. Strategie ist nie fertig. Dafür ist die Wandlungsgeschwindigkeit zu hoch. Und die Spitze des Unternehmens kann den Weg gar nicht genau kennen – dafür ist die Lage zu komplex. Solche Verfahren gewähren nur Scheinorientierung, doch sie vermitteln keine Ehrlichkeit. Das ist ihr Problem. Deswegen funktionieren sie im digitalen Wandel nicht mehr. Alles ändert sich so schnell, dass die Unternehmensleitung selbst nicht mehr peilt, was als Nächstes passiert und wie die richtige Antwort darauf lautet. Trotzdem hat sich diese Erkenntnis in den meisten Firmen noch nicht durchgesetzt. Sie arbeiten weiter mit den altbewährten Strategieprozessen, als wenn nichts geschehen wäre.

Die Vorgesetzten machen klare Ansagen, doch ihre Worte klingen hohl. In ihren Augen fehlt das letzte Quäntchen Begeisterung und Sicherheit. Der Zweifel steht ihnen ins Gesicht geschrieben. Mitarbeiter spüren das. Es verunsichert sie. Doch sie lassen sich die Unsicherheit nicht anmerken. Oft gestehen sie sich die Verunsicherung selbst nicht ein. Ein klammes Gefühl befällt sie. »Ob das jetzt wirklich alles so richtig ist?«, fragen sie sich. Eines ihrer Grundbedürfnisse wird verletzt, das nach Sicherheit. Sie lesen in der Zeitung, dass ihr Beruf angeblich ausstirbt. Doch der Chef hat nichts davon gesagt. Sie denken sich: »So schlimm wird das schon nicht kommen bei uns.« Dann verdrängen sie den Gedanken und stürzen sich in das Tagesgeschäft. Sie denken sich: »Ich tue mal besser das, was die von mir wollen. Damit bin ich auf der sicheren Seite.« Ein teuflischer kleiner Gedanke funkt dazwischen: »Aber was ist, wenn die sich irren?« Doch der kleine Teufel wird sofort in die Ecke gestellt. Ruhe kehrt ein. Alles läuft so weiter wie bisher. Selbstdisruption fällt aus. Schließlich hat niemand ausdrücklich darum gebeten; es scheint kein Anlass zum Wandel zu bestehen. Das Unternehmen kommt nicht voran, obwohl es dringend handeln müsste.

Verschärft wird der beschriebene Mangel dadurch, dass die meisten Strategien nach wie vor auf erhaltende Innovationen abzielen. Produktionsprozesse werden verbessert, Kosten gesenkt oder neue Haarshampoos für den alten Regalplatz im traditionellen Einzelhandel entwickelt. Grundlegende Neuerungen bleiben jedoch aus. Das greift viel zu kurz. Mit diesem Vorgehen ist Wandel nicht zu schaffen.

Wenn die althergebrachte Form der Kommunikation nicht länger funktioniert, ist radikale Ehrlichkeit dann das richtige Konzept? Die Antwort lautet: Nein. Radikale Ehrlichkeit löst unkontrollierbare Ängste aus. Sie schwächt außerdem die Autorität der Führung. Ich habe interne Tagungen von Firmen als Gast miterlebt, bei denen der Geschäftsführer auf der Bühne sagte: »Wir sind dem Untergang geweiht. Disruption hat unsere Wettbewerber schon vernichtet. Wir sind als Nächste an der Reihe. Eure Jobs sind in akuter Gefahr. Wir müssen jetzt endlich in die Gänge kommen. Wir haben den Wandel viel zu lange aufgeschoben. Jetzt ist es fünf vor zwölf. Das ist unsere allerletzte Chance. Ein Fehler noch, und wir stehen alle auf der Straße. Also gebt euch Mühe. Strengt euch an. Jetzt geht es ums Ganze. Alle Mann an Bord, alle Hände an Deck. Tag und Nacht arbeiten wir jetzt durch. Wer nicht mitzieht, hat keinen Platz im Team.« Der Mann auf der Bühne schaute in ausdruckslose Gesichter, als er seine Blut-Schweiß-und-Tränen-Rede beendet hatte. Anders als Winston Churchill im britischen Parlament hatte er nur Blut, Schweiß und Tränen versprochen, den Lohn der Anstrengung aber nicht in Aussicht gestellt. Churchill hatte Frieden, Gerechtigkeit, Demokratie und die Befreiung vom Tyrannen Hitler umrissen – Ziele, für die es sich lohnte zu kämpfen. Schweiß anzukündigen bringt nur etwas, wenn man gleichzeitig die Belohnung skizziert.

Dem Mann auf der Bühne war das nicht eingefallen. Er dachte, es reicht, seine eigene Panik ungefiltert ans Team weiterzugeben. Dies kann aber nicht funktionieren. Denn das Team erschrickt nicht vor der Anstrengung. Harte Arbeit sind die meisten Leute gewohnt. Sie mögen es sogar, wenn sie mit Arbeit ihr Schicksal beeinflussen können. Damit gewinnen sie das Gefühl der Kontrolle zurück. Es ist ihr persönlicher Homo-Faber-Moment – der grässliche Kontrollverlust kann durch etwas bekämpft werden, das man beherrscht. In Krisen sehnen sich Teams sogar danach, dass man ihnen Anstrengungen zumutet. Das tut der Seele gut. Nein, Anstrengung war es nicht, was die Leute erschreckte. Erschreckt hat sie die Panik ihres eigenen Anführers. Als sie diese Panik bemerkten, verließ sie der Mut.

Nichts ist schlimmer, als den Kapitän in Aufruhr zu erleben. Stellen Sie sich einen turbulenten Flug durch ein Gewitter vor. Plötzlich meldet sich der Kapitän über die Lautsprecher. Aufgeregt, nach Luft schnappend, blafft er Sie an, dass Sie endlich die

Sicherheitsgurte schließen und sich an der Sitzlehne festklammern sollen. Es hätte schon viel größere Maschinen in diesem Gewitter erwischt, sagt er. Jetzt werde es richtig ernst. Ende der Durchsage. So, wie Sie sich in einem solchen Moment fühlen würden, so fühlten sich die Mitarbeiter dieses unbegabten Chefs. Wenn der Kapitän in Panik gerät, steht der Absturz kurz bevor, denkt automatisch jeder. Rette sich wer kann. Frauen und Kinder zuerst. Nur leider geht Aussteigen aus Firmen in Krisen manchmal genauso schwer wie Aussteigen aus Flugzeugen.

Wir sehen: Ehrlichkeit allein funktioniert nicht, Orientierung allein ebenfalls nicht. Auf die geschickte Balance zwischen beiden – Ehrlichkeit und Orientierung – kommt es an.

Einige der klügsten Gedanken zum Thema Führung höre ich von meinem Freund Lukas Kircher, einem erfolgreichen Unternehmer aus Berlin. Er ist Gründer der Kommunikationsagentur C3. »Warum geben wir Macht ab in einer Gesellschaft?«, fragt er sich. »Dahinter steht ein uraltes System, das Menschen seit Frühzeiten praktizieren. Sie bestimmen einen Anführer und sagen: ›Solange du uns Sicherheit garantierst, garantieren wir dir Gefolgschaft.‹ Auf diesem Prinzip beruhen alle Herrschaftsstrukturen der Geschichte.« Kurfürsten wählten und stützten den Kaiser; sie verlangten, dass er ihnen Sicherheit und Vorteile garantierte. Stämme kürten Häuptlinge, damit sie sie durch kalte Winter, bittere Hungersnöte und gefährliche Schlachten führten. Bundesbürger wählen Kanzler, damit sie vor Krieg, Armut, Hunger, Krankheiten und Arbeitslosigkeit geschützt werden. Macht beruht immer allein auf dem Versprechen von Sicherheit. In dem Augenblick, in dem die Führung den Eindruck erweckt, nicht mehr Herr der Lage zu sein, beginnt die Revolution.

Bringt der Pilot die Maschine in Gefahr, stürmen die Fluggäste das Cockpit. Gibt der unbegabte Firmenchef seine eigene Panik oder Ratlosigkeit ungefiltert von der Bühne an seine Belegschaft weiter, verliert er sofort die Gefolgschaft. Es gibt dann vielleicht keine offene Revolte, denn die Leute wollen ihr nächstes

Monatsgehalt nicht gefährden. Doch mit Gehorsam und Motivation ist es vorbei. Jeder denkt dann nur noch an die eigene Flucht. »Deswegen ist die Methode ›Ich rüttele die jetzt einmal alle auf und schaue mal, was dann herauskommt‹ die tödlichste, die man überhaupt wählen kann«, sagt Lukas Kircher. »So kann man nicht führen. Stattdessen muss man sagen: Ja, das werden unruhige Zeiten, aber wir haben einen guten Plan, wie wir da durchkommen. Firmen, die nur aufrütteln, ohne Wege zur Lösung aufzuzeigen, gehen garantiert den Bach hinunter.«

Mitarbeiter wollen keine Sicherheit in der Strategie, glaubt Kircher. »Sie glauben nicht an Charts, auf denen steht, es geht linksherum, denn intuitiv wissen sie, dass man vielleicht genauso gut rechtsherum steuern könnte. Was sie wollen, ist die Sicherheit, dass die Leute da oben sie nicht nur drangsalieren, sondern dass sie sagen: ›Ihr könnt euch zu 100 Prozent sicher sein: Wir führen euch da durch.‹ Das und nur das ist Führung. Als Chef erarbeite ich mir meinen Führungsanspruch nicht durch meinen Vertrag, sondern durch Vertrauen in meine Lösungskompetenz.«

Leider gibt es viel zu viele Vorträge wie jenen, den ich miterlebt habe. Es werden kaum Lösungsmöglichkeiten skizziert für die Kassiererin, deren Job in Gefahr gerät. Es wird nicht beschrieben, wie die Arbeitswelt der Zukunft aussehen kann, zum Beispiel, dass wir in Teilzeit arbeiten und zusätzlich andere Arten des Auskommens finden werden. Detailliert beschrieben werden solche alternativen Einkommensarten erst recht nicht. Allerorten wiederholt sich diese gefährlichste Form der Botschaft: »Alles ändert sich, aber wir sagen euch nicht, wohin.« Das kann nicht funktionieren, weil man sich nicht ändern kann, wenn man nicht weiß, in welche Richtung.

»Die reine Skizze der Bedrohung reicht nicht«, findet Kircher. »Wenn ein Chef Gefährdungsszenarien entwirft, dann muss er auch Lösungsszenarien entwickeln.« Dies gilt für die Kommunikation mit der breiten Belegschaft. Im Umgang mit Führungskräften gelten andere Regeln. Als Führungskraft muss auch das Mittelmanagement die gleichen Regeln einhalten wie das Topmanagement.

Wer es nicht schafft, Ehrlichkeit und Orientierung miteinander in Einklang zu bringen, hat in der Führung eines Unternehmens nichts verloren. Das Mittelmanagement wird höher als normale Angestellte bezahlt, weil diese Leistung von ihm erwartet werden muss. Wenn Manager dazu nicht in der Lage sind, gehören sie ins Glied, aber nicht in die Spitze. Im Umkehrschluss bedeutet das: Der Geschäftsführer oder Vorstandsvorsitzende muss mit seinen Führungskräften wie mit Mit-Unternehmern sprechen können. Sie müssen in der Lage sein, komplexe Situationen kommunikativ richtig zu bewältigen. Dafür brauchen sie Schulung. Wenn diese Schulung nichts bringt, sind sie mit ihrer Aufgabe überfordert und sollten durch begabtere Manager ersetzt werden.

Bei den Inhalten der Kommunikation kommt es übrigens mehr auf eine klare Richtung als auf Details an. »Wir überschätzen ständig den Inhalt der Vorträge«, glaubt Kircher. »Man kann die Firma mit einer relativ vagen Vorstellung mitreißen, wenn sie begeistert dargeboten wird. Die Leute achten darauf, ob die Augen ihrer Chefs leuchten.« Es gibt viele Vorträge mit 200 PowerPoint-Folien, aus denen die Leute herausgehen und sagen: »Das war mir alles viel zu kompliziert. Ich habe das Gefühl, der Chef weiß gar nicht, was zu tun ist« – obwohl alle Details des Plans eigentlich säuberlich auf den Folien stehen.

Beim Vortrag des Chefs spürt man seine Unsicherheit. Man liest seine Gedanken in seinem Gesichtsausdruck: »Trage ich das jetzt alles richtig vor?« Umgekehrt gibt es Chefs, die nur grob umreißen, wohin die Reise geht, dies aber mit einer Freude und mit einem Selbstvertrauen tun, dass sich alle Zuhörer auf Anhieb sicher und geborgen fühlen. »Ich habe zwar nicht genau verstanden, was er gesagt hat«, meinen viele Zuhörer dann, »aber er scheint zu wissen, was er tut.« Kircher empfiehlt Führungskräften, sich Videos ihrer Auftritte ohne Ton anzuschauen, am besten mit zugeklebten Folien. »Nonverbale Kommunikation ist wichtiger als verbale«, sagt er. »Wie der Auftritt emotional wirkt, findet man am besten mit abgedrehtem Ton heraus.« Die Körpersprache drückt viel von der inneren Haltung aus, ebenso der Blick.

Zur Ehrlichkeit gehört auch, eigene Fehler zuzugeben. Man kann durchaus sagen: »Leute, ich habe gerade einen kapitalen Bock geschossen. Das wird mir nie wieder passieren, aber es war kein guter Tag für mich.« Lukas Kircher glaubt: »In solchen Momenten fangen die Leute an, ihren Chef zu lieben. Sie merken, er sitzt nicht da oben, weil er keine Fehler macht, sondern weil er bereit ist, Verantwortung zu übernehmen.« Ein Chef muss nicht alle Antworten kennen, er muss nicht alles richtig machen. Jeder Mensch hat die Chance, ein oder zwei Dinge besser zu beherrschen als andere. »Wenn Führungskräfte dem europäischen Ideal hinterherlaufen, ein *well-rounded Manager* zu sein, also ein abgerundetes Multitalent, dann vergeuden sie Kraft und Zeit, die sie besser darauf verwenden würden, die Dinge, die sie gut können, optimal auszuspielen.«

Bürokratischer Habitus und geschleckte Sprache kommen in Zeiten massiven Wandels nicht mehr an. Die Menschen wissen aus der eigenen Erfahrung, dass das Leben aus Hochs und Tiefs besteht. Nach den meisten Tiefs kommt wieder ein Hoch. Wenn der Chef immer nur von Hochs berichtet, glauben seine Mitarbeiter, dass er Niederlagen leugnet. Das kostet Vertrauen. Gibt er eigene Niederlagen hingegen zu, wächst die Zuversicht in seine Lebenserfahrung und Führungskraft. Je tiefer die Krise schneidet, desto enger schließen die Kollegen die Reihen mit einem Chef, der Fehler freiwillig zugibt, aber Verantwortung übernimmt und mit aller Bestimmtheit sagt: »Ich führe euch hier durch. Ich kenne nicht alle Details der Antwort. Aber wir werden sie gemeinsam finden. Da bin ich mir absolut sicher.«

Das ist der Ton, den Führungskräfte in der digitalen Transformation anschlagen sollten. Hanns-Peter Knaebel ist seit Anfang dieses Jahres Chef des Industriekonzerns Röchling. Das Unternehmen gehört einer Familie. Knaebel, ausgebildeter Arzt, gehört zu den Menschen, die diesen Ton intuitiv treffen. Wir hatten die Freude, eine Röchling-Führungskräftetagung mit ihm zu gestalten. »Hierarchie ist nicht gut oder schlecht«, sagte Knaebel. »Es geht nur darum, wie man sie lebt. Hierarchie kann gut sein, wenn der

Chef ansprechbar ist. Ein guter Führer muss Menschen lieben. Dafür muss er sich selbst lieben. Er muss sich selbst mögen und anerkennen. Wenn er nur für das Geld arbeitet, akzeptiert man ihn nicht. Nur wenn er glaubhaft für seine Arbeit steht, kann er seinen Leuten ein Gefühl für die richtige Richtung geben.« In seinen Reden trifft Knaebel die richtige Balance. Er ist hinreichend konkret, um Vertrauen in seine Sachkenntnis zu wecken, und hinreichend unkonkret, um Platz für die Lösungskompetenz seiner Mitarbeiter zu lassen. Er gibt eigene Fehler zu, schlägt aber den ruhigen, sonoren und freundlichen Ton eines guten Arztes an, dem man sich gern anvertraut, wenn es ein ernstes gesundheitliches Problem gibt.

Was müssen heutige Manager mehr üben – Ehrlichkeit oder Orientierung? Ganz klar die Ehrlichkeit. In Sachen Orientierung sind sie durch Jahre der Strategie gut ausgebildet. Nikita Fahrenholz, der erfolgreiche Gründer von Delivery Hero und Book a Tiger, sagt: »Konzerne können von Start-ups lernen, mehr Offenheit zu pflegen und das ganze Ego-Thema zur Seite zu schieben. Gründer sagen gern offen heraus, wo der Schuh kneift. Das erwarte ich auch von meinem Mitgründer und meinem Team. Nur so kommt man voran. Am Ende motiviert Mitarbeiter immer der Unternehmenserfolg. Den kann man erreichen, indem man mal Schwäche zeigt und auch einfach mal Mensch ist.«

Florian Bankoley von Bosch, den wir ebenfalls bereits kennengelernt haben, sagt: »Ich beschreibe meinen Teams ehrlich, wo die Herausforderung liegt. Dann lade ich jeden ein mitzumachen. Dazu führe ich viele Einzelgespräche. In diesen Gesprächen frage ich immer: ›Was kann ich tun, um Sie erfolgreicher zu machen?‹ Ich meine diese Frage ernst. Oft gibt es Situationen, in denen ich selbst unabsichtlich Verunsicherung ausgelöst habe. Dann ist es wichtig, dass ich ehrliche Rückmeldung bekomme. Ich interessiere mich aufrichtig für die Gedanken und Motivationslage jedes Einzelnen. Aber ich sage auch offen: ›Wir brauchen Sie. Wir sind darauf angewiesen, dass Sie den Wandel mitgehen. Wenn Sie sich dazu nicht in der Lage sehen, dann sollten wir darüber sprechen, ob Sie an anderer Stelle nicht besser eingesetzt sind.‹«

Joerg Hellwig, Chief Digital Officer des Chemiekonzerns Lanxess, berichtet gleichfalls von guten Erfahrungen mit diesem Führungsstil. Hellwig hatte die Schule abgebrochen und ohne Abitur beendet. Er arbeitete sich vom Lehrling bis in die Spitze des Unternehmens hoch. Jahrelang leitete er eine Sparte der Firma – die Produktion von Farbpigmenten –, bis ihn Konzernchef Matthias Zachert zum obersten Verantwortlichen für die Digitalisierung machte. Hellwig spricht eine ehrliche und direkte Sprache. Er genießt hohe Glaubwürdigkeit im Unternehmen, weil er das Geschäft von der Pike auf gelernt und alle Stufen der Hierarchie durchlaufen hat. Er weiß, was Facharbeiter denken, wenn der Chef im Anzug vorne auf der Bühne steht und von der Zukunft spricht.

»Die Leute sind nicht dumm und wollen nicht für dumm verkauft werden«, sagt Hellwig. »Sie wissen genau, wo das Unternehmen steht und wo die Gefahren lauern. Sie möchten, dass Gefahren offen angesprochen werden. Wer die Lage schönredet, hat keine Chance. Aber sie wollen auch den Weg gezeigt bekommen. Sie möchten klare Ansagen hören, und ihre Leistungskraft soll abgefordert werden. Am liebsten sind ihnen Botschaften wie: ›Schaut her, hier ist die Gefahr. Ich führe euch da raus. Deswegen müsst ihr Folgendes tun. Ich kenne nicht alle Antworten. Ich brauche eure Hilfe. Wer mitzieht, gehört fest zum Team. Wer blockiert, hat hier keinen Platz.‹« Die wichtigste Grundbotschaft lautet nach Hellwigs Erfahrung: »Ich kümmere mich um dich, aber dafür musst du auch etwas tun.« Kümmern heißt nicht, das Vollkasko-Paket zu versprechen. Kümmern heißt ernst nehmen, Sorgen anhören, Ideen aufgreifen, Leistung fordern, Mühe anerkennen, reinen Wein einschenken, voll bei der Sache sein und Verantwortung für das Gemeinwohl übernehmen.

Führung im digitalen Wandel bedeutet auch, Mitarbeitern im Stammgeschäft andere Ansagen zu machen als Mitarbeitern im Neugeschäft. Die Botschaft ans Stammgeschäft lautet:

»Digitalisiert euch so gut es geht, aber zerstört nicht das Geschäftsmodell, sondern pflegt es. Macht es mit digitalen Mitteln so erfolgreich wie möglich. Dafür bekommt ihr alles, was ihr braucht.« Die Botschaft an die Disruptoren im Unternehmen hingegen heißt: »Zerstört das Stammgeschäft, bevor es jemand anders tut. Gebt alles, was ihr könnt, um unser altes Geschäftsmodell zu vernichten.« Weil die Mitarbeiter des Stammgeschäfts diese klare Ansage sowieso mitbekommen, sagt man ihnen offen heraus: »Ihr habt persönlich viel davon, dass wir uns selbst angreifen. Würden wir es nicht tun, täte es jemand anders, und dann hätten wir gar nichts davon. So bauen wir wenigstens unser eigenes Offensiv-Team auf. Je besser es läuft, desto größer wird die Sicherheit für euch, dass wir uns auch um euch kümmern können.«

Mit diesem Ton und diesen Botschaften kann man die Firma in die Zukunft führen. Damit endet der Abschnitt über die Führung in Unternehmen. Im Abschlusskapitel schauen wir nun, was der Wandel für Politik und Gesellschaft bedeutet.

Aus diesem Kapitel halten wir fest:

- Ehrlichkeit und Orientierung sind die wichtigsten Elemente der Führung im digitalen Wandel.
- Beide Elemente sind unverzichtbar. Sie können nicht getrennt werden.
- Nachholbedarf haben traditionelle Manager vor allem beim Anschlagen eines ehrlichen Tons.
- Wer Bedrohungsszenarien skizziert, muss auch Lösungswege aufzeigen.
- Ungefilterte Panik darf eine Führungskraft nicht ans Team weitergeben, ebenso wenig Ratlosigkeit.
- Trotzdem müssen keine perfekten Lösungen präsentiert werden.
- Mitarbeiter sind zu hoher Leistung bereit, wenn sie wissen, in welche Richtung die Reise geht.

»DISRUPT YOURSELVES!«
Ein Weckruf an die Politik

Disrupt Yourself – unter der Fahne dieses Appells sind wir nun gemeinsam ein Stück des Weges gegangen, angefangen von der Frage, was jeder Einzelne tun kann, um als Persönlichkeit und als Arbeitnehmer nicht zu den Verlierern der großen Transformation zu werden. Wir haben theoretisch und an Fallbeispielen gesehen, was Angestellte auf allen Ebenen von Unternehmen und Institutionen tun können und tun müssen, um die Zukunft nicht zu verspielen, sondern sie ökonomisch erfolgreich und menschlich integer zu gestalten. Sie haben hoffentlich verstanden, dass ich optimistisch bin. Wir alle können das Abenteuer bestehen, uns neu zu erfinden. Ich selbst habe dazugelernt. Vor einigen Jahren war ich skeptischer. Jetzt sehe ich an Fällen aus der Praxis: Wir sind wendiger, als ich dachte. Neuerfindung funktioniert.

Doch sosehr wir dies auch einsehen, für uns akzeptieren und in eine neue Phase eintreten – ob als Einzelner, als Abteilung oder als Unternehmen –, wir brauchen dazu ein Fundament, auf dem wir mit unserer Veränderung aufbauen können. Wir brauchen ein gesellschaftliches Denken, gerne auch *Mindset* genannt, das uns anspornt und begleitet. Wir brauchen einen Ordnungsrahmen. So altmodisch er klingt, so dringend benötigen wir ihn. Mit anderen Worten, wir brauchen Politiker und eine Politik, die uns auf diesem Weg nicht nur nicht im Stich lassen, sondern die am eigenen Beispiel zeigen: »Es ist richtig, was ihr tut. Aufbruch ist es, was die Stunde geschlagen hat.« Im Schöneberger Rathaus hängt die Freiheitsglocke, ein Geschenk der Amerikaner an das abgeschnittene Berlin. Heute bräuchten wir solch eine Glocke im Kanzleramt, und Angela Merkel müsste sie läuten und rufen: »Wir haben die

Freiheit, uns neu zu erfinden. Ich gehe mit gutem Beispiel voran.«
Doch niemand schlägt an diese Glocke. Dafür weht ein Wind mit
lautem Läuten aus Paris herüber. Emmanuel Macron steht im
Élysée-Palast und ruft aller Welt zu: »Digitalisierung ist unsere
große Chance, und wir werden sie ergreifen.« Warum findet Paris
die Kraft zur digitalen Modernisierung, Berlin aber nicht?

Es reicht nicht, wenn Götz Werner sich Gedanken über das
bedingungslose Grundeinkommen macht. Bundestag, Bundesrat
und Regierung müssen nach oben auf die Agenda setzen, was der
Verlust von rund 50 Prozent der Stellen für dieses Land bedeutet. Einzelne Vorkämpfer dort gibt es. Doch ansonsten herrscht
betretenes Schweigen. Weil es ohne politisches Fundament nicht
geht, schließt dieses Buch mit einem nachdrücklichen Plädoyer an
unsere Politiker: Disrupt yourself! Das gilt auch für Sie!

Mehr als zwanzig Jahre ist es nun her, dass ich in der *Kalkscheune* mit dem Kopf darauf gestoßen wurde: Innovatoren wollten meinen Beruf abschaffen, angeblich zum Wohle von Gesellschaft und Demokratie. Damals waren wir als Journalisten noch
eine exotische Minderheit, denen eine solche Provokation und
Herausforderung widerfuhr. Ich erinnere mich an niemanden aus
einer anderen Branche, der gleichzeitig Ähnliches erlebt hätte.
Sehr wohl aber erinnere ich mich daran, wie wir Medienleute
die Digitalisierung bis dahin wahrnahmen. Wir sahen in ihr einen
preiswerten neuen Weg zum Verkauf unserer traditionellen Produkte. »Über's Internet verkaufen wir Zeitungsabonnements viel
billiger als über normale Mailings«, hieß es lange. »Wir sparen
uns das Porto. Außerdem sehen wir keinerlei negativen Auswirkungen auf die verkaufte Auflage der Blätter.« Alle rieben sich
die Hände. Es schien so, als habe ein gütiger Geist der Verlagswelt
das wunderbarste aller Marketinginstrumente geschenkt – eine
Maschine, mit deren Hilfe wir unsere traditionellen Produkte zu
sensationell niedrigen Preisen verkaufen konnten und die offenkundig keine unangenehmen Nebenwirkungen besaß.

Niemand kam auf die Idee, dass wir eines Tages gezwungen sein könnten, ganz neue Produkte zu erfinden, oder dass

jemals die Nachfrage nach unseren gewohnten Zeitungen und Zeitschriften sinken würde. Wir machten ja »Qualität«! Ein Jahr nach meinem *Kalkscheune*-Erlebnis wurde Google gegründet. Mir klingt noch in den Ohren, wie Journalisten und Verlagsleute damals über die Suchmaschine sprachen: »Wir können keinerlei nachteiligen Effekt auf unsere Zeitungsauflagen erkennen. Dafür sehen wir aber immer mehr Besucher, die über Google auf unsere Webseiten kommen.«

Wieder schien es, als habe ein Zauberer sein Füllhorn über uns ausgeschüttet. Wieder kam es uns so vor, als habe Google nur Vorteile für unsere Branche und keinerlei Nachteile gebracht. Nicht für einen Moment lang wurde erwogen, dass Google und später Facebook Wettbewerber auf dem Werbemarkt für uns werden könnten. Wir ahnten nicht, dass diese beiden Firmen eines Tages 65 Prozent des Markts für digitale Werbung in Beschlag nehmen könnten, während alle traditionellen Verlage zusammengerechnet mit 5 Prozent auszukommen hätten. Wir sahen nicht, dass die Sinn- und Überlebensfrage für uns gestellt war. Und noch viel weniger vermuteten wir, dass nahezu alle anderen Branchen zwei Jahrzehnte später in eine ähnliche Lage kommen würden und dass wir das zweifelhafte Privileg innehatten, die Laborratten der digitalen Erneuerer aus dem Silicon Valley zu werden. Sie praktizierten ihre Fingerübungen an uns, weil unsere Produkte – Fotos, Filme, Musik, Artikel, gesprochenes Wort – so schön leicht zu kopieren sind. Dem Silicon Valley folgten bald andere Weltregionen, die es der Gegend um San Francisco nachtaten.

Das mag nach dem Spezialproblem einer einzelnen Branche klingen. Doch das ist es nicht. Wir haben es mit einem gesellschaftlichen Problem der Extraklasse zu tun. Es ist höchste Zeit, dass Politiker das Thema für sich entdecken. Das ganze Land steht heute da, wo früher nur die Medien standen. Macron hat das verstanden. Wir sollten seinem Beispiel folgen.

Man sagt in der Chaostheorie, dass der Flügelschlag eines Schmetterlings in China einen verheerenden Sturm auf der anderen Seite der Welt auslösen kann. Uns ist genau dies widerfahren. Mit »uns« meine ich nicht nur die Presse, sondern alle Branchen und uns als Gesellschaft. Ein harmloser Flügelschlag schaukelte sich zu einem perfekten Sturm auf, der fast alles umwarf, was uns lieb und teuer war. »Nichts ist mächtiger als eine Idee, deren Zeit gekommen ist«, lautet die berühmte Paraphrase eines Gedankens von Victor Hugo. Nun, es war wirklich die Zeit jener Handvoll Ideen gekommen, die zwischen 1974 und 1990 auf den Markt drängten. Eigentlich waren es ganz simple Konzepte. Anfangs klangen sie recht harmlos. Das *Internet Protocol* ermöglichte den dezentralen Austausch von Daten zwischen Knotenpunkten. Das *World Wide Web* verknüpfte Daten horizontal über Querverbindungen. Der *Browser* stellte Informationen grafisch dar. Ein paar andere, ebenfalls recht unschuldig klingende Ideen kamen noch hinzu.

Niemand hätte gedacht, dass diese harmlosen Erfindungen die Welt revolutionieren würden. Am allerwenigsten vermuteten das ihre Schöpfer. Tim Berners-Lee, der Erfinder des Web, hatte keine Ahnung von den Spätfolgen. Als ich ihn letztes Jahr traf, wunderte er sich noch immer darüber. Gleichwohl entfalteten seine Erfindungen unfassbare Wirkung. Warum? Nicht nur, weil sie so genial waren. Sondern weil sie auf einen Metatrend der Gesellschaft trafen: die Sehnsucht nach Individualität. Die Massenproduktion hatte ihren Höhepunkt überschritten. Zu lange hatte sie die Menschen in Form und Förmchen gepresst. Zu lange galten Norm und Normung als oberste Ziele. Zu selten wurde der individuelle Mensch individuell behandelt. Unsere DNA ist einzigartig, unsere Fingerabdrücke sind unverwechselbar, unseren Charakter gibt es nur ein einziges Mal. Trotzdem sollten wir alle die gleichen Hamburger essen, die gleichen Zeitungen lesen, die gleiche Bettwäsche kaufen, die gleichen Nasszellen bauen und auf den gleichen 60 Quadratmetern hausen. Eine Welle der Liberalisierung und Demokratisierung hatte seit den 1960er-Jahren eine Gegenbewegung in Gang gesetzt. Althergebrachte Machtstrukturen waren in Verruf geraten. Bürger ließen sich die Bevormundung durch Regierungen, Parlamente, Zentralbanken und Konzerne nicht länger bieten. Sie wollten selbst bestimmen, was und wen sie mögen. Sie ließen sich nicht mehr diktieren, welche Produkte sie zu konsumieren, welche Parteien sie zu wählen, welche Musik sie zu hören, welche Kriege sie zu führen und welche Präsidenten und Kanzler sie zu dulden hatten.

Es ist immens wichtig, diese Veränderungen und ihre Gründe zu verstehen. Politik kann nicht mehr so tun, als ginge Computertechnik sie nichts an. Sie kann sich nicht darauf beschränken, uns vor den angeblich gefährlichen Daten zu schützen, uns damit also zuzurufen: »Das ist Teufelszeug. Je weiter wir es wegschieben, desto gesünder ist es.« Nein, ganz im Gegenteil: Politik muss die Technik genau verstehen und den Umgang mit dem Gefahrenstoff organisieren, genauso, wie sie den Umgang mit Schmerzmitteln reguliert. Gesetze schieben Opiate ja nicht fort vom Menschen. Sie sorgen lediglich dafür, dass sie ihre hilfreichen Wirkungen entfalten können, dafür aber ihre Gefahren in Schach gehalten werden. Das geht nur, indem Politik Biochemie versteht beziehungsweise Leute beauftragt, die dies tun. Diese Haltung brauchen wir auch bei der Digitalisierung. Politiker müssen sich endlich im Detail auf dieses Thema einlassen. Dann müssen sie das Gute ermöglichen und das Gefährliche verhindern.

Von der gesellschaftlichen Revolte der 1960er-Jahre führte eine gerade Linie zur technologischen Revolution zwischen 1970 und heute. Dies war ein enorm politischer Prozess. Er muss politisch gesehen und verstanden werden. Internet Protocol und World Wide Web sind technische Ausdrucksformen eines libertären, antiautoritären Geistes. Horizontale Vernetzung wurde zur neuen Norm. Sie löste vertikale Befehlsketten auf. Vietnam war vertikal, Woodstock horizontal. Selbst die Orte, an denen sich die technische Revolution abspielte, stehen in direkter Linie zu den sozialen und politischen Revolten, die ihr vorausgingen. Der Haight-Ashbury-District in San Francisco, Mittelpunkt der Hippie-Bewegung, ist heute ein Epizentrum der digitalen Revolution. Die Universitäten von Berkeley und Stanford brachten nach den politischen Revolten das Internet Protocol hervor. New York, Heimat der

Bürgerrechtsbewegung, ist heute eine Hochburg digitalen Wandels geworden, und es ist kein Zufall, dass Rudi Dutschkes Berlin zum Mekka für Gründer avancierte. Liberalität, Revolutionsgeist und die Absicht, die Welt zu verbessern, sind Eigenschaften, die fast alle Hightech-Zentren der westlichen Welt einen, vielleicht sogar darüber hinaus. China ist sicherlich ein Sonderfall. Dass China in der Digitalwirtschaft so boomt, liegt an vielen Gründen, die hier den Rahmen sprengen. Fest steht aber: Innerhalb Chinas sind es die vergleichsweise liberalen Regionen wie Peking, die lebendige Technologie-Szenen hervorgebracht haben. Individualismus ist der Metatrend, auf dem die Digitalisierung surft. Seine grundlegenden Technologien wurden erfunden, weil diese Gedanken in der Luft lagen, weil man in den Universitäten darüber sprach, in den Kommunen darüber diskutierte und auf den Straßen dafür protestierte. Individualismus war es auch, was mir damals in der *Kalkscheune* entgegenschlug. Die Pioniere im Saal wollten sich nicht länger bieten lassen, dass einige mehr oder weniger willkürlich ausgewählte Journalisten und Verleger festlegen konnten, was die Öffentlichkeit zu sehen bekommt und was nicht. Heute erlebt das Nazi-Wort *Lügenpresse* eine neue Konjunktur. Es ist unfair, hässlich und falsch. Dahinter steckt aber ein Sentiment, das sich von links nach rechts quer durch das politische Spektrum zieht: das Misstrauen, die Macht über öffentliche Kommunikation in die Hände kleiner Gruppen wie Journalisten, Verleger oder des öffentlichen Fernsehens zu legen.

Die Revolution des Individualismus nimmt nun einen zweiten Anlauf. Auch das will begriffen werden. Alles, was wir bisher erlebt haben, waren nur die Vorboten. Was bisher geschah, betraf vor allem die Kommunikationsbranche und Kommunikationsberufe. Medien, Telefonunternehmen, Post, Transport und Banken waren die Hauptziele. Alle anderen Branchen blieben noch weitgehend verschont. Das ändert sich nun. Neue Technologien ermöglichen jetzt, dass Industrie und Handel in ihre Bestandteile zerlegt werden. Warum? Weil es technisch möglich wird, nicht nur die *Information*, sondern auch das hinter der Information liegende *Ding* zu digitalisieren. Das ist die folgenreichste Innovation, die man sich vorstellen kann. Das *Ding* zu digitalisieren, bedeutet, die Welt in ihre Atome aufzulösen. Wir befreien das *Ding* aus seinem Käfig von Raum und Zeit. Danach wird kaum noch etwas so sein, wie es vorher war. Im Laufe dieser Entwicklung wird vieles einstürzen und neu aufgebaut werden, was wir heute kennen. Für Gesellschaft und Politik hat dies überwältigende Folgen. Wir stehen vor einer Stunde null.

Wieder sind es scheinbar harmlose Technologien, die diesen Wandel ermöglichen. Das Internet Protocol, das World Wide Web, der Browser und andere Grundlagen der bisherigen Digitalisierung waren allesamt Technologien zur dezentralen Übertragung, Verarbeitung und Darstellung von *Informationen*. Sie haben noch nichts geändert am Gewebe der Wirtschaft als solcher. Man kann heute einen Wagen über das Internet kaufen, aber man kann das Auto nicht vor Ort ausdrucken. Nach wie vor muss es in einem Werk montiert und zugestellt werden. Man kann ein Haus oder eine Wohnung für seinen Sommerurlaub mieten, aber es ist bislang unmöglich, die Immobilie für zwei Wochen zu kaufen und dann ohne Transaktionskosten wieder abzugeben. Bisher konnte man die Information übermitteln, dass ein bestimmter Geldbetrag nicht mehr auf Konto A, sondern auf Konto B gespeichert ist, doch es war nicht möglich, eine Währung selbst zu schöpfen, sie in beliebig kleine Teile zu zerteilen, diese Teile wieder in neue Währungen umzuwandeln und sie mit Menschen oder Maschinen zu tauschen, die man noch nie zuvor gesehen hat und von denen man nicht weiß, ob man ihnen trauen kann oder misstrauen muss.

Kurzum: Die bisherige Digitalisierung handelt nie von der Sache selbst, sondern nur von der *Information* über die Sache. Folgerichtig wurden in dieser Phase des Wandels vor allem Branchen und Berufe durcheinandergewürfelt, die auf Informationen spezialisiert sind, während die Produzenten der Sachen noch weitgehend in Ruhe gelassen wurden.

Diese Zeiten enden nun. Die vermeintlich harmlosen

Technologien heißen 3-D-Druck, Blockchain und Internet of Things. Andere Technologien werden noch hinzukommen. Die Welt wird dematerialisiert. Volkswagen-Ersatzteile, vielleicht sogar ganze VW-Autos, müssen künftig nicht mehr in einer Fabrik hergestellt und über den Handel an die Konsumenten gebracht werden. Blockchain und 3-D-Druck machen es möglich, den Produktionsprozess in Abertausende kleiner unabhängiger Schritte aufzuteilen, die am Ende doch ein geschlossenes und funktionstüchtiges Gesamtprodukt ergeben. Es bedarf keines großen Industrieunternehmens mehr, um komplexe Produkte herzustellen. Am Band bei Volkswagen können in Zukunft kleine Stationen unabhängiger Kleinstproduzenten stehen, die ihre Produkte beisteuern, vor Ort ausdrucken lassen, und morgen wieder durch jemand anders ersetzt werden.

Auch die Eigentumsverhältnisse verändern sich. Der VW-Golf kann schon während der Produktion 20 Leuten gleichzeitig gehören, die ihn später miteinander teilen möchten. Bis zum Ende der Produktionsstraße kann er zu einem einzelnen Eigentümer wechseln, der den Wagen noch vor der Auslieferung kauft und schließlich Anteile an 100 andere Leute überträgt. VW ist dann kein Konzern mehr, dem alles Produzierte gehört, bis es verkauft wird, sondern Volkswagen ist vielleicht nur noch der Oberbegriff für einen Schwarm vieler Tausender unabhängiger Designer, die sich für einen Moment zusammentun, um einen Golf nach dem jeweiligen Stand der Technik zu montieren. Morgen sieht alles wieder anders aus, und es sind wieder andere Leute am Werk. Vielleicht ist Volkswagen dann der Regisseur des Prozesses oder ein abstrakter Sammelbegriff für ein vielschichtiges, ständig in Änderung befindliches Kollektiv von Produzenten.

Wir können uns das heute noch nicht richtig vorstellen. Doch die Analogien sind schnell gezogen. Niemand denkt bei dem Wort *Instagram* daran, dass es sich um eine zentrale Redaktion handelt, die Fotos produziert und auswählt, so wie *Stern* und *Bunte* es tun. Jeder weiß, dass Instagram kein einzelner Absender ist, sondern eine Sammlung von Absendern. So ähnlich könnte es uns mit dem

Begriff *Volkswagen* ergehen. Heute steht dieses Wort für einen klar umrissenen und genau bekannten Produzenten, in Zukunft könnte eine Sammlung von Produzenten gemeint sein.

Firmen werden virtualisiert. »Unternehmen sind nichts anderes als ein Netzwerk von Verträgen«, schreibt Naval Ravikant, Gründer und Chef von AngelList, einer Plattform für Start-ups und Investoren. »Zum Beispiel Arbeitsverträge mit Mitarbeitern, Gewinnabführungsverträge mit Eigentümern, Kreditverträge mit Geldgebern, Lieferverträge mit Kunden, Steuerverträge mit dem Staat.« Blockchain erfindet Firmen neu, glaubt Ravikant, denn *Smart Contracts* (intelligente Verträge) bringen den Kern der Firmen ins Netz. Ein Strom von Daten ersetzt die machtvollen Gebilde von heute. Firmen waren schon immer ein geistiges Konstrukt – eine Konvention, die nur dadurch besteht, dass alle daran glauben. Mithilfe der Blockchain landet dieses Konstrukt als Sammlung digitaler Einsen und Nullen im Cyberspace und zerfällt dort in beliebig kleine Stücke.

Die Macht verteilt sich auf immer kleinere Einheiten. Sie wandert von den Regierungen, Zentralbanken, Parlamenten und Konzernzentralen in Myriaden kleiner, sich selbst organisierender Einheiten ab. Diese Einheiten können Menschen, aber auch Maschinen sein. Ein einzelner Toaster kann in Zukunft im Verbund mit anderen Toastern mehr Macht ausüben als ein Lebensmittelkonzern, weil Toaster über die Einkaufsmacht für Brot verfügen und der Lebensmittelkonzern mit seiner klassischen Werbung nicht mehr viel ausrichten kann, wenn ein Algorithmus den Nachschub anderswo organisiert, beispielsweise bei Mikro-Bäckereien in der Nachbarschaft. Die Zersplitterung der Gesellschaft schreitet im Sauseschritt voran. Wenn Christoph Kucklick seinen Bestseller »Die granulare Gesellschaft« in fünf Jahren noch einmal schreiben müsste, würde »Die atomisierte Gesellschaft« die Sachlage besser treffen. Was heute Granulat ist, wird dann eine Wolke Millionen vereinzelter Atome sein.

Wie ist eine solche Gesellschaft zu regieren? Ist sie überhaupt noch regierbar? Davon wissen wir nichts. Man kann sich kaum andere Fragen vorstellen, die für die Politik wichtiger sind. Paradoxerweise wird diese Entwicklung nicht in Anarchie münden, sondern in Monopolen und neuartigen Konglomeraten. Der größte Feind der Demokratie ist die Datenautokratie. Die vielen Atome werden nicht als freie Radikale durch ein politisches Vakuum irren. Jemand wird diese Atome aufsammeln und neue Mächte aus ihnen bauen. Im Jargon der Technologen nennt sich dieses Aufsammeln *Aggregation*. Sie stellt etwas grundsätzlich anderes dar als Macht nach heutigem Muster. Produzenten im heutigen Modell finanzieren, besitzen oder kontrollieren alle Bestandteile eines Prozesses, sei es nun ein wirtschaftlicher oder ein politischer Prozess. Aggregatoren hingegen sind Plattformen, die lediglich die Teilnehmer eines Ökosystems zusammenbringen. Sie riskieren ein Minimum an finanziellem oder politischem Kapital, erhalten dafür aber ein Maximum an Informationen.

In Frankreich konnte Emmanuel Macron Präsident der Republik werden, ohne eine Partei zu gründen. Seine Erfindung *En marche* war eine Sammlungsbewegung. Sie sammelte politische Energie auf, die ungebunden umherströmte. Aggregation brachte Macron in den Élysée-Palast. Dies gibt einen Vorgeschmack auf die atomisierten Massenbewegungen der Zukunft. Sie organisieren sich weder von unten noch von oben, sondern aus der Mitte heraus. Je mehr Macht schon da ist, desto mehr Macht kommt im Laufe der Zeit hinzu.

Wer die meisten Informationen besitzt, kann künftige Produkte – politische und wirtschaftliche – erfolgreicher gestalten als die anderen Anbieter. Thorsten Michalik von der DWS sagt: »Sorgen machen mir nicht die FinTechs, sondern die TechFins.« Mit FinTech meint er Start-ups, die *Financial Technologie* entwickeln, also zum Beispiel N26, die moderne mobile Bank. TechFins hingegen sind Technologie-Konzerne, die nebenher Finanzwerkzeuge entwickeln. Bestes Beispiel sind die chinesischen Digitalriesen Tencent und Alibaba. Sie haben ihre Kommunikations-Apps mit Zahlfunktionen – WeChat Pay und Alipay – ausgestattet. Diese Zahlfunktionen haben China im Sturm erobert und drängen nun auch nach Europa. Michaliks Beobachtung kann man über den Finanzsektor hinaus verallgemeinern. Sie gilt für alle Unternehmen ebenso wie für alle Parteien und für alle Institutionen des Staats. Übersetzt lautet seine Aussage: »Sorgen machen mir nicht die GovTechs, sondern die TechGovs« – auf Deutsch: nicht die Produzenten von Technologien für die öffentliche Hand, sondern die Tech-Firmen, die sich zu Machthabern aufschwingen.

Ist diese Sorge übertrieben? Kaum. In seiner jungen Geschichte hat das Silicon Valley zahlreiche Perversionen seiner Ideologie der Weltverbesserung hervorgebracht, und tragischerweise richten seine Konzerne heute mindestens ebenso großen Schaden an wie die Multis der industriellen Ära, die das Silicon Valley so inbrünstig kritisiert hat. Aus *Do No Evil* – Googles erster Wahlspruch – ist *Do whatever is possible* geworden. Innovatoren werden zu Aggressoren. Laisser-fair, Alles-ist-erlaubt, ist noch keinem Gemeinwesen gut bekommen. Öffentliche Güter sind ungleich schwerer zu verteidigen als früher. Waffengesetze gelten nicht mehr viel, wenn die .45er Magnum als Datei über das Darknet kommt, am Küchentisch ausgedruckt wird und in der Nachbarschaft als Argumentverstärker Einsatz findet. Dies alles ist von größter Bedeutung für die Politik.

Bezeichnenderweise hat erst das *One-to-Zero*-Zeitalter einen Rassisten, Menschenverachter, Protektionisten, Autokraten und chronischen Lügner ins Weiße Haus gebracht. Im Industriezeitalter regierten dort Demokraten. Selbst Richard Nixon und George W. Bush waren im Vergleich zu Donald Trump gemäßigte Politiker. Warum? Vor allem, weil die Industrie eine gebildete, selbstbewusste Mittelschicht befördert hat, die sich in ihren Gemeinden engagierte und den Dialog von Mensch zu Mensch pflegte. Das Digitalzeitalter hingegen konzentriert Macht in den Händen weniger. Es monopolisiert den Zugang zu Informationen, schaltet die professionellen Ermittler und Vermittler von Wahrheit aus, gestattet jeder noch so dreisten Lüge den Zugang zu einem Massenpublikum, verengt den Blick der Rezipienten auf das, was sie ohnehin schon wissen und was sie hören wollen, konzentriert den wirtschaftlichen Wohlstand auf einige wenige Regionen und grenzt alle Menschen mit geringen oder mittleren Fähigkeiten von der Wertschöpfung aus. Vor allem reduziert das Digitalzeitalter den gesellschaftlichen Diskurs auf gesichtslose Kommunikation über sterile elektronische Medien.

Hamburgs ehemaliger Bürgermeister Klaus von Dohnanyi ist zu Recht in Sorge über die Folgen digitaler Kommunikation auf die demokratische Gesellschaft: »Demokratie beruht auf dem gegenseitigen Respekt füreinander«, sagt er. »Respekt entsteht dadurch, dass man dem anderen Menschen von Angesicht zu Angesicht gegenübersteht. Wenn dieser persönliche Kontakt verloren geht, weil man vor allem virtuell und elektronisch mit anderen Menschen in Kontakt tritt, dann schwinden Respekt, Umgangsformen und der demokratische Austausch.« Dem ist nichts hinzuzufügen. Hatte die Weimarer Republik mit geringeren Problemen zu kämpfen als die Bundesrepublik in der Digitalisierung? Das ist nicht mehr vollständig auszuschließen.

Als Gesellschaft wollen wir bitte verstehen, dass Digitalisierung nicht mehr das Werk einzelner Kapuzenpulli-Träger aus Kalifornien ist. Es ist eine neue Zeit angebrochen. Die Angreifer sind heute keine Einzelkämpfer mehr. Vorbei die Zeiten, als charismatische Visionäre wie Larry Page und Sergej Brin von Google oder Mark Zuckerberg von Facebook ganze Branchen fast im Alleingang umwerfen konnten. Chuzpe und Schnelligkeit allein genügen nicht mehr. Statt mit individuellen Attacken einzelner Gründer haben wir es mit einer fundamentalen Veränderung der gesamten Gesellschaft zu tun. Aus Einzelaktionen ist eine breite Bewegung geworden. Wir stehen keinen Umstürzlern mehr gegenüber, die wir beim Namen nennen und an wenigen Händen abzählen können. Wir sind umringt von einer riesigen, amorphen, unübersichtlichen Masse von Innovatoren, die das Alte in rasender Geschwindigkeit durch das Neue ablösen möchten. In allen Branchen übersteigt die Summe des in Start-ups investierten Wagniskapitals bei Weitem die Summe des Forschungs- und Entwicklungsbudgets traditioneller Firmen. Dies gilt in gesteigertem

Maße für die Politik. Weit mehr Geld trachtet nach dem Kapern politischer Kontrolle, als der demokratische Staat in seine politische Bildung investiert.

Fast überall heuern die besten jungen Talente bei den Angreifern statt beim Establishment an. Das ist komplett neu. Noch vor wenigen Jahren besaßen die Angreifer weit weniger Geld und zahlenmäßig weniger Koriphäen als die Verteidiger. Heute liegt der zahlenmäßige Vorteil bei den Erneuerern. Daraus ergibt sich eine ganz neue Gefechtslage. Es sind nicht mehr die Wenigen, die mit wenig Geld aufbrechen, um das Unwahrscheinliche zu tun. Jetzt sind es die Vielen, die Milliarden ausgeben können, um das Mögliche und Wünschenswerte umzusetzen, das leider allzu oft ins Gegenteil umschlägt. Gut gemeint heißt eben auch im Digitalzeitalter nicht automatisch, dass es der Gesellschaft, ja gar der Menschheit gut bekommt.

Neu sind die Zeiten aber auch in einem erfreulichen Sinne. Die Dinge sind komplizierter geworden. Vieles Interessante wurde schon in die Welt gesetzt, vieles Notwendige ist bereits erledigt. Jetzt noch eine Eruption auszulösen, verlangt mehr Wissen über unterirdische Lavaströme als noch vor zehn Jahren. An gewissen Stellen ist Fachwissen wieder gefragt. Zum Beispiel baut ein Angreifer die industrielle Lieferkette für Autositze nicht freihändig um, ohne Leute an Bord zu holen, die etwas von dieser Lieferkette verstehen. Ein solcher Plan wäre technisch unmöglich, denn dann würden die Autositze niemals rechtzeitig am Fließband ankommen. Das ist eine gute Nachricht für alle Experten. Sie werden bei künftigen Umbrüchen gebraucht. Ihr Know-how kommt wieder in Mode. Bisher war das anders. Man konnte Imperien wie Kodak, Neckermann oder die Regierung der Vereinigten Staaten stürzen, ohne etwas von ihrem Geschäft zu verstehen. Donald Trump hatte vor seinem Amtsantritt die Verfassung nicht gelesen, und danach wahrscheinlich auch nicht. Er wusste so viel von Politik wie die Instagram-Gründer von Zelluloid-Filmen, als sie Kodak attackierten.

273

Inzwischen ist viel zusammengebrochen, was morsch war. Die nächste Phase verlangt spezielles Know-how über komplizierte Prozesse. Tesla kann Mercedes nicht mehr schlagen, ohne die Kunst des Automobilbaus zu erlernen. Das kann eine Chance auf Wandel zum Besseren bedeuten. Zu hoffen ist, dass die Macht in Wirtschaft und Politik in die Hände der Guten fällt. Ausgemacht ist es nicht. Trump zeigt, wie schnell Außenseiter es schaffen, selbst das zu zertrümmern, was vorher kerngesund war. Damit schafft er Chancen für undemokratische Aufsteiger wie China.

Auf den Wandel zu reagieren, ist keine Sache allein der Regierung oder des Managements mehr. Politik und Firmen können den Umbruch nicht bewältigen, indem sie von oben nach unten regiert werden. Ab sofort fällt eine mindestens ebenso große Verantwortung den Bürgern und Mitarbeitern zu. Sie müssen Bereitschaft zum Wandel zeigen und verstehen, worum es geht. Eine neue Kultur in Gesellschaft und Unternehmen ist vonnöten. *Change Management* reicht nicht mehr aus, denn Change Management heißt: Einer befiehlt den Wandel, und alle anderen vollstrecken ihn. Das kann in der atomisierten Gesellschaft nicht glücken. Heute ist *Change Movement* gefragt – eine Bewegung des Wandels, die von unten nach oben aufsteigt; aus eigenem Antrieb, aus eigener Kraft und im eigenen Interesse, bestätigt und befördert von den Führungskräften an der Spitze.

Nicht nur die Entmachtung alter Strukturen und die Zersplitterung von Wertschöpfungsprozessen müssen Politik und Unternehmen verkraften. Sie haben auch noch zu bewältigen, dass rund die Hälfte der Arbeitsplätze in absehbarer Zeit verloren gehen wird. Heiß umstritten ist die Frage, ob die Summe der Arbeitsplätze in den kommenden Jahrzehnten sinkt, steigt oder gleichbleibt. Obwohl es erzürnte Gegenstimmen gibt, geht die Mehrheitsmeinung davon aus: Wir werden nicht alle arbeitslos. Die Menge der Arbeit bleibt gleich oder nimmt sogar zu. Für jeden Buchhalter, Kassierer oder Versicherungsmathematiker, der durch künstliche Intelligenz seine Arbeit verliert, entsteht anderswo eine neue Stelle – entweder in neuen Berufen, die wir uns heute noch gar nicht vorstellen können, oder in alten Berufen, die neue Mitglieder aufnehmen, beispielsweise bei Massage-Therapeuten oder Grundschullehrern. Arbeitsmangel wird also nicht unser Problem sein. Der menschlichen Fantasie, sich gegenseitig Leistungen zu verkaufen, sind keine Grenzen gesetzt.

Wir haben es trotzdem mit schmerzhaften Übergängen zu tun. Menschen, die durch Maschinen ihre Jobs verlieren, müssen umgeschult und für andere Jobs fit gemacht werden. Dies kann zu einem gewissen Grad gelingen. Björn Böhning, beamteter Staatssekretär im Bundesministerium für Arbeit und Soziales, betreut dort das Themengebiet »Neue Arbeit in der Digitalisierung«. Er weist auf das Beispiel des Hamburger Hafens hin. Dort fand ein fundamentaler Wandel von der personalintensiven Löschung der Stückgüter hin zum Entladen der Container-Schiffe durch vollautomatische Brücken statt. »Trotz dieses Umbruchs gab es keine betriebsbedingten Kündigungen«, sagt Böhning. Geschaffen wurde ein sozialpartnerschaftlicher Wandlungsprozess, bei dem jeder Hafenarbeiter die Chance bekam, sich für eine neue Aufgabe zu qualifizieren. »Am Hamburger Hafen sieht man heute fast keine Menschen mehr, trotzdem konnte die Gesellschaft den Wandel auffangen und unter Wahrung der Würde der Betroffenen organisieren.«

Im anstehenden digitalen Wandel wollen wir das ähnlich steuern. Unvermeidbar wird sein, dass Tausende Menschen keine neue Arbeit finden. Damit werden wir auf die Probe gestellt. Das deutsche und europäische Sozialmodell lebt von der Solidarität der Gemeinschaft, wenn der Einzelne den Wandel aus eigener Kraft nicht bewältigen kann. Dies gilt besonders dann, wenn die Allgemeinheit eine Dividende durch Digitalisierung einfährt. Gerade dann kann sie diejenigen nicht hängen lassen, die Opfer erbracht haben, um diese Dividende zu erwirtschaften. Aus den Gewinnen der Digitalisierung finanziert eine solidarische Gesellschaft die Umschulung und notfalls Versorgung derjenigen Bürger, die dem Wandel zum Opfer gefallen sind. Gerade diese solidarische Haltung unterscheidet Europa von vulgärkapitalistischen Gesellschaften wie den USA, die auf dem besten Wege sind, nach der Zerstörung ihrer Mittelschicht auch noch ihre demokratische Verfassung nachhaltig zu schwächen. Doch diese Absichtserklärung reicht nicht aus. Sie muss in konkrete Politik umgesetzt werden.

Eines der wichtigsten Ziele lautet: Die produktive und gemäßigte Mittelschicht muss auch unter den Bedingungen der Digitalisierung unter allen Umständen erhalten bleiben. Wir dürfen bei uns nicht zulassen, was die USA in den Blütejahren der Wall Street mutwillig und tatenlos mit angesehen haben: nämlich dass es der Generation der Kinder schlechter geht als der Generation der Eltern, dass die Einkommensunterschiede zwischen Management und Mitarbeitern ins Uferlose steigen, dass die Industrie ihre Wettbewerbsfähigkeit verliert, dass Bildung in der Berufsausbildung kaum eine Rolle spielt und dass Menschen, die hart arbeiten möchten und könnten, trotzdem in Armut, Krankheit und Verzweiflung versinken.

Deswegen ist es eine überlebensnotwendige Aufgabe, ja Pflicht von Politikern und Unternehmern, Voraussetzungen für eine würdevolle und erfolgreiche Begleitung der Arbeitnehmer in der Digitalisierung zu schaffen. Da gibt es noch viel zu tun, und zwar ab sofort. Das Bewusstsein für den Wandel ist nicht nur unterentwickelt; wo es keimt, führt es zu wenig überzeugendem Handeln. Thomas Heilmann, CDU-Bundestagsabgeordneter und Unternehmer aus Berlin, fordert Umdenken und nimmt den Staat in die Pflicht: »Ein Fernfahrer, der Tag für Tag einsam hinter dem Steuer seines Lastwagens die Autobahnen herauf- und hinunterfährt, hat keine Zeit und keine Gelegenheit, sich mit der Digitalisierung zu beschäftigen. Wir müssen ihm die Freiräume schaffen, dies zu tun. Dafür braucht es Angebote.« Heilmann plädiert für Pflichtkurse in Sachen Digitalisierung.

Besonders Menschen, die in ihrem Berufsalltag keine Zeit haben, sich darum zu kümmern, sollten Gelegenheit zum Aufholen bekommen. Staat und Arbeitgeber könnten gemeinsam mit Kammern und Verbänden Kurse finanzieren und organisieren.

Viele Politiker, die etwas von Digitalisierung verstehen, sind sich über die Parteigrenzen hinweg einig, dass besondere Umstände besondere Maßnahmen erzwingen. Sozialdemokrat Björn Böhning aus dem Arbeitsministerium findet, dass der Staat mehr tun muss, um sich dem Thema zu stellen. Das fängt schon mit den Aufgabenstellungen seiner Behörden an. »Die Bundesagentur für Arbeit ist nur für Arbeitslosigkeit zuständig, aber nicht für Arbeit«, bemerkt Böhning. »Das kann kein Zukunftsmodell sein.« Wenn die Hälfte aller Bürger im Laufe der Jahre ihren Arbeitsplatz verliert, dann muss das Vorbereiten auf Arbeit auch zu den Aufgaben der Bundesagentur gehören. Wer ändert das, und wann soll es geschehen? Das steht in den Sternen.

Unverzichtbar ist auch, endlich eine gute Datenbasis als Grundlage von Entscheidungen zu schaffen. Es gibt in Deutschland keine aktuelle Erfassung der ausgeübten Berufe – der jeweils aktuellste Stand liegt einige Jahre zurück. Ganz zu schweigen von einer Prognose der künftigen Berufsbilder. Dazu liegen überhaupt keine verlässlichen Daten vor. Entsprechend wenige gesicherte Grundlagen gibt es, auf denen die Politik handeln könnte. Dafür aber misst das Statistische Bundesamt genau, wie viele Haushalte mit zwei Bewohnern und einem verfügbaren Nettoeinkommen unter 2000 Euro in Großstädten im Besitz von Fernsehgerät, Waschmaschine und Kanarienvogel sind – kein Scherz. Wir haben unser Land auf die Vergangenheit optimiert, als Waschmaschinen noch der neueste Schrei der Technik waren. Digitalisierung findet im toten Winkel statt; im übertragenen wie leider auch im wörtlichen Sinne: Noch immer sterben Kinder in den toten Winkeln der Lastwagen, weil die Fahrer sie übersehen. Der Politik sind die digitalen Warngeräte nicht geheuer; sie zögerte viel zu lange mit der Einbaupflicht.

Die Erregungsrepublik Deutschland wendet sich, verlockt von kurzfristig auf Machterhalt oder -gewinn hin orientierten Politikern, hingebungsvoll ihren jeweiligen Lieblingsthemen wie Rente, Energiewende oder Steuern zu, doch eines der wichtigsten Sachgebiete, um die wir uns zu kümmern hätten, bleibt unbearbeitet. Innenminister Horst Seehofer bricht einen Streit über die Frage vom Zaun, ob flüchtende Menschen an der Grenze abgewiesen werden sollen, wenn sie sich in einem anderen EU-Land schon einmal registriert haben. Innerhalb weniger Tage spielt Seehofer diese Sache zur Koalitionsfrage hoch, die das Fraktionsbündnis zwischen CDU und CSU sprengen und die Kanzlerin hätte stürzen können, ohne dass ein aussichtsreicher Ersatzkandidat in Sicht wäre. Medien aller Couleur springen bereitwillig auf das Thema an und spielen es tage- und wochenlang groß in den Schlagzeilen und den Nachrichten, ganz so, als stünden Menschenmassen an den deutschen Grenzen, die Einlass begehren. Die Dringlichkeit der Sache ist weitgehend vorgeschützt. Es geht um die Landtagswahlen in Bayern, es geht um das Heimatgefühl der Deutschen, es geht um Seehofers politisches Vermächtnis und Eitelkeit – dies alles könnte man verstehen. Nicht zu verstehen aber ist, warum das ganze Land sich zu hitzig geführten Nebendebatten hinreißen lässt, während die wirklich existenziellen Fragen nicht auf die Tagesordnung kommen. Alles andere ist immer wichtiger als unsere wirtschaftliche Zukunft. Das geht jetzt schon seit Jahrzehnten so, mit den rühmlichen Ausnahmen der Kanzlerschaften von Helmut Schmidt und Gerhard Schröder.

»Der Bimbes kommt von allein«, hat Helmut Kohl gern abschätzig über die Wirtschaft gesagt und damit durchaus repräsentativ für das ganze Land gesprochen. Nur kommt der Bimbes schon längst nicht mehr von allein. Wir haben inzwischen eine so lange Liste von Versagensfällen in Sachen Technologie auf dem Kerbholz, dass unser Substanzverzehr schon bald mit den Zuständen in der DDR zu vergleichen sein wird. Wir haben den Magnetzug erfunden, aber nicht gebaut. Wir haben der Gentechnologie gezeigt, wo der Maurer das Loch gelassen hat. Wir haben die Produktion des künstlichen Insulins des Landes verwiesen und quälen lieber Schweine beim Abzapfen dieses Stoffes, als uns der Genmanipulation an Bakterien schuldig zu machen. Wir leisten uns ein Land ohne Glasfaserkabel, aber dafür voller Funklöcher. Wir sehen zu, wie Emmanuel Macron Paris zu einem Weltzentrum für künstliche Intelligenz umbaut, während wir in Deutschland das Schauermärchen vom menschenfressenden Computer glauben. Wir ziehen den Datenschutz so fest an, dass das Zeitalter von Big Data erst einmal ohne uns auskommen muss. Wir sehen überall »digitale Demenz« heraufziehen, statt unseren Kindern Medienkompetenz und Programmieren beizubringen.

Wir lavieren ohne politischen Plan durch die Ära der Digitalisierung, und wir erheben die Abwesenheit synchronisierter Pläne zu einem Markenzeichen der Republik. Wir lösen das vermaledeite Wagniskapital-Problem noch immer nicht, obwohl die Liste der im Lande gestrandeten Internet-Unternehmen immer länger wird, die keine Anschlussfinanzierung bekommen haben, obwohl sie glänzende Leistungen zeigen. Wir lassen es zu, dass Wagniskapitalfonds in Deutschland trotz heftiger Anstrengungen nicht genug Geld finden und sich notgedrungen mit Kapital aus Amerika und Asien eindecken müssen. Wir nehmen schulterzuckend hin, dass die besten deutschen Start-ups in die Hände ausländischer Investoren fallen, weil deutsche Geldgeber in einer Mischung aus Schlendrian, Unwissenheit und Abwarten ihre Milliarden nicht antasten, die auf Girokonten Negativzinsen einbringen. Volkswirtschaftliches Vermögen fließt noch immer lieber in die Betonierung von Flächen für Einkaufszentren als in High-Tech-Investitionen mit Zukunftspotenzial.

Kanzlerin Angela Merkel verspricht jetzt im 13. Jahr die Ausstattung des Landes mit Breitbandnetzen, und 13 Jahre lang ist fast nichts davon wahr geworden. Falls sie das Ende ihrer vierten Amtszeit in Amt und Würden erleben sollte, hat sie 16 Jahre lang Regierungen vorgesessen, die es nicht geschafft haben, dieses flächenmäßig kleine und recht wohlhabende Land mit Datenautobahnen zu versorgen. Alles andere ist immer wichtiger. Wir schalten Atomkraftwerke ab und stellen die Energieversorgung auf Windräder und Solarpaneele um. Doch wenn es darum geht, den damit erzeugten Strom nicht zum Anheizen von Aluminiumöfen, zum Bauen von Geländewagen und zum Antreiben alter Rad-Schiene-ICEs zu nutzen, sondern ihn Daten übermitteln zu lassen, dann passen wir. *Leicht* können wir nicht. Wir können nur *schwer*.

Eine Informationswirtschaft aufzubauen, die diesen Namen verdient, scheint uns Deutschen gegen den Strich zu gehen. Es scheint unsere Ehre als Maschinenbauer zu verletzen. Wir freunden uns partout nicht mit Dingen an, die man nicht in Tonnen und Megawatt misst. Unsere Datenschutz-Paranoia verhindert selbst wichtigste Projekte. Die elektronische Gesundheitskarte wurde vor zehn Jahren erdacht. Geschlagene sechs Jahre dauerte es, bis sie eingeführt wurde. Bis heute speichert sie nur Basisdaten wie Name, Anschrift und Krankenkasse. Digitale Rezepte sind seit vielen Jahren technisch möglich, werden aber erst demnächst freigeschaltet. Röntgenbilder speichert die Karte nicht – obwohl technisch machbar. Wir lassen uns lieber mehrfach unnötig röntgen (Achtung, Strahlen!), bevor wir jene Politiker abwählen, die das Vorhaben seit Jahren aus Datenschutz-Hysterie aufhalten. Der elektronische Führerschein ist komplett entwickelt. Wann wird er eingeführt? »Frühestens in zehn Jahren«, sagt ein Experte. Grund: Datenschutz. Absurde Folge: Man kann heute Abend den Führerschein abgenommen bekommen, morgen früh aber gleich weiter Auto fahren. Dabei ist es technisch längst möglich, Autos zu sperren, wenn der Führerschein entzogen wurde. Treibt die Bundesregierung die Einführung elektronischer Dokumente entschieden voran? Nein. Macht die Kanzlerin von ihrer Richtlinienkompetenz Gebrauch? Nein. Setzen die Fraktionschefs der Koalitionsparteien das Thema im Parlament durch? Nein. Einziger Unterschied zur Arbeitsverweigerung der Nationalmannschaft in Russland ist, dass sich die Politik für ihren Leistungsausfall nicht entschuldigt. Sie tut so, als sei nichts gewesen. Derweil exportiert sie ihre Digital-Phobie nach Europa. Die streckenweise absurde Europäische Datenschutzgrundverordnung verdanken wir größtenteils deutschen Politikern. Mit diesem Gesetz bittet Europa förmlich um Abstieg aus der Liga führender Technologie-Regionen.

Ein bekannter Internet-Unternehmer sagte kürzlich: »Ich habe acht Jahre lang engagiert dafür gekämpft, dass Deutschland endlich ein Digitalministerium bekommt. Was ist daraus geworden? Jetzt haben wir eine Staatsministerin für Digitales im Bundeskanzleramt, und was passiert in der ersten Woche? Sie streitet sich öffentlich mit dem Kanzleramtschef, wer welche Kompetenz hat.« Die Regierung ist erst seit wenigen Monaten im Amt. Trotzdem ist aus Kreisen von Unternehmern und Technologen schon zu hören, wie sie sich Gedanken über die Aufstellung der nächsten Bundesregierung machen. Die kommenden vier Jahre gelten schon als verloren, bevor sie richtig angefangen haben. Damit wollen wir uns nicht zufriedengeben.

Wie könnte die Wählerschaft reagieren? Sie könnte endlich sagen: »Bis hierher und nicht weiter. Jetzt muss sich etwas ändern.« In der Hauptstadt Berlin kann heutzutage nicht geheiratet werden, weil die Software der Behörde nicht funktioniert und weil es in Deutschland nur eine einzige Schule für Standesbeamte gibt. Die steht in Hessen und fühlt sich nicht zuständig. Kann das als Entschuldigung gelten? Nein, kann es nicht. »Alles Leben ist Problemlösen«, sagt Karl Popper. Alle Politik auch. Politik ist dazu da, Probleme nicht nur zu beschreiben, sondern auch zu lösen. Wenn sie das nicht schafft, gibt es einen Wechsel im Kader; genau wie in der Nationalmannschaft. Folgenloses Herumwurschteln dürfen wir uns als Demokraten nicht mehr bieten lassen. Es gefährdet die Demokratie.

Ein Systemwettbewerb hat begonnen. Westliche Demokratien bezogen Wohlstand, Kraft und Legitimität stets durch geschickten Umgang mit Technologie und unerreichte Effizienz in der Organisation von Wirtschaft, Staat und Gesellschaft. Demokratie und Effizienz schienen untrennbar miteinander verknüpft. Als DDR, Sowjetunion und andere sozialistische Systeme untergingen, lag dies vor allem an ihrem Unvermögen, Wohlstand für alle zu schaffen, wodurch Bonzentum, Demokratiedefizit und Freiheitsentzug umso greller ins Bewusstsein ihrer Bürger traten. Von innen ausgehöhlte Gebäude haben keinen Bestand, und kaum etwas höhlt einen Staat so wirksam aus wie mangelndes Geschick bei der Organisation der Lebensgrundlagen seiner Bürger. Nach dem Fall des Eisernen Vorhangs schien es undenkbar, dass der Westen künftig selbst einmal den Effizienzwettbewerb verlieren könnte. Doch genau hiernach sieht es derzeit aus. Vor allem China stellt unter Beweis, dass ein autokratisches Einparteien-System die pluralistische Demokratie überholen kann. Schon heute hat Chinas Digitalwirtschaft die Bundesrepublik abgehängt. In den kommenden Jahrzehnten könnte China zur wichtigsten Technologienation der Welt aufsteigen. Künstliche Intelligenz wird, wenn wir nicht sofort reagieren, zur Bastion der ehrgeizigen Aufsteiger aus Fernost. Ähnlich sieht es bei weiteren Schlüsseltechnologien aus. Damit verlieren wir Europäer mehr als nur die wichtigsten Märkte der Zukunft. Wir lassen damit auch zu, dass die Demokratie als solche in Gefahr gerät.

Wenn erst einmal bewiesen ist, dass Autokratien komfortabler leben als Demokratien – wenn für jeden offenkundig wird, dass ihre Systeme besser funktionieren – , dann verliert die Demokratie eines ihrer wichtigsten Argumente. Demokratie mag dann zwar noch eine reizvolle Idee sein, so wie Kommunismus und Sozialismus bei ihrer Erfindung für viele Menschen reizvolle Konzepte waren. Doch wenn es die Autokraten sind, die besseren Lebensstandard garantieren, dann bricht die Demokratie früher oder später unter ihrem Eigengewicht zusammen. Mehr noch: Auch von innen droht Gefahr. Je ineffizienter wir werden, desto leichteres Spiel haben Extremisten mit ihren einfachen Botschaften. Schlichte Lösungen haben Konjunktur, wenn komplexe demokratische Wege nicht zum gewünschten Ergebnis führen. Demokratie ist immer komplizierter als Alleinherrschaft. Deswegen müssen Demokratien härter arbeiten, um zur gleichen Effizienz zu kommen wie Diktaturen. Diese Mehrarbeit ist Dienst an der Demokratie. Den Systemwettbewerb gewinnen wir nur, wenn wir China in der Digitalisierung Paroli bieten.

Wo liegt der Ausweg aus diesem Schlamassel? Auf uns selbst kommt es an. Darauf, dass wir selbst die Initiative ergreifen. Dass wir aus eigenem Antrieb die Debatte über unsere Zukunft führen. Jeder kann an seiner Stelle das Richtige und Wichtige tun. Jeder kann zur Steigerung des Wissens über Digitalisierung beitragen.

Mehr Menschen müssen mehr verstehen. Ohne Kenntnis der Mechanismen verlieren wir die Kontrolle über unseren Staat, unsere Gesellschaft, unseren potenziellen Wohlstand. Wir brauchen eine lebhafte Diskussion: Was heißt es für ein Land, wenn der Regierung die Kontrolle entgleitet? Wenn Dinge aufgelöst und durch das Netz geschickt werden können? Wenn Macht nicht mehr gewählt, sondern aggregiert wird? Deutschland ist gut im Denken und Theoretisieren. Das gereicht uns jetzt zum Vorteil. Wir können vorausdenken, was als Nächstes passiert, und uns rechtzeitig darauf einstellen. Wir alle sitzen heute in der *Kalkscheune*. Noch können wir es schaffen, schneller zu reagieren als ich damals im Jahr 1997.

Genug Erfahrungswissen liegt vor. Wenden wir es an. Dazu gehört, dass wir uns selbst befähigen und befleißigen, so wie Werner Conrads Mitarbeiter selbst nachschauen mussten, wie man Google Hangout bedient. Entdecken wir als »normale« Arbeitnehmer und Selbstständige die Lust, uns selbst auf den neusten Stand der Technik zu bringen. Bauen wir auf dem Vorwissen auf, das wir schon haben. Schlagen wir als Führungskräfte einen Ton der Ehrlichkeit an und wecken wir zugleich das Vertrauen, dass wir den richtigen Weg finden werden. Und wechseln wir als Staatsbürger und Wähler zu Ungeduld und Leistungskontrolle. Das Hoheits- und Gewaltmonopol des Staates steht nicht nur in der Verfassung. Der Staat muss es sich ständig neu verdienen. Demokratie heißt nicht Schlendrian, Demokratie ist Leistungskraft und Verantwortung. Flughäfen müssen pünktlich öffnen, Hyperloops gebaut werden, elektronische Führerscheine auf Smartphones erscheinen und Standesämter funktionieren. Deutschland kann zu einem Zentrum modernster Technologien und Geschäftsmodelle werden, und gleichzeitig zu einem Experten für verantwortungsvollen Umgang mit ihnen. Wir schaffen das. Aber nicht, weil wir es herbeibeten, sondern weil wir es tun.

Dank und Kontakt

Meinen Kolleginnen und Kollegen bei Axel Springer hy danke ich für die vielen Ideen, Anregungen, Fakten und Einschätzungen, die sie zu diesem Buch beigesteuert haben. Zu einem wichtigen Teil ist dies auch ihr Buch. Ohne die vielen leidenschaftlichen Diskussionen über Digitalisierung und ihre Folgen hätte ich es nicht schreiben können.

Danken möchte ich meiner Freundin Jasmin Zikry für ihre Unterstützung, Geduld und Anregungen. Sie hat dieses Buch von Anfang bis Ende begleitet und geholfen, ihm seine Form zu geben. Meinen Brüdern Arnulf und Burkhard danke ich für die vielen Einsichten in Theorie und Praxis von Digitalisierung und Disruption, ebenso ihren Frauen Beate und Minzi. Ich habe das Glück, dass meine Brüder sich ebenso lange mit diesen Themen beschäftigen wie ich und damit die bestmöglichen Sparring-Partner sind. Meinen Kindern Caspar, Nathan und Camilla danke ich für ihre Wissbegierde und ihre Begeisterung für Technik. Bei manchem digitalen Phänomen sind sie schon echte Experten. Meine Mutter Annemarie ist meine unverzichtbare Stütze und Ratgeberin. Ihr verdanke ich am meisten. Den Nichten und Neffen Dank für ihre klugen Fragen: Max, Mara, Christoph, Philipp, Jakob und Marie.

Verbindlichen Dank an alle Menschen, die ihre Erfahrungen mit mir geteilt haben und sich zitieren ließen. Ohne ihre Hilfe wäre dieses Buch nicht zustande gekommen.

Danke an Britta Egetemeier und Wolfgang Ferchl. Sie wissen immer, was ich schreiben will, bevor ich es selbst weiß. Ihre Arbeit als Verleger und Lektoren beweist, dass Plattformen die Verlage niemals überflüssig machen werden.* Ohne Lektoren ist kein Autor so gut wie mit ihnen. Deswegen besonderen Dank

---

* Ob das so stimmt? Da nehmen wir doch jetzt erst einmal eine »Nullsetzung« vor – mal sehen, ob der Autor recht hat. *Der Säzzer*

285

an Elisabeth Schmitten für ihr glänzendes Lektorat. Und Dank an das ganze Team bei Penguin. Wie schön, im ersten deutschen Hardcover-Programm mit dabei zu sein.

Dank an Nelly und Lukas Kircher, Sven Michaelsen, Gabor Steingart und Sebastian Turner für ihre Freundschaft und ihren Rat. Mathias Döpfner, Andreas Wiele, Jan Bayer, Julian Deutz, Stephanie Caspar, Ulrich Schmitz, Hans Raffauf, Aydo Schosswald, Rupert Hoffschmidt, Klaus Becker, Christian Rast, Frank Wiethoff, Claudia Alsdorf, Brigitte Lammers, Michael Ensser, Mark Krymalowski und Sushmitha Swaminathan sei gedankt für ihre Hilfe und Unterstützung.

Falls Sie mir als Autor schreiben möchten, richten Sie bitte eine E-Mail an autor@christoph-keese.de.

Falls Sie Fragen zur Umsetzung von Selbstdisruption haben, erreichen Sie mich in unserer Firma unter christoph.keese@hy.co.

Lesehinweise

Falls Sie das Thema vertiefen möchten, kann ich Ihnen folgende ausgewählte Bücher zur Lektüre empfehlen:

Bostrom, Nick: *Superintelligenz. Szenarien einer kommenden Revolution.* Suhrkamp, 2015.

Brynjolfsson, Erik und McAffee, Andrew: *The Second Machine Age. Wie die nächste digitale Revolution unser aller Leben verändern wird.* Plassen, 2014.

Christensen, Clayton: *The Innovator's Dilemma. Warum etablierte Unternehmen den Wettbewerb um bahnbrechende Innovationen verlieren.* Vahlen, 2011.

Ford, Martin: *Aufstieg der Roboter. Wie unsere Arbeitswelt gerade auf den Kopf gestellt wird – und wie wir darauf reagieren müssen.* Plassen, 2016.

Galloway, Scott: *The Four. Die geheime DNA von Amazon, Apple, Facebook und Google.* Plassen, 2017.

Ismail, Salim: *Exponentielle Organisationen. Das Konstruktionsprinzip für die Transformation von Unternehmen im Informationszeitalter.* Vahlen, 2017.

Largo, Remo: *Das passende Leben. Was unsere Individualität ausmacht und wie wir sie leben können.* S. Fischer, 2017.

Yogeshwar, Ranga: *Nächste Ausfahrt Zukunft. Geschichten aus einer Welt im Wandel.* Kiepenheuer & Witsch, 2017.

CHRISTOPH KEESE

Bleiben Sie dabei...
...die digitale Reise geht weiter!

Christoph Keese

DISRUPT YOURSELF

DER PODCAST

Disrupt Yourself – Der Podcast

Hintergrund-Features, Interviews und
aktuelle Entwicklungen aus der digitalen Welt.
Überall, wo es Podcasts gibt.

Das Buch *Disrupt Yourself* gibt es auch als Hörbuch

Gelesen von Frank Arnold.
Überall, wo es Hörbuch-Downloads gibt.